经管文库·管理类
前沿·学术·经典

CSR中的社区参与行为研究
——以房地产及其周边企业为例

RESEARCH ON COMMUNITY INVOLVEMENT
BEHAVIOR IN CSR
—CASES OF REAL ESTATE AND RELATED
COMPANIES

程鹏瑶 著

经济管理出版社
ECONOMY & MANAGEMENT PUBLISHING HOUSE

图书在版编目（CIP）数据

CSR 中的社区参与行为研究：以房地产及其周边企业为例/程鹏璠著 . —北京：经济管理出版社，2023.8

ISBN 978-7-5096-9208-0

Ⅰ.①C… Ⅱ.①程… Ⅲ.①企业—参与管理—社区建设—研究—中国 Ⅳ.①D669.3 ②F279.23

中国国家版本馆 CIP 数据核字（2023）第 164965 号

组稿编辑：杨国强
责任编辑：王　洋
责任印制：黄章平
责任校对：王淑卿

出版发行：经济管理出版社
　　　　　（北京市海淀区北蜂窝 8 号中雅大厦 A 座 11 层　100038）
网　　　址：www.E-mp.com.cn
电　　　话：（010）51915602
印　　　刷：唐山玺诚印务有限公司
经　　　销：新华书店
开　　　本：720mm×1000mm/16
印　　　张：13.25
字　　　数：238 千字
版　　　次：2023 年 9 月第 1 版　　2023 年 9 月第 1 次印刷
书　　　号：ISBN 978-7-5096-9208-0
定　　　价：98.00 元

前　言

　　企业社区参与（CCI）是中国转型经济中的重要研究议题，它源于企业社会责任（CSR）履行与和谐社区建设的双重需求。同时，由于中国社区建设中政府投入的限制和社会非政府组织（NGO）的缺乏，CCI对社区建设有着重要的推动作用。因此，本书探讨中国房地产及其周边企业的CCI行为，旨在回答以下关键性问题：①CCI推动形成了什么样的社区（分类）？②CCI是如何推动社区建设的（模式和机制）？③CCI的过程与结果如何变化（合法性的形成与演化）？具体内容与结构安排如下：

　　第一章为概论，旨在为本书研究的展开奠定基础。这一章主要提出研究问题、界定相关概念、确定研究内容、说明资料来源及研究方法和技术路线、概述可能的创新点，并安排结构框架等，为中国CSR中的社区参与行为研究提供一个基本思路。

　　第二章为文献回顾与评述，旨在为本书研究的创新奠定理论基础。这一章主要通过理论文献的回顾、梳理与分析，找出已有理论的不足和缺乏研究的要点，对本书所要研究的问题进行理论上的探讨和界定。本章包括四部分内容：前三个部分分别是对企业社会责任、城市社区建设和企业社区参与的相关文献和理论进行回顾和梳理；最后一部分对已有研究进行了评述，指出其不足和可能的延伸与改进。

　　第三章为企业社区参与中的社区分类研究，旨在通过CCI中的社区分类为本书进行深入的过程研究奠定案例研究基础。这一章通过对社区参与的企业及社区的大样本调查发现，企业社区参与存在企业利益导向、社会责任战略导向和社会问题解决导向三种导向，而其参与的社区分别建设成基础型社区、先进型社区和标杆型社区三种逐步迈向有机和谐的社区。

第四、第五、第六章是本书的核心部分，这三章是随着研究的逐步深入形成的，但每章又有不同的侧重点，分别为 CCI 的模式、机制和动态演化过程。第四章为企业社区参与模式研究，旨在扎根于数据构建理论，阐释各种企业参与推动形成的社区中的 CCI 模式。这一章以 CCI 中的社区类别为基点，通过选择典型案例进行多案例研究，发现了从"授人以鱼"的市场模式到市场与非市场的混合模式，再到"授人以渔"的非市场模式三种 CCI 模式。

　　第五章为企业社区参与中的多元主体协同机制，旨在通过数据深度挖掘以及与文献的反复比对来弄清 CCI 过程中的多元主体协同机制。这一章仍然以 CCI 中的社区类别为基点来选择典型案例，但鉴于一个 CCI 过程可能包含一种或多种机制，为了解答本书所研究的问题，在合作伙伴关系、社区参与和共生理论等文献基础上设计了嵌入式纵向多案例研究，通过数据与文献的持续比较，发现了社区共生系统中企业—物业、政府—居委会、社会 NGO—社区组织的合作参与所形成的寄生共生型协同机制，到偏利共生型协同机制，再到互惠共生型协同机制推动"住宅小区"逐步发展成为"和谐社区"。

　　第六章为企业社区参与中的合法性形成与演化，旨在解析 CCI 结果（社区能力和企业合法性）的形成过程及其演化过程。这一章在 CSR 实施过程研究范式下，借用了社会心理学互动行为考察维度以及 CCI 结果变量，通过对百步亭与万科十余年来社区参与过程的纵向双案例研究，在数据与文献的反复比较中通过主题分析、变量界定、阶段识别、内容分析和编码以及结果分析等过程探讨了 CCI 各阶段企业合法性的形成与演化，发现了企业合法性形成的微观机制，揭示了企业合法性作为一个连续变量的演化特征。

　　第七章为研究总结与展望，这一章是对上述各章节主要研究结论的进一步归纳与整理，并简述了本书研究的不足之处、理论贡献、管理启示以及后续研究的方向与建议。

　　综上所述，本书的研究框架如图 0.1 所示。

　　本书依据上述安排来研究中国 CSR 中企业社区参与行为，期望以此在中国企业社会责任领域与和谐社区建设领域搭建起一座桥梁，从而为企业社会责任实施提供有益的借鉴，为加快和谐社区建设步伐提供合理的新思路，为企业社区参与提供有效的理论参考和实践指导。

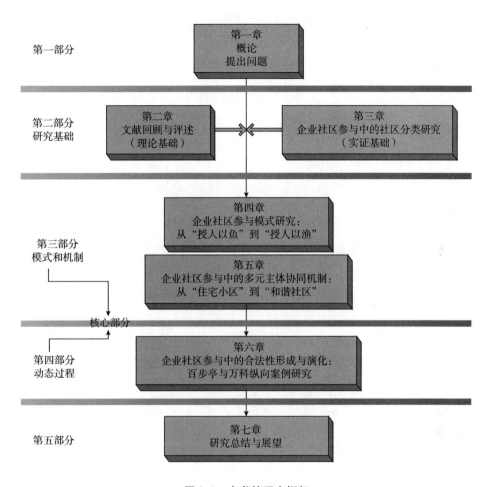

图0.1　本书的研究框架

目　录

第一章　概论

按事物的本来面目去认识它，按事物的应有面目去创造它。

——帕特里克·格迪斯

一、问题的提出

企业社会责任研究的三大基本问题中，"为什么"和"是什么"已有较为丰富的研究，而"怎么办"正是目前有待解决的问题。有关企业社会责任（Corporate Social Responsibility，CSR）实施的相关研究表明：企业实际承担着基本层社会责任（企业经营过程遵守法律法规，尽量减少对环境和社会的负面影响）（章辉美、张桂蓉，2010）和高级层社会责任（向社会提供优质廉价的公共服务或通过捐赠和参与慈善活动来帮助解决社会问题，如支持教育、帮助贫困地区发展、支持体育与卫生事业、参与灾难救助、开展社区发展项目等）（赵曙明，2009）。而有关实施过程的研究主要集中在描述企业当前实践及理想的实施阶段和结构上，可概述为如下阶段：提高组织内部 CSR 意识、设定 CSR 的工作定义及愿景、评估当前公司实施 CSR 的状况、形成整合的 CSR 战略计划、实施 CSR 的整合战略计划、CSR 绩效评估和改进、CSR 政策及方式的制度化（Cramer，2005；Bondy，2008）。但相关文献少有把社区作为利益相关者纳入实施过程中进行深度研究。

社区是企业的重要利益相关者之一。和谐社区建设是和谐社会的基础和重要组成部分（胡锦涛，2005），党的十六届六中全会通过的《中共中央关于构建社会主义和谐社会若干重大问题的决定》要求着眼于增强公民、企业、各种组织的社会责任，和谐社区创建活动要形成广泛参与的社会氛围。党的十七大报告中要求"把城乡社区建设成为管理有序、服务完善、文明祥和的社会生活共同体"。其中"管理有序、服务完善、文明祥和的社会生活共同体"是和谐社区的基本特征。进而，党的十八大报告强调"增强城乡社区服务功能，强化企事业单位、人民团体在社会管理和服务中的职责"，指出了企业参与和谐社区建设的方向和职责。这对企业履行对其利益相关者之一——社区的责任以及进行企业社区参与具有重要的现实意义。

2008 年，由"中国企业社会责任课题组"发布的《中国企业社会责任排行榜》显示，利益相关者和促进社会发展，分别被作为一级指标，合作伙伴关系和对社区的贡献分别被作为二级指标。而 2012 年以"大战略时代"为主题的中国企业社会责任年会表明，中国民营企业、在华外资企业和国有上市企业近年来都积极地参与社区公益事业。其中，不少企业在探索 CSR 平台上如何参与社区发展。因此，本书将在大样本调查分类研究的基础上，选择典型企业及其参与的社区开展逐步深入的案例研究，对企业社区参与行为和结果进行实地观察、深度访谈，并对企业及其参与社区的相关历史数据进行深度挖掘，力图通过分析中国和谐社区建设中的企业社区参与行为（见图 1.1）来回答：①企业社区参与推动形成了什么样的社区（企业社区参与中的社区分类）？②企

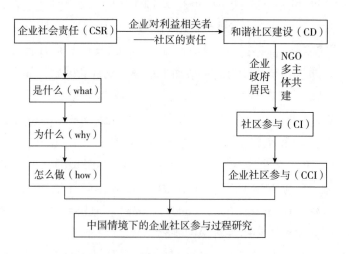

图 1.1　本研究所处的理论位置

业是如何通过社区参与来推动社区建设的（企业社区参与的模式是什么、企业社区参与的机制是什么）？③企业社区参与的过程与结果如何变化（社区能力与企业合法性的形成与演化）？这些问题的探讨，从理论上，能够填补 CSR 领域将特定的利益相关者纳入研究对象的过程研究不足的空白，并丰富社区建设领域的过程研究；从实践上，能够为企业履行对社区的责任和促进社区发展提供理论与方法的指导。

二、相关概念界定

（一）相关概念界定

企业社会责任（Corporate Social Responsibility，CSR）是指企业在创造利润、对股东承担责任的同时，还要承担对员工、顾客、社区和环境等利益相关者的责任，企业的社会责任要求企业超越把利润作为唯一目标的传统理念，强调对员工、顾客、社区、环境等社会利益相关方的贡献。

（二）社区建设与和谐社区建设

社区建设（Community Development/Building/Construction）属于社会工作的范畴，指社区居民在政府机构的指导和支持下，依靠社区力量，改善社区经济、社会、文化状况，解决社区共同问题，提高居民生活水平和促进社会协调发展的过程。

和谐社区建设（Harmonious Community Construction）是一种中国特色情境下的社区工作，是指在党和政府领导下，依靠社会力量，利用社会资源，强化社区功能，完善社区服务，解决社区问题，共建管理有序、服务完善、治安良好、环境优美、生活便利、文明祥和，各个社会群体和谐相处的社会生活共同体的过程。其中，和谐社区的主要构成要素包括：①居民对社区事务广泛参与；②社区内三种法人（政府、企业、非营利组织）参与共建的积极性比较高；③社区的服务功能比较完善；④社区内有良好的社会风尚；⑤社区管理有序，社会稳定安全；⑥社区组织结构合理，各种规章制度完善。

（三）社区参与与企业社区参与

社区参与（Community Involvement/Engagement/Participation）是政府、企业、非营利组织等群体介入社区建设的行为及其过程，各方当事人通过社区参与和社区居民及居民组织来共同管理社区事务、分担社区责任（帮助解决社区社会问题）和分享社区发展成果，最终实现社区的稳定有序。

企业社区参与（Corporate Community Involvement，CCI）是企业社会责任履行方式之一，主要指企业通过为社区提供经济资源、人力资源、物力资源和智力资源等支持，并与社区组织和居民进行互动，从而帮助解决社区社会问题的行为及其过程。已有研究表明，企业社区参与的具体行为包括参与社会扶助项目、支持社区教育、形成与社区共享进步的企业社会角色理念、促进社区的健康与安全、提供赞助、鼓励企业员工积极参与社区志愿者计划、慈善捐赠等，其中捐赠（捐赠管理人员和员工的时间和才智、进行财务捐赠）、沟通（员工志愿参与）是重要的企业社区参与合作方式。而这些方式涉及的内容也非常广泛，包括文化与艺术（设施）、公众利益（社区基础设施、经济发展项目、房屋项目、公众安全、环境项目）、教育（学校）、健康与社会福利（健康检查、医疗研究、健康食品和营养项目）等。

（四）市场环境与非市场环境（Market VS Non-market）

市场环境是指由宏观经济因素如企业自身、竞争者、供应商、顾客等因素组成的外部环境。市场战略是企业在市场环境中所采取的一致性行为和策略，旨在改善企业经营绩效，增加企业的竞争优势（Baron，2006）。企业执行市场战略的行为称为市场行为。

非市场环境包括社会的、政治的以及法律安排等因素（Baron，2006）。其特点是由企业与社会公众、媒体、政府等利益相关者的关系所决定的。非市场战略是企业在非市场环境中所采取的一致性行为和策略，旨在为企业创造有利的竞争环境，从而改善企业的经营绩效。企业执行非市场战略的行为称为非市场行为。而整合战略（Integrated Strategy）是指企业综合考虑市场环境与非市场环境的影响，从而将市场战略与非市场战略整合运用的行为表现（Baron，2006）。

（五）企业利益导向与社会问题解决导向

企业利益导向（Business Interests Orientation）是解释企业社会责任行为的理论之一，指企业在行动中存在许多潜在利益，如提升企业竞争力、树立企业声誉和形象、获得利益相关者的信任、增强投资信心、吸引并留住优秀人才等，强调企业动机、投入和回报。

社会问题解决导向（Social Problem Solving Orientation）是相对于企业社会责任领域的企业利益导向而言的，认为企业应从解决社会问题出发，将企业社会责任当成一种事业来做，是一种企业自我实现的需求。企业在能力和意愿范围内自愿地投入自有资金、专业技术、管理能力和人力资源等参与解决社会问题，强调受助者获益和社会问题的解决。

三、研究内容、方法与技术路线

（一）研究内容

鉴于我国和谐社区建设和企业履行社区责任的需求，"企业如何参与社区建设以帮助解决社区社会问题"已经成为企业社会责任领域和社区建设领域期望携手解决的重要问题。对于这个话题的相关研究在国外企业社会责任领域略有涉足，但国内学者对其的研究还比较缺乏。因此，本书基于企业社会责任、社区建设和企业社区参与的相关文献与理论，试图通过大样本分析和案例研究的方法对中国和谐社区建设中的企业社区参与行为进行研究。具体来说主要包含以下四个方面的研究：

（1）中国企业社区参与中的社区分类研究。为了解析中国企业社区参与的过程，本书以企业社区参与推动形成了什么样的社区为基点，旨在分析企业倾向于从哪些方面进行社区参与、参与力度如何、参与形成了哪些发展水平的社区，由此通过大样本调查和聚类分析对企业社区参与所形成的社区进行分类，从而为企业社区参与行为研究打下坚实的基础。研究结果显示，企业在社区参与过程中体现出三种社区参与导向，并在住宅小区向和谐社区的建设过程中形成了三类不同发展水平的社区，这为案例研究的理论抽样提供了便利，为进一步深入研究打下了基础。

（2）中国企业社区参与的模式研究。为了弄清企业是如何通过 CCI 来推动社区建设，CCI 模式的研究从数据出发，通过形成图表来比较数据间的关系，采用综合的、涌现式的研究方式来追踪每家案例企业社区参与行为的前因、后果和整个行为过程，在该过程中归纳总结了三种 CCI 模式，以此来丰富中国企业社区参与的理论研究。

（3）中国企业社区参与的机制研究。鉴于企业社区参与行为的复杂性及其动态演化性，为了弄清 CCI 过程中有哪些主体在参与行动并进行互动，这些互动是如何推动社区建设，是否每个 CCI 过程都有相同的互动机制，基于现有理论采用了嵌入式的纵向多案例研究设计来解析每类 CCI 过程中含有的多元主体协同机制，发现有的 CCI 过程有 1 种机制，有的则经历了 2~3 种机制的演化，不同的机制促进形成不同发展水平的社区。研究结果极大地丰富了社区建设理论和共生理论。

（4）中国企业社区参与中的企业合法性形成与演化研究。CCI 过程中企业与社区分别得到了什么，CCI 如何使企业获得合法性和社区能力得到发展，在不同的 CCI 阶段中企业合法性和社区能力发生了怎样的变化，通过选取有代表性的案例进行纵向研究，结果发现了企业合法性形成与演化的微观机制，揭示了合法性作为一个连续变量的演化特征，从而丰富了 CCI 理论和企业合法性理论，并为 CCI 实践和企业获取合法性提供了指导。

（二）研究方法与技术路线

在学术研究方法论上，社会科学的研究方法一般可以分为两大范式：实证主义范式和规范主义范式。就研究范式而言，因为本研究既涉及实证 CCI 过程"是什么"，又涉及它"应该是什么"的价值判断，所以将两种研究范式结合起来，互补长短。本研究综合运用了大样本问卷调查法和案例研究两种研究方法。为了避免案例研究由于案例所限导致的理论普适性问题，在研究的前期阶段了解 CCI 过程的总体情况和典型特征时采用了大样本调查和聚类分析；在正式的研究中因"中国情境（和谐社区建设）"下的"（CCI）过程研究"涉及"是什么""为什么"和"如何做"的问题（Yin，1994），适合采用案例研究法，包括多案例研究、嵌入式纵向多案例研究和纵向双案例研究等，各部分采用的案例研究是根据其研究问题需要而设计，具体见图 1.2。

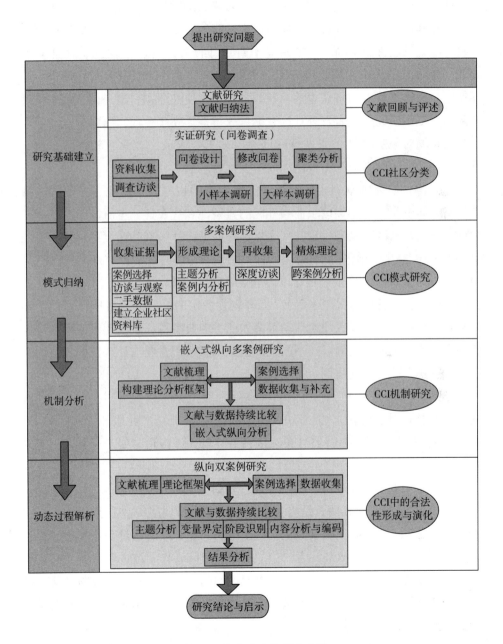

图 1.2　本书研究的技术路线

（1）本研究中调查样本对象选取的说明。在本研究中，调查访谈和问卷调查的对象的选择主要基于如下原因：①对研究问题的适用性。本研究中所选择的调查样本考虑到了是否能适用所研究的问题，是否会带来研究结论的严重失真。因此从浙江（华东）、广东（华南）、四川（华西）、河北（华北）和湖北（华中）的大中小城市中分别随机抽取 2~3 个社区及其参与企业进行问卷调查。②样本数据的可获得性。这既考虑了方便性原则，也考虑了现实资源的限制。在预研究中笔者发现社区数据可获得性远高于企业，所以调查访谈和问卷调查的对象主要是企业进行社区参与的工作人员、志愿者和部分企业高管，以及社区工作者、社区各组织成员、社区志愿者和居民。

（2）案例研究中案例企业及社区选取原因的说明。本研究中案例的选择主要基于如下原因：①案例企业与社区的典型性和代表性。本研究中所选择的案例企业及其社区都具有一定的代表性，它们是将社区推动建设到某一水平的 CCI 企业中的大批同类企业中的优秀者；同时，它们的行为具有众多 CCI 行为的典型特征，如长期的企业社区参与行为、发展了较为健全的社区组织（业委会、居委会、各种居民组织等）、拥有较为稳定的社区志愿者队伍、能定期和不定期地开展和谐社区建设活动等诸如此类的典型特征。由此保证研究结论能够推广到一大批同类的以及不同类的企业。②案例企业与社区数据资料的长期性和可获得性。所选案例企业及其参与的社区均已历经 10 年以上 CCI 过程，以此来保证较为全面与长期的待获取资料；社区与研究组成员同在一个地理区域（武汉及其周边地区），且双方关系良好，有利于经常性地开展实地调研；同时社区应有较好的声望，经常受到新闻媒体的关注报道，便于资料有一定的公开性。

（3）本研究中数据收集方法的说明。本研究的数据主要来源于以下三类：

1）问卷调查。问卷调查是为了了解 CCI 推动形成了哪些种类的社区。在公开资料收集和调查访谈的基础上设计出最初问卷，然后通过企业和社区相关人员试填，以及相关熟人与笔者讨论的结果，对问卷作了改进和完善，确定问卷的最终形式，并在此基础上进行了大规模的问卷调查。问卷调查的对象主要包括企业进行社区参与的工作人员和志愿者，以及社区工作者、社区各组织成员、社区志愿者和居民等。

2）深度访谈与实地观察。深度访谈包括非结构访谈和半结构访谈。非结构访谈是指邀请受访者畅所欲言，并未事先准备完整的访谈表，仅使用一份备忘录来检查访谈的进行；而半结构访谈是指准备一份访谈表，并依照表中的内容逐项询问，据以收集资料。本研究在预研究过程中采用了非结构式访谈，正式的研究过程中主要采用半结构式访谈。中国 CSR 中的社区参与行为实质上是企业的社区参与人员与社区内社区组织人员和居民进行互动从而共同解决社区社会问题的过程。因此针对这两大类的参与者，我们确定如下三类访谈对象：第一类是企业社区参与的非常驻工作人员和常驻工作人员，包括企业进行直接或间接社区参与的领导、社区参与工作人员、物业工作人员、企业的员工志愿者（相对社区的居民志愿者而言的，因为企业员工志愿者绝大多数是物业的志愿者，他们接受社区管理或支配，所以员工志愿者和居民志愿者都统称为社区志愿者）；第二类是各社区组织人员，包括社区管委会、社区居委会、社区业委会、社区志愿者组织、社区协会、社区老年大学（长者活动中心）和青少年发展空间等各类社区组织的领导和主要成员；第三类是其他社区居民，包括居民受助者、居民（半志愿者）活动参与者、其他热心居民。根据研究目标，并针对每类访谈对象设计了访谈提纲，然后选取相应人员进行访谈，所有的访谈都在结束后 12 小时内进行转录、整理和分析。

伴随着访谈的进行，也进行实地观察。实地观察分为参与式观察和非参与式观察。参与式观察是指置身于被观察者的活动场所中，察看被观察者的所作所为，并可能与被观察者进行互动，本研究中用来参与观察企业社区参与的各种大规模活动；而非参与观察指观察者是一位旁观者，通常以不介入的方式进行观察，本研究中用来观察企业社区参与的各种会议、社区选举等正式活动。

3）二手资料。鉴于多源数据的三角验证能提供更精确的信息和更稳健的理论结果（Eisenhardt，2010），二手资料的收集也是重要的数据来源，主要有四种途径：一是数据库检索的历史文献资料，本研究不仅检索所有年份的相关理论主题研究，还对目标企业及其主要领导者讲话的文献和报纸进行检索收集（如与"万科"相关的文献和与"王石"相关的文献，以便能更好地把握该企业的 CSR 战略），所用数据库主要是中国期刊全文数据库和中国重要报纸全文数据库（人大复印报刊资料网络版、新华社多媒体数据库、中国资讯行数据库、中国重要报纸全文数据库、中国经济信息数字图书馆资源）；二是公开网络资源，如各社区网站和由社区主办、承办或参与的网站（如社区文明网、中国社区网（中国社区志愿服务网）、武汉社区在线等）以及各种公开涉及社区活动报道的网站（如腾讯·大楚网）；三是文件调阅（复印或索要），主要指搜索并阅读与研究主题有关的各类文件，包括信件、备忘录、议程、会议记录、公文、企划书及媒体报道等，也有可能在得到许可的情况下，阅读其私人信件或日记作为资料来源，所阅文件主要包括社区工作者笔记、工作档案、志愿者日记、社区文件资料（红皮）和社区志愿者故事集锦等，可以了解社区与企业的各种互动过程；四是所拍摄的关于社区面貌宣传和社区资料的照片，以便从中获取所需信息对访谈分析结果进行验证。

四、研究创新

本书希望根据上述研究内容和技术路线对中国企业社区参与行为进行研究，并回答所提出的 CCI 三大基本问题。本研究的创新点如下：

创新点之一：发现了 CCI 推动形成三类不同建设水平的社区，即基础型社区、先进型社区和标杆型社区三种逐步迈向有机和谐的社区。

以中国企业履行社会责任所具有的导向和中国和谐社区建设的关键要素为基础，通过对社区参与的企业及其社区进行大样本调查及聚类分析，发现存在企业利益导向、社会责任战略导向和社会问题解决导向三种 CCI 导向，而其社区参与分别推动建设成基础型社区、先进型社区和标杆型社区三种逐步迈向有机和谐的社区。这一交叉领域的发现不同于社区建设领域对社区建设模式进行的总结，也不同于企业社会责任领域对企业所履行的社会责任的分类，这是以 CCI 导向与和谐社区建设要素为基点对 CCI 所推动形成的社区进行的分类，是对中国情境中产生的新现象进行的主流类别分析。

创新点之二：提出了三种推动社区建设的 CCI 模式，并发现了其内部逻辑关系特征。

从 CSR 实施过程的一般研究范式出发来推演 CCI 战略—行为—结果的关联逻辑，并在已有 CCI 的社区类别基础上选择了九个案例企业及其参与社区，以收集数据—形成理论—再收集—精炼理论的理论构建逻辑进行多案例研究，发现了"授人以鱼"的市场性 CCI 模式、"鱼渔兼授"的整合性 CCI 模式以及"授人以渔"的非市场性 CCI 模式，三种模式分别推动形成基础型社区、先进型社区和标杆型社区。这些 CCI 模式均可使企业获得顾客认可，且当 CCI 的市场性越强，企业所获行业认可便越多；非市场性越强，所获政府认可越多。这些模式及其逻辑关系特征的发现超越了以往研究认为 CCI 能促进企业合法性这种简单联系，它通过强调 CCI 的市场性和非市场性与政府认可、行业认可及顾客认可等合法性之间的具体逻辑联系丰富了 CCI 过程研究。

创新点之三：构建了具有层次结构的社区参与三元分析范式，提出了 CCI 过程中的多元主体协同机制，阐明了从"住宅小区"到"和谐社区"发展的一般阶段性特征。

将分析横向互动的社会合作理论和分析纵向嵌入的社区参与理论共同与具有系统研究特性的共生理论整合起来作为分析基础，从三类不同建设水平的社区中选择三个典型案例进行嵌入式纵向多案例研究，通过数据与文献的持续比较，发现了社区共生系统中企业—物业、政府—居委会、社会 NGO—社区组织的合作参与所形成的多元主体协同机制。接着阐明了中国情境下"住宅小区"发展成"和谐社区"的过程实质上是由"寄生共生型协同机制"向"偏利共生型协同机制"和"互惠共生型协同机制"逐步转变的过程，也就是社区共生系统中共生单元、共生环境、共生模式及其所构成的共生机制共同演化的过程；这一过程以企业—物业的参与为起点，以地方政府对居委会及社区的支持为转折，以居民组织到准社会 NGO 的蜕变为成熟的标志，由此，这三方的渐进式参与构成了社区建设的一般阶段性特征。其中，在提出多元主体协同机制过程中的企业—物业、政府—居委会、社会 NGO—社区组织的双层三元分析范式拓展并延伸了社区治理理论；而 CCI 中从"寄生共生机制"到"互惠共生机制"的进化推动了中国情境下"住宅小区"发展成"和谐社区"，这一过程联合其三阶段的特征改进了中国情境下的社区建设理论。接着将共生理论引入社区平台与 CCI 过程，拓展了其应用范围；而将两个单元间的共生研究扩展到多单元共生研究拓展并充实了共生关系；明晰共生机制随共生单元、共生环境和共生模式的变化而演化的过程，将共生的静态研究动态化，更是对共生理论意义非凡。同时，CCI 过程中多元主体协同机制及其多阶段要素特点和演化特征的发现进一步丰富了 CCI 过程研究。

创新点之四：解析了 CCI 过程中企业合法性形成的微观机制，揭示了合法性作为一个连续变量的演化特征。

以社会心理学的互动行为分析为微观基础，以合法性获取路径为分析脉络，以 CSR 实施过程研究范式为整体框架嵌套整合成一个多层次分析框架，并通过对经典案例十余年来社区参与过程的纵向双案例研究，探讨了 CCI 各阶段企业合法性的形成与演化。研究发现：①CCI 战略随阶段发展对 CCI 活动起动态引导作用；CCI 过程中企业—居委会—志愿者的互动模式随行动者行为角色、行为动机和行为方式的转变而演化；社区能力的不同要素在不同互动模式的转换中向更高层面提升；CCI 过程中的互动直接形成企业内部合法性，同时，这些互动通过促进社区能力成长来形成企业外部合法性。②企业合法性是一个连续变量，随着 CCI 阶段的发展其内部合法性在程度上有积累增加的趋势、外部合法性在范围上有逐渐扩大的趋势。由此，解析了 CCI 过程中企业合法性形成的微观机制，从而填补了特定领域合法性形成的微观机制研究这一空白；揭示了企业合法性作为一个连续变量的演化特征，从而界定了其变量属性；同时，这些研究对企业通过社区参与来获取合法性提供了重要的指导和借鉴。

上述简要概述了本研究可能的四点创新，进一步，第七章首节将从研究的视角、内容、对象及方法等层面具体剖析研究创新。

第二章　文献回顾与评述

一、企业社会责任研究

企业社会责任（CSR）受到学者们关注已久，其是涉及多个学科领域的一个重要概念，更是一个"平台型概念"，其根本是探讨"企业与社会的关系"问题。但 CSR 得到广泛研究还是近二十多年的事情，学者们提出的诸如企业社会响应、企业社会绩效、三重底线战略、企业公民、战略性企业社会责任、共享价值、企业可持续发展等概念都可视为 CSR 的延伸，从这些概念的发展还可以看出这种延伸正在从"企业—社会"的对立二分向"企业—社会"的统一整合进行转化。由于 CCI 研究一直在 CSR 平台上开展，因此这种"企业—社会"关系从对立向统一转化的方向也代表了 CCI 研究的方向。总体而言，CSR 平台领域主要探讨如下三个方面的问题：

（一）企业应承担什么社会责任

学者们对企业应承担的社会责任持有不同的见解和划分。根据 Carroll（1979）的研究，CSR 包括经济、法律、道德和慈善责任四个维度。随后，Aupperle（1985）用实证的方法验证了企业社会责任四个维度的存在。Wartick 和 Cochran（1985）认为，广义的 CSR 应包括社会责任理念导向、社会相应的制度导向及社会问题管理政策的组织导向三个维度。Wood（1991）在 Wartick 和 Cochran（1985）研究的基础上，指出社会相应的制度导向维度及社会问题管理政策的组织导向这两个维度应予合并，并增设企业行为结果，因此，CSR的维度应该包括社会责任理念导向、社会相应的制度导向及企业行为的社会影响、社会方案和社会政策。Swanson（1995）依据伦理学重新构造企业社会责任的维度，包括企业的社会责任原则、企业文化与规范化过程及社会影响三个维度。Schwartz 和 Carroll（2003）将伦理责任和慈善责任合并为伦理责任，使CSR 的结构维度变为经济、法律和伦理责任三个维度。Pirsch、Gupta 和 Grau（2007）认为社会责任项目是处于制度型项目和改进型项目之间的连续性质的项目，制度型 CSR 项目是一种综合性的、多维度的 CSR 项目设计用来投公司所有利益相关者所好；而改进型的项目主要是将 CSR 活动作为一种工具来提高产品销售额（如善因营销）。

国内学者陈迅、韩亚琴（2005）认为企业应承担的社会责任包括三个层次：基本 CSR，包括对股东、员工负责；中级 CSR，包括对消费者负责、服从政府领导；高级 CSR，搞好社区关系，保护环境。但有学者进一步将企业对社会的责任分为两类，即基础责任和基本责任。基础责任要求企业在经营过程中遵守法律法规，减少对环境和社会的负面影响；基本责任包括向社会提供优质廉价的公共服务，通过捐赠和参加慈善活动来帮助教育、支持社区发展、帮助贫困地区发展、支持教育与卫生事业、参与灾难救助活动等（韵江、高良谋，2005；程鹏璠、张勇，2009）。无论是高级 CSR 还是基本 CSR，简单捐赠行为都是简单形态，有效形式应当是企业将与社会责任相关的活动融入企业业务流程管理中，实现企业经济效益与社会公共福利的双赢（杜中臣，2005；郭沛源、于永达，2006；赵曙明，2009）。

社会学领域的一些学者用"社会投资"的概念来定义企业履行社会责任，即用企业的架构、市场的方式大规模、高效率地解决社会贫困问题，使社会效益最大化，这也是高级社会责任行为的一种（王洋，2008；汤敏，2006）。

（二）企业为什么要承担社会责任

人们对 CSR 的关注源于企业不良经营行为导致的系列社会问题，如财务欺诈、贪污腐败、破坏生态环境、劳工歧视、分配不公、侵犯消费者权利等（马力、齐善鸿，2005；吴知峰，2008）。而股东、员工、消费者、政府、供应商等各种利益关系方围绕着企业，因此除为股东赚取合理利润外，也应履行其应负的社会责任（吴知峰，2008）。企业选择负有责任的行动包括很多理由，如战略型的理由、防守型的理由和亲社会的理由等（Vogel，2005）。

而 CSR 本身，不仅代表着企业需要持续承诺有道德的行为，还要为经济发展做出贡献，改善企业雇员及其家庭的生活质量，尽最大努力改善当地社区和社会的条件（Watts and Holme，1999），也涵盖了企业需要更努力地去解决一系列的社会和环境问题（Lindgreen，Swaen and Maon，2009）。总体而言，企业承担社会责任行为的推动力量一方面来源于企业生存、竞争定位、扩张、利润或权力的需要，另一方面来源于社会问题解决的需要，因为企业是社会问题的一部分，也需要成为解决方案的一部分（Freeman，1984；辛晴和綦建红，2008）。

企业承担 CSR 的目的体现在以下四个方面：第一，通过整合非经济因素来创建自己的竞争优势（Porter and Kramer，2006）；第二，差异化，通过建立更好的企业形象和声誉与竞争者区分开来（Fombrun and Shanley，1990；Cetindamar and Husoy，2007；徐尚昆、杨汝岱，2009）；第三，激发消费者的善意和积极的雇员态度及行为（Maignan，Ferrell and Hult，1999；Rodrigo and Arenas，2008；龙立荣、赵慧娟，2009）；第四，避免政府干预，通过 CSR 表明企业能够很好地处理环境、健康、安全等事项，帮助企业更好地得到政府支持及当地社区经营的许可证（Russo and Tencati，2009；Wood，1995；Jones，1995；陈宏辉、贾生华，2003）。因此，CSR 项目的实施现在被确认为企业和周围社区的双赢过程（Lindgreen，Swaen and Maon，2009）。

（三）企业社会责任如何实施

一些学者已经认识到 CSR 实施（特别是高级 CSR）的特殊性，即是由不同利益相关者（企业、政府、NGO、受益者等）自愿参与的过程，不同于一个组织内部的行政项目或者经过市场竞争形成的项目，而且其结果有公共产品的特性（Moon，2002）。但只有少量学者对企业社会责任活动的实施过程和特点进行研究，如郭沛源和于永达（2006）对我国光彩事业中，企业通过在贫困地区建立农业项目帮助农民的扶贫活动进行了描述。还有学者建立了企业社会责任行为的标准运作模式（Standard Operation Model，SOM），以帮助评估 CSR 产生的影响，但目前这样的评估几乎还没有做过或公布过（Ruggie，2004）。总的来说，现有的企业社会责任实施的研究主要集中在两个视角：

1. 从组织本身视角研究企业社会责任的实施过程

从企业本身出发研究如何实施 CSR，不少学者提出了自己对 CSR 实施要素及过程的理解（见表 2.1）。一为阶段说：Khoo 和 Tan（2002）发现组织从最初状态向社会责任及可持续性组织转型的过程中，包括准备、转化、实施和可持续的商业结果这四个连续的循环阶段。而 Werre（2003）认为企业社会责任实施的四个主要阶段为提高高管认知、形成企业责任的愿景和核心企业价值、变革组织的行为以及稳固变革。二为活动说：Cramer（2005）指出了 CSR 一体化过程中要实施的六类活动：①列出利益相关者的期望和需求；②制定 CSR 的愿景和使命，甚至是行为守则；③发展短期和长期的企业社会责任战略，并起草行动计划；④设立监控或汇报系统；⑤将整个过程嵌入到质量和管理系统中；⑥对于采取的方式和获得的结果进行内部和外部的交流。三为步骤说：Maignan、Ferrell 和 Ferrell（2005）从营销视角出发，提出实施 CSR 共有 8 个步骤：①发现组织的价值观和规范；②确认利益相关者和他们各自的特点；③确认可以确定的关键利益相关者主要的关注事项；④评估 CSR 的某种价值，匹配利益组织；⑤审计当前的实践；⑥优先并实施 CSR 变革和主动行动；⑦通过创造知晓度和使利益相关者介入促进 CSR；⑧获得利益相关者的反馈。

表 2.1　CSR 实施要素及过程研究

	CSR 概念	CSR 综合过程	利益相关者的角色
Khoo 和 Tan（2002）	企业对 CSR 的承诺应该"涵盖全部雇员、产品质量、持续的过程改进、公司的设施和利润创造机会"可持续制造和发展被进一步定义为："对过程、决策制定和一个运行中的产业系统的环境问题的整合，没有破坏珍贵的资源或环境。"	基于澳大利亚企业优秀框架，作者从一个持续视角考虑了 4 个循环阶段，被包含在把组织从初始状态转型到一个对社会负责的、可持续性组织的过程。 1. 准备（涉及领导和战略规划） 2. 转化（涉及人和信息管理） 3. 实施（涉及把可持续性嵌入到公司程序中） 4. 可持续的商业结果（涉及对该系统的绩效的审查）	利益相关者的关注点和角色没有被整合进该框架，只是提到了满足雇员的福祉和顾客的需要与期望

续表

	CSR 概念	CSR 综合过程	利益相关者的角色
Panapanaan 等（2003）	CSR"包括3个方面：经济的、环境的和社会的"，关于"可持续地和符合伦理地经营业务、看待和处理利益相关者的关注点的责任"	在5项 CSR 管理的基本活动之前，有2个预先步骤限定了对 CSR 管理的承诺： 1. CSR 的评估（CSR 主要领域和相关因素的识别） 2. 决策是否继续管理 CSR 组织和结构—计划—实施—监控与评价—沟通与汇报	作者坚持步骤1，强调社会风险评估的关键作用，考虑利益相关者的群集（雇员、社区、顾客、供应商）及其问题。步骤2的5项"活动"只是诱发的。该视角该框架没有考虑任何利益相关者的任务
Werre （2003）	企业（社会）责任以一个总体观念使用，指"为企业在经济、环境和社会方面的影响承担责任的战略选择"	企业责任实施模型的4个主要阶段： 1. 提高高层管理者的认知 2. 制定 CR 愿景和核心企业价值观 3. 变革组织行为 4. 稳固变革	强调内部沟通的重要性和雇员的参与，但是没有提及外部利益相关者的参与
Cramer （2005）	Cramer 采用了世界可持续发展工商理事会对 CSR 的定义："企业对有助于经济可持续发展的承诺，与员工、他们的家庭、当地社区和整个社会合作，以提高他们的生活质量。"	6项非时序的 CSR 实施活动： 1. 列出利益相关者的期望和需求 2. 制定关于企业社会责任的愿景和使命，如果需要，制定行为规范 3. 发展关于企业社会责任的短期和长期战略，设计行动计划 4. 建立一套监督和汇报系统 5. 将整个过程嵌入到质量和管理系统中 6. 对于采取的方式和获得的结果进行内部和外部交流	强调与利益相关者对话的重要性，但是它们在组织的 CSR 发展过程中的角色和任务在模型中仍然不清楚
Maignan 等（2005）	企业对 CSR 的承诺被视为："最低限度是，在组织的过程中采纳价值观和规范，以最小化对重要利益相关者的负面影响，最大化正面影响。" 一个组织的 CSR 是针对特定问题的。同时，对 CSR 的承诺最好在每个业务单位层次受到评估	从营销视角实施 CSR 的8个步骤： 1. 找出组织的价值观和规范 2. 识别利益相关者和他们各自的显著特点 3. 识别关键利益相关者关心的主要问题 4. 评价 CSR 的某种价值，匹配利益组织 5. 审计当前实践 6. 优先并实施 CSR 变革和主动行动 7. 通过创造知晓度和使利益相关者介入促进 CSR 8. 获得利益相关者的反馈	该框架强调2个获得利益相关者反馈的回馈循环的重要性： 利益相关者的反馈被作为下一个审计的输入。所以连接步骤5到8的序列应该被定期执行 长期看，利益相关者的反馈是重新评价 CSR 管理过程前3步的输入（每4年）

续表

	CSR 概念	CSR 综合过程	利益相关者的角色
Maon、Lindgreen 和 Swaen（2009）	CSR 是组织定位它们的社会角色，坚持它们的社会、伦理、法律的责任标准所必需的。组织不仅要给股东分配利润，也通常要服从更多的利益相关者的利益来寻求商业视角的平衡	把组织的变革模型、质量管理的过程改进循环等整合进企业的 CSR 实施过程，构建了 4 阶段、跨越 9 个步骤的 CSR 实施框架： 1. 在组织内部提高 CSR 认知度 2. 在社会情境中评估企业目的 3. CSR 愿景 4. 评估当前 CSR 状况 5. 制订整合的 CSR 战略计划 6. 执行整合的 CSR 战略 7. 有关 CSR 承诺和表现的沟通 8. 评估和沟通 9. CSR 制度化	与利益相关者的对话贯穿所有实施步骤，但并不对整个实施过程和框架产生影响

　　Maon、Lindgreen 和 Swaen（2009）基于上述的阶段说、活动说及步骤说，提出一个综合型 CSR 的实施框架，包括的步骤依次是：①提高组织内部的 CSR 意识；②评估社会背景下的企业目的（包括开发企业规范和价值观的组织系统，确认关键的利益相关者以及关键的利益相关者事项）；③设立 CSR 的工作定义及愿景；④评估当前公司实施 CSR 的状况（审计当前的 CSR 规范、标准和实践，以竞争对手的 CSR 实践、规范和标准作为标杆）；⑤形成整合的 CSR 战略计划（将 CSR 嵌入到组织战略中）；⑥实施 CSR 的整合战略计划（实施与 CSR 相关的组织新方案和战略）；⑦关于 CSR 承诺和绩效的交流；⑧评估 CSR 的整合战略和交流（评估、验证和报告 CSR 的进展）；⑨CSR 政策的制度化（固化组织系统的变化，如企业文化和价值观），并指出了 CSR 实施过程的关键成功因素（见表 2.2）。

　　在实施 CSR 活动之前，还存在两个预备步骤：①评估 CSR 活动（主要是对 CSR 领域的确认和 CSR 项目范围的界定）；②决定是否管理 CSR 的组织、结构、计划、实施、监管和评估及交流和汇报（Panapanaan, Linnanen, Karvonen and Phan, 2003）。而管理 CSR 也存在着一个综合性的框架，首先要确认主要的 CSR 领域及与公司相关的 CSR 参数，对参数的评估将回答是否管理 CSR 的问题。企业主动管理 CSR 的决策因素包括承诺、时间、资源和管理技能及有效的合作。在该框架下，CSR 管理要经历 5 种必要的活动，包括组织和结构、计划、实施、监管和评估以及交流和汇报（Panapanaan et al. , 2003）。

表 2.2 CSR 实施过程的关键成功因素

	计划	执行	检查/提高	主流
企业层次	——把 CSR 愿景和倡议与组织的核心价值观和能力相联系 ——通过官方文件正式化 CSR 愿景	—	把错误看作学习和提高 CSR 计划和政策的一个机会	—
企业层次	——得到关键人物的承诺（董事、所有者、高级管理者） ——使关键利益相关者参与到 CSR 过程			
组织层次	建立在现有的组织结构和程序之上	——确保组织具有实施转型的内部技能 ——就 CSR 相关问题对员工进行培训	把错误看作学习与提高 CSR 计划和政策的一个机会	强调新的组织行为与成功之间的关系
组织层次	——培育道德/CSR 拥护者 ——以长期参与而不是快速解决方案的方式思考			
管理层次	—	创造围绕 CSR 的信度（通过提供对进展的定期更新）	奖赏那些创造 CSR 成功的人	
管理层次	认识到领导的关键作用			

2. 从社会合作视角研究企业社会责任实施

企业除考虑自己单独实施 CSR 之外，也可以考虑和其他组织如非营利组织、地方政府合作，共享资源、共担风险以促成 CSR 更好的实施并有利于改善 CSR 的绩效（Tsoi，2010）。也有学者认为，在企业和 NGO 之间建立社会合作关系是实施 CSR 的方法，同时也是设法解决社会问题的一种机制（Seitanidi and Crane，2009；Austin，2000；Waddock，1988）。NGO 可以通过和企业形成各种合作关系，给企业提供技术帮助，促进企业采取有利于社会和环境的行动。如帮助制订共同商定好的认证计划，改良和设计企业社会责任的标准，如管理和汇报过程，并参与到 CSR 的监督和审计中去（Austin，2000；Rondinelli and London，2003；Arenas，Lozano and Albareda，2009）。实际上，改善和实施 CSR 最有利的方式是，多方（社会）合作（或者称跨部门合作），即在两个或更多个合作伙伴（如跨国公司、政府机构和非营利组织）中共担责任的合作方式，但在建立合作关系之前，最好先制订一些信任计划（Tsoi，2010）。

Waddock（1988）认为，社会合作（Social/Cross - sector Partnerships）是

"由一个或一组企业做出的一种承诺，以与来自一个不同经济部门（公共的或非营利的）的某组织共同开展工作。它涉及一个来自所有伙伴组织的个人资源承诺，包括时间和努力。这些个体协作起来工作，解决影响他们所有人的问题。这种问题至少能够被部分界定为某个社会问题，它的解决有益于所有合作伙伴。社会伙伴关系解决那些超越组织的边界和传统目标，处于社会舞台中传统公共政策领域的问题。它需要各方的主动而不是被动的介入。参与者必须做出一个超越不仅仅是金钱的资源承诺"。社会合作作为"组织间的社会问题解决机制"（Waddock，1989），主要解决社会问题（如教育、健康、环境），通过联合组织的资源，提供有益于合作伙伴和整个社会的解决方案。就这点而论，商业—非营利组织伙伴关系代表了战略商业利益与由非营利组织所表达的社会期望之间的结盟（Austin，2000；Covey and Brow，2001）。那些伙伴关系提供了对 CSR 实施的动态性的重要洞察，部分因为商业—非营利组织伙伴关系被双方机构代表性地看作"实施"CSR 的体现。但是，社会问题的动态性质导致了达成解决方案的内在困难（McCann，1983），尤其是负责任的并且可持续的解决方案。此外，"社会问题的范围和持续时间也意味着大量的社会参与者——个人、群体和组织将受到影响"（McCann，1983）。

Seitanidi Maria May 和 Andrew Crane（2009）提出了通过 Partnerships 实施 CSR 的框架，主要讨论企业与非营利组织合作伙伴的选择、设计和制度化（Institutionalisation）过程。她们探讨了 CSR 实施中非营利组织与商业组织实施伙伴关系的具体过程和环节，建立了伙伴关系实施的阶段模型，揭示了每个步骤面临的管理挑战，包括：确定有效的合作伙伴选择标准；设计适当的风险评估技术；试验并改进协议、目标和其他系统；出于伙伴关系的利益管理危机，平衡必要的个人关系与组织的持续制度化需要。她们也提出，实施 CSR 伙伴关系需要一些新的技能和组织方法，包括：对三个部门（公共部门、营利部门和非营利部门）的体验性理解，而不是只有传统的单一部门的背景；虚拟网络技能，有助于伙伴关系操作化和制度化阶段在虚拟和实际空间的进行；在合作关系内化解矛盾的能力，在基于持续变化过程的非结构性关系中开发体验。也提出了在伙伴关系实施中各种内在的管理问题，如声誉（取决于关系建立之前和过程中的组织声誉）、法律（关于谅解备忘录）、责任（风险评估程序）、经济（伙伴关系内部不同的基金配置可能导致向商业伙伴归还资金）和文化（在伙伴关系的前期阶段，合作伙伴之间可能难以沟通，因为他们处于不同的部门，在"语言"应用方面具有差异）问题。

Wilburn Kathleen（2009）认为，那些希望对社会负责但没有跨国企业资源的企业，能够与非政府组织、非营利组织和宗教组织合作，以得到有关他们希望开展业务的地区人民的文化、风俗和需要的信息。没有那些信息，CSR 项目将产生一些不利于社区的意料之外的结果。她提出了一个包含三个策略的模型供企业采用，以开发对社会负责的项目：第一个策略是使用关于一个国家和地区的电子信息资源以获得背景信息；第二个策略是收集关于重要事项的现场信息，来自于已经在一个社区经营的部分非政府组织、非营利组织和传教活动的人们；第三个策略是开发有助于识别社会责任项目的可能负面后果的情景，以便能够监控项目实施的这种结果，并设计干预措施去降低或者抵制负面后果的影响。其中很重要的一步是与当地组织合作。Wilburn Kathleen（2006）发现，在一个发展中国家具有根源的企业更愿意"为这个国家投资公共产品——从公路、大学到全国品牌推广"。企业需要找到具有这种根源的商业伙伴。这些合作伙伴不仅能够提供信息，而且在合作中取得成功，尤其是 CSR 项目，具有既得利益。当地商人进行的商业开发更容易刺激进一步的发展，因为这种发展更有利于地方，而不是跨国企业。

二、城市社区建设回顾

社区是人们社会经济生活的基本单位，社区的建设情况和发展方式会受国家城市化进程和社会发展状况等因素影响而呈现较大不同，也导致社区活动的内容和开展方式会有较大差异。结合本书研究问题的特点，必然需要了解和回顾中国城市社区建设的历史和相关研究，这是研究企业社区参与的立足点。

（一）社区研究的产生

社区研究最早起源于欧洲。一般认为，最早提出社区概念的是德国社会学家 F. 滕尼斯，1887 年他在《社区与社会》中指出，社区（Gemeinschaft），是指那些具有共同价值取向的同质人口组成的，关系亲密、出入相友、守望相助、疾病相抚、富有人情味的社会关系和社会团体。①在滕尼斯那里，"社区"是作为与"社会"相对的学术词汇使用的。社区的主要特征是，它强调人际之间有着强烈的休戚与共关系。而社会则不同，它是由具有不同习俗、价值观念的异质人口所组成的，人们加入这一团体是根据自己的意志选择的结果，它重理性而不重人情，人们的关系是劳动分工和法理型的契约所决定的。社会的特征是以多元文化为基础的松散的人际关系。②滕尼斯主张社区和社会都是一种理想的模型，在现实中，既没有纯粹的社区型关系，也没有纯粹的社会型关系，它们都是被假设出来的极端的社会结构，社会学家的目的是用它们对现实社会进行比较，以阐明社会变迁的趋势，即把社区和社会设置为分析一个连接变化系统的两端，这个系统代表从传统到现代、从特殊到一般的变化。③滕尼斯提出的社区概念，后来经过其他一些社会学家的研究发展，在美国得到发扬光大，形成了专门的社区分析理论和社区分析方法。因此，早期的美国社会学史，就是一部社区理论和研究的历史。

我国的社区研究，肇始于 20 世纪 30 年代，它是在中国社会学研究有了一定发展、社会调查逐渐时兴的情况下，由吴文藻、费孝通等出于科学认识中国社会和推动社会学中国化的强烈意愿而倡导和发展起来的。到了 20 世纪 40 年代，中国早期社会研究有了较大的发展，社区研究逐渐成为当时中国社会学的共同风气，出现了如费孝通的《江村经济》等一批具有较高水平的社区研究报告和著作，初步形成了社会学与人类学相结合研究社区的中国学派，有力地推动了社会学中国化的建设。

1979 年社区研究的理论与实践得到恢复与发展。20 世纪 80 年代至 90 年代初，我国社区研究主要是以农村社区、小城镇和边区开发研究为重点，并取得了巨大成果。1991 年 5 月，在城市社区服务广泛开展的基础上，国家民政部借鉴国外社区发展的经验，提出"社区建设"这一新思路，旨在以社区建设为切入点，强化城市基层政权和群众自治组织建设。20 世纪 90 年代中期以后，我国社区研究的重心开始转向城市社区建设和社区发展。

（二）社区建设

社区建设是一个崭新的实践过程，也是一个崭新的理论研究课题，实践发展与理论探索本身存在相互促进关系，正是 20 世纪 90 年代末大力发展起来的城市社会建设，才使社区以及社区建设这个沉寂多年的研究课题逐步受到学术界重视。

1. 社区建设的历史回顾

从时间维度上来看，我国社区建设运动最早要追溯到 20 世纪初期，伴随着国际上一些农业国家的"民众教育""农业推广""合作事业"与"乡村建设"等民间自发的社会改良运动而展开。例如：1924 年晏阳初先生在河北定县推行的平民教育；1927 年陶行知先生在江苏南京创办的晓庄学校及其后来在江苏各地创办的乡村师范学校；1929 年梁漱溟先生创建的河南村治学院及其后来在山东邹平县推行的乡村建设运动。不难看出，这一时期的社区建设运动主要是在农村展开。接下来由于战争的原因，致使社区建设工作被迫停止。1949 年新中国成立后，在农村推行土地改革、农村合作事业，直至走向人民公社制度，在城市则建立一种以国家为权威来源、单位为统治形式的高度组织化的社会—经济—体制，在这种城乡二元的社会结构下，我国的社会经济发展是高度集中的统一命令模式，这种发展模式下没有带地方自治色彩的社区建设的存在。1986 年，为了配合城市经济体制改革和社会保障制度建设，国家民政部就倡导在城市基层开展以民政对象为服务主体的"社区服务"，首次将"社区"这一概念引入了城市管理。1989 年 12 月 26 日全国人大通过的《中华人民共和国城市居民委员会组织法》又明确规定：居民委员会应当开展便民利民的社区服务活动，第一次将"社区服务"引入法律条文。1991 年，国家民政部又提出了"社区建设"这一概念，并在全国各个城市中广泛地开展了社区建设活动。1998 年，国务院又将"推进社区建设"的职能赋予了民政部。1999 年，国家民政部正式启动了"全国社区建设实验区"工程。2000 年，中共中央办公厅和国务院办公厅正式转发了《民政部关于在全国推进城市社区建设的意见》。可见，将社区建设推向深入是不可阻挡的趋势。

为总体把握我国社区建设的研究变迁状况，笔者以"社区建设"为"篇名"，年限为"不限"，"精确"匹配搜索统计了来自中国知网（CNKI）期刊文章、硕博士论文和读秀学术搜索的书籍情况，具体结果如表 2.3 所示。

从表 2.3 中可以看出：一方面，关于社区建设的研究是在改革开放后才逐步发展起来的，在 1986 年开始城市经济体制改革后逐步出现，1996 年有一个较大的跨越，直到 2000 年我国普遍推进社区建设时，社区建设才被学术界更多地关注，2002 年党的十六大以后对其关注快速增加，但总体上，单从数量上来看，对其研究还显得并不是很多；另一方面，由于我国的"社区建设"概念首先是"学术用语"，后来才到"国家用语"，近来才到"大众用语"，因

表 2.3　"篇名"涉及"社区建设"的期刊、硕博士论文和书籍情况

年份	期刊（本）		硕博士论文（篇）		书籍（部）
1980~1989	1		0		2
1990	0		0		
1991	0		0		
1992	3		0		
1993	1		0		
1994	9	164	0	0	11
1995	5		0		
1996	15		0		
1997	31		0		
1998	35		0		
1999	65		0		
2000	121		0		
2001	224		2		
2002	195		7		
2003	194		6		
2004	182		8		
2005	190	2309	15	129	180
2006	235		16		
2007	332		18		
2008	336		26		
2009	299		31		
2010	314		33		15
2011	306	935	50	116	13
2012	315		33		6
	3409		245		227

（左侧纵向标注：篇名中涉及"社区建设"）

此，从学术界对社区建设的关注程度也可以大致反映我国社区建设的发展轨
迹，从而也可以帮助我们更好地把握中国化的社区建设理论发展与实践路径。

　　硕博论文和书籍统计情况也印证了以上的结论。相关硕博论文是 2000 年
我国大力推进社区建设后才出现的，2005 年倡导和谐社区建设后有了较为迅
速的发展，有关社区建设的著作也是在 1990 年《中华人民共和国城市居民委

员会组织法》正式实施后才慢慢增多，直到 2000 年我国普遍推进社区建设时，社区建设著作才真正兴起，但单从数量上看还显得较少。

2. 社区建设研究内容

从社区建设著作和硕博学位论文所设计的研究内容来看，其主题上呈现出简单化和单一性范式，主要分为："整体研究"而导致的"简单化"和"专题"研究而导致的"单一性"分析。

一是社区建设整体研究。社区建设在研究内容上从"整体研究"而导致的"简单化"的分析范式，呈现出介绍性、解读性和教材性、辅导性的著作居多。在著作内容架构上，一般的结构是：社区建设概念—社区建设沿革—社区建设内容（党建、管理、服务、卫生、文化、治安、教育、民主等）—社区建设组织—社区内外关系—社区工作方法等；在写作方法上，有的是纯理论性的介绍和解读，有的是理论性阐述和实践性分析相结合。但总体上看，我国现阶段关于社区建设整体研究的著作仍然处于探索的初级阶段。当然，这些特点也是与当时的背景相关的：第一，从感知的角度上讲，社区建设是一个新事物，有一个宣传教育普及的阶段，使国家和居民接受需要一个过程；尤其是党和政府有一个逐步认识、接受，再到统领和推动的过程；而社区和居民也有一个逐步认识、接受，再到参与和拉动的过程。第二，从研究的角度上讲，社区建设研究也是中国学术研究的新领域，学者的研究也需要一个逐步深入的过程，同时只有随着实践的发展才会走向更加学术化。第三，从实践的角度上讲，在中国特有的历史文化传统和经济社会背景下，社区建设需要自身改革试点积累经验，再到完善提高推广阶段，试错往往是艰难的。

二是社区建设专题研究。社区建设在研究内容上从"专题研究"而陷入"单一性"的分析范式，呈现出推介性、操作性和总结性、汇报性的著作居多。他们一般是从社区管理、社区服务、社区民主、社区自治、社区参与、社区选举、社区养老、社区卫生、社区矫治、社区文化、社区教育、社区经济、社区物业、社区情感、社区空间、社区工作、社区妇女、社区老人及其他方面展开一般性的阐述。

从社区建设期刊论文所涉及的研究主题来看，涉及"社区参与"的文章有 624 篇，约占全部研究的 18%。相关研究表明，社区参与作为被社区领域广泛使用的概念（见表 2.4），其参与主体有广义和狭义之分，狭义的社区参与主体主要指社区居民，广义的社区参与主体主要指社区居民、政府组织、企业法人、事业单位和中介组织等。可见，企业已作为社区参与的主体之一进入了研究者的视野，但国内少见专门的研究企业社区参与的文献。

表 2.4　"社区参与"的定义

定义者	定义内容
Til（1984）	社区参与是公民承受其权利和责任的一种自愿行为的形式
Paul（1987）	社区参与是受益人影响发展项目实施及方向的一种积极主动的过程，这种影响主要是为了改善和提高他们自己的生活条件
Skelcher（1993）	社区参与意味着避免使用传统官僚方式的愿望，采纳组织认为的最接近社区成员想法和他们所知道的对社区居民最好的方式
王刚（1998）	社区居民作为社区管理的客体，更作为社区管理的主体，参加社区各种事务的行为
徐永祥（2002）	社区参与是政府和非政府组织介入社区发展的过程、方式和手段，更是指社区居民参加社区发展计划、项目等各类公共事务与公益活动的行为及其过程
张莉（2011）	社区居民、政府及企事业单位法人和中介组织参加社区各种公共活动或公共事务的行为及过程，各方当事人通过参与来共同管理社区事务、分担社区责任和分享社区发展成果，最终实现社会的稳定有序

（三）城市社区建设理论

历经 20 多年的发展，我国社区建设的理论研究大有进展，围绕着"何谓社区""怎么建设"等基本问题（夏学銮，1996）已形成了单位制理论、社区制理论、共同体理论、社区自治理论、市民社会论、社区治理理论等多种理论视角。从国家与社会关系来看，这些社区建设理论总体来说可概括为三个基本理论取向：

（1）以强化国家政权建设为主要取向的行政社区建设理论（卢汉龙，1996；唐忠新，1999，2001）。行政社区建设理论认为社区建设是一个依靠国家力量自上而下推动的过程；它的核心观点是：单位制解体导致了国家与社会之间的疏离，在一定程度上危及了国家权力的基础，因此，社区建设的根本目的是提高政府特别是基层政府对社会的控制能力。

单位制理论是行政社区建设理论的早期理论，与其一脉相承。单位制理论起源于美国学者华尔德，他率先以我国国有企业为基本分析单位，通过工作场所中的权威关系来分析我国的社会结构，提出了"制度性依附"理论（Walder，1996），其基本观点是：社会主义国家的公有制体系是"再分配"

体制，国家占有所有资源并通过单位来分配资源，因此，在国家和单位之间以及单位和单位的职工之间产生了依附性关系。在分析20世纪90年代城市基层管理体制变迁和城市社区建设兴起的原因时，国内学者把单位制理论作为一种解释模式引入到我国社区建设理论中。单位制理论的基本观点可以概括为：中华人民共和国成立后我国政府对城市社会进行了单位化，单位不是纯粹的经济组织，它还具有政治性、全能性等（李路路，2002；李汉林，1994）。单位是国家实施城市社会控制和资源分配的制度单元。在单位制下，社区被单位覆盖，只能起到"拾单位之遗，补单位之阙"的作用。但是，在我国经济体制从计划经济向市场经济转轨之后，随着单位外市场空间的形成以及单位自身向市场主体的转化，单位制逐渐被打破，单位管理模式趋于失效（何海兵，2003；华伟，2000；夏建中，2002）。单位制解体后发展了社区制理论。

社区制理论则是行政社区建设理论的典型代表之一，它的基本路径是：以居住规模为核心标准把城市区域划分为若干社区（即居住区），力图通过重建基层党组织，行政权力向下转移，以及向社会提供更多的公共服务来重建对基层社会的掌控。因此，在行政社区建设理论中，社区是一个以居住区为分界基础的行政控制单元，社区关系的主导性质是行政性的。由于单位制的解体，城市社会不仅需要社区来承担单位和政府改革所剥离出来的各项社会服务职能，而且需要通过社区建设来实现基层政权对从单位中脱离出来的社会人的管理职能。为此，要将城市社会的管理、控制和服务单元由原来的单位转向社区。为了让社区享有必要的权力以履行上述职能，政府应该下放权力，扩大基层政府特别是街道办事处的权能，或者直接将街道办事处建成一级基层政权，以便街道办事处能够实施对整个街区的管理。而街道则通过强化社区党组织建设、基层行政部门的职能建设，以及对各类社区组织的"行政化"等手段，把行政权力渗透到社会中间。在城市社区建设的过程中，强调要坚持党和政府的领导、指导、组织、协调、监督、控制，党的领导和政府的核心地位及主导作用是城市社区建设的主导原则。这一理论取向在20世纪90年代曾得到过官方的大力倡导。

（2）以培育与国家相对的地域性共同体为主要取向的自治社区建设理论（沈关宝，2000；于燕燕，1999；陈伟东、李雪萍，2005；向德平，2006）。自治社区建设理论认为社区建设是一个市民社会不断发育，并借助市民社会力量促进社区发展，进而在一定程度上形成"自主"与"自为"的社会自我支持系统的过程；它强调社会的优先性和自主发展性，认为社区自身的发展才是城市社区建设的要义之所在。它与行政社区建设理论一样，认为一定规模的城市居住区即社区；但与其不同的是，自治社区建设理论认为社区内社会关系的主导性质不是行政性的，而是情感共同体或基于共同利益的合作互助关系。自治社区建设理论主要包含三个子理论：

一是社区自治论。社区自治论起源于传统政治学的"自治理论"。传统政治学认为，自治是指"某个人或集体管理其自身事务，并且单独对其行为和命运负责的一种状态"（布莱克维尔，1992）。鉴于此，社区自治论认为，社区自治是指社区居民自己管理自己生活在其中的社区事务（桑玉成，1992）。"城市社区建设中的基本问题将是如何使社区具有自我服务的功能和自我管理的能力，简单地说就是社区自理。"（费孝通，2000）社区自治既是促成社区认同的基础和发展公民社会的基石，又是我国发展民主政治、提高党和政府执政合法性的需要。社区自治还具有经济学价值即能够降低社会管理成本，促进管理体制的不断创新，从而实现政府和社会的双赢。实现社区自治的基本途径是政府下放权力、转变职能、改变领导方式、重塑政府和社会的关系，同时还要加强社会主义公民道德建设等（徐勇，2001；费孝通，2002；胡慧，2006）。

二是共同体理论。共同体理论起源于德国哲学家、社会学家滕尼斯。他在《社区与社会》中建构了"共同体"与"社会"这两种理想的社会关系类型，并用它们来描绘西方社会从传统向现代转型过程中社会关系变化的趋势。前者是指基于本质意志而产生的，靠习俗、情感和共同的义务来维系的，人与人之间亲密而又持久的社会关系。后者则是指基于选择意志产生的，靠法律强制来维系的，人与人之间相互算计的契约关系。在滕尼斯（1999）看来，"人们在共同体里与伙伴一起，从出生之时起，就休戚与共，同甘共苦。人们走进社会就如同走进他乡异国"。我国的共同体理论者认为，20世纪是一个社区社会化的过程，人类社会发展以物的法则为主导，但现代理性的过度发展背叛了它最初的效率目的，带来了更大的社会问题。因此，21世纪将是一个社会社区化的过程，能力重建是社区重建的基本内容之一，"首先恢复社区作为一个完整有机体的组织活力，使其成为一个自给自足、自在自为的实体。在地理上、语言上、文化上、心理上和生活习惯上保持最高的同质性和完整性，防止垂直化组织系统对它的人为肢解和分割"（夏学銮，2001）。据此，共同体理论者认为，城市社区建设的对象是社区，而社区则是地域性共同体，城市社区建设的实质就是培育和强化社区要素，最终实现共同体自治。从城市社区建设的内容来看，虽然城市社区建设需要发展社区经济和社区管理，但如果从以人为本的原则出发，社区服务、社区卫生、社区治安、社区文化建设就应该成为城市社区建设的核心。从城市社区建设的模式来看，可以分为社区重建模式、政府授权模式和社区自治模式，三个模式既相互关联，又代表着城市社区建设的不同阶段，社区自治是社区建设的高级阶段。虽然城市社区建设的三个模式都涉及社区成员、社区组织和政府三大行为主体，但政府部门的过度介入则会妨碍社区自身的发育（夏学銮，1999，2002；王思斌，2000）。

三是公民社会理论。公民社会理论是由黑格尔提出、马克思完善、我国理论界于 20 世纪 90 年代引入中国的。在城市社区建设领域对公民社会理论通常有两种用法：一是作为建构模式，认为社区与公民社会在价值原则、制度规范、组织形式等方面具有同质性，城市社区建设与公民社会建设具有相辅相成、互相促进的关系。因此，城市社区建设的主要对象是社区自治、社区组织和公民精神等（黄杰，2002；雷晓明，2005；杨寅，2006）。沈关宝不仅较早地提出社区组织建设，而且还对社区组织的基本特征，即非行政性、非营利性和非竞争性进行了阐述，明确提出社区发展的最终目的"在于建设一个以个性发展、社会整合和文化繁衍为标识的，具有相对独立性并与国家、市场保持良性关系的现代社区"（沈关宝，2000）。针对部分人对公民社会理论的本土适合性的怀疑，一些学者还通过实证研究证明城市社区建设与公民社会建设之间的相互促进关系（夏建中，2003；德勒斯、柯丹文，2003）。二是作为解释模式，用来分析城市社区建设中存在的主要问题，其主要观点是：我国的公民社会发育不足，公民社会与国家之间的力量不均衡。在城市社区建设中，政府包揽公共事务过多，在公共事务的决策中"一头独大"，因此，造成了城市社区建设中的"政府热、居民冷""行政化""形象工程"等问题（陈云松，2004；魏娜，2002）。

这三个子理论的共同特点是强调社区的相对独立性，认为城市社区建设的要义是培育社区自身的发展，在城市社区建设过程中力主"去行政化""还社会于社会"等。

（3）以消解国家和社会张力为主要取向的社区治理理论（徐中振、徐坷，2004；陈伟东、李雪萍，2004）。社区治理理论的核心观点是"社区治理视社区为各种组织实现其组织目标的行动场域。在这个行动场域中，政府组织和其他组织的关系将不再是单纯的管理与被管理关系，而是通过建立合作的关系来实现社区的公共目标"（徐中振、徐坷，2004）。也有学者认为，社区治理是社区利益相关者之间合作治理社区公共事务的过程，社区治理的基本要素包括治理主体（社区参与者）、治理客体（社区公共事务）、治理规则（社区成员认同的社区规范）、治理过程（社区治理是实体活动，表现为成员之间的合作互动行为）（陈伟东、李雪萍，2004）。该理论认为社区建设存在五种典型的治理模式：

一是政府主导型治理模式。政府主导型治理是行政社区建设理论的延伸，即积极发挥政府多重角色的扮演、多样职能的行使，由政府主导、居民参与、自上而下推行的社区发展模式。赵晓芳等（2009）分析中国城市社区治理模式基本采用的是政府主导型模式，政府是社区建设的强力推动者，强调了社区治理要求社区与政府共同承担起社区建设的责任。陈蕾和高芳（2010）提出中国城市社区建设应在政府主导下，通过弱化街道和居委会的行政特色、培育社区自治组织、增强社区参与程度等治理手段，完善社区自身发展的动力机制，形成政府与社区组织合作的城市社区建设模式。田阡（2012）提出政府作为公共利益的代表者，是城市社区管理的最重要主体，其主导作用的有效发挥，直接关系到城市社区管理整体水平的提升。王永红（2011）提出，"即使将来社区和社区自治组织发展成熟了，政府依然不能完全退出对社区和社区自治组织的扶持，政府在社区的建设和发展中依然是社区建设的指导者，是社区公共服务的供给者，是社区公民社会的培育者，是社区自治组织的监督者"。从以上研究可以发现，学术界基本都认同政府在城市社区治理中的作用，但是究竟如何参与才能最有效，还有待探究。

二是市场参与型治理模式。西方国家在对"市场失灵论""政府失灵论"的认知和差异对比中，选择在公共部门中引入市场机制。在成本—收益分析法的选择比较中，市场参与社区治理模式在某些职能里可以带来更快的社会总产值增长，市场参与社区治理模式在一段时期受到了众多学者的青睐。宋梅（2009）提出物业管理作为一种市场化的社区管理模式，利用市场自身的力量以及社区民主参与的形式开启了我国社区治理过程中市场、政府、社区居民三方有效合作的新时代。物业管理作为社区多元治理主体中的一支重要力量所采取的市场手段和政府治理所采取的行政手段都是为了更加有效率地配置资源，政府和市场依托社区这个基础平台，把自身的管理触角伸向基层，使社会矛盾在基层得到有效的调节和控制。政府在此模式中扮演催化剂、规划者、监控者或购买者的角色，市场作为社区治理的主体，通过充分竞争为社区的和谐发展提供发展模式。从以上观点可以看出，现有的研究也仅仅是提出可以通过市场这种手段来进行社区治理，却少有具体的实施机制。

三是第三方参与型治理模式。第三方组织为介于公共部门和私人部门之间的非政府组织、非营利组织等。非营利组织扮演着社区发展提供者的角色，协调政府与社会力量。Vass（1999）认为，社区工作机构或者组织常常处于政府和居民的中间位置，着力于解决居民的困难和保护居民的利益，不断为居民争取福利。Levitt（1973）将从事政府与私营企业不愿做、做不好或不常做的事，处于政府与私营企业之间的社会组织统称为"第三方组织"。徐晞（2012）认为如何发挥非营利组织在我国社区治理乃至社会管理创新方面的作用，应当引起国内的高度重视。从以上研究也可以看出，大部分研究都认为第三方参与有助于社区治理，但是第三方如何参与、其作用机制是什么，由于国内NGO总体较为缺乏和它们相对较少参与城市社区建设而少有研究。

四是草根型治理模式。草根型治理是自治社区建设理论的延伸，它是在政府用法律规范社区的运行方向，对社区建设进行宏观控制的前提下，社区居民自发合作治理。埃莉诺·奥斯特罗姆（1990）创建了自主组织和治理公共事务的制度理论，证明了在一定的条件下，自发的合作治理是可能的，也是可以实现持续发展的。戴维·奥斯本与特德·盖布勒（1996）指出，通过参与式民主给公民授权，社区靠自身的力量来解决社区内部的问题。吴志军（2003）认为，社区治理模式是以社会中介组织（实际上是社区组织）为主导，以街道办事处为主、以社区为辅助的基本管理模式，他的理念是基于自治和服务的视角。李秀琴、王金华（1995）指出，自治性是指居民委员会在党和政府的领导下，在国家法律规定的范围内拥有一定的自主权和自决权。实行社区居民自治也就是说居民有权依法管理自己在社区内的事情。从以上研究也可以发现，目前学术界认同社区居民可以自己管理相关的社区问题，但是如何建立一个科学合理的运行机制是管理的关键，而这个方面的研究却甚少。

五是多元（主体）型治理模式。从这个领域来看，王英伟（2003）提出了多元型治理模式，她认为城市社区治理应该"以政府为主导，以社区理事会为载体，以社区成员参与为核心"。孙肖远（2012）提出了复合治理概念，他认为进入风险社会，社区治理单纯依靠任何的单个治理主体都无法实现良性运作，应通过"共建共享"从协调社区利益关系入手，将社区多元治理主体以利益和情感为纽带连接成一个社区治理主体群，从而构建了一个由多个、多层、多界和多域等行为主体结合或联合而成的社区复合治理体系。胡祥（2009）认为，社区治理需要通过合作关系将政府、社区自治组织、第三部门等团结起来，整合各自的资源，形成社区内部的共同合力，来有效地解决社区公共事务问题。王筱桢（2011）就城市社区治理主体问题进行了研究，认为城市社区治理应通过构建主体之间合理、互动的关系，在有效的社区资源整合和良好的制度设计中，真正走向"善治"，实现构建和谐社区的目标。蔡小慎、卢鹏展（2007）运用合作博弈理论构建了社区多元治理主体互动网络的动态模型，把多元治理作为城市社区自治的基础和前提，要实现合作共治必须建立多元治理主体之间的合作模式。

三、企业社区参与研究

伴随着中国企业参与社区建设的新行动，目前国内相关文献多用"企业参与社区"来描述这种现象，也有极少数文献提到了"企业社区参与"一词；而西方市民社会的发达（或者说社区运作机制中，社区相对于政府、企业的独立性较强），西方发达国家企业的社区参与（Community Involvement，Community Engagement，Community Participation）、企业社区投资（Corporate Community Investment）的实践也相对较为发达；与之相对应，近二十年来，随着社会责任理论与实践的发展，企业社区参与（企业社区投资）的相关研究也有很大的深入。本研究希望在国内外相关研究的基础上开展本土化的企业社区参与行为研究。从总体上讲，对企业社区参与的研究是在企业社会责任的框架之下进行探讨的，其涉及的主要问题和观点如下：

（一）关于企业社区参与产生原因与目的的研究

企业社区参与的原因是研究企业社区参与首先要面对的问题。对于这一问题，国内并没有相关文献。国外文献中，澳大利亚企业公共事务研究中心（Centre for Corporate Public Affairs）和澳大利亚商业委员会（Business Council of Australia）的文献综述表明：19 世纪中后期，美国企业根植于整个社会强烈的自由主义传统，一些大型企业（如 FORD 等）为社区建设大学等举措，更多的是基于排斥政府对社区事务的参与、获取良好的社会声誉。而在 20 世纪五六十年代，美国企业进行社区参与的原因更多的是基于企业管理人员的自身利益。澳大利亚企业从事社区关系管理的原因主要基于：政府和公众责任、社区的要求、企业管理层压力以及信息时代背景。Galaskiewicz（1997）发现总部位于 Minneapolis 的企业大约 70% 的慈善活动位于该市；McElroy 和 Siegried（1986）在美国 14 个城市 229 个企业的调查也显示了同样的结果；Guthrie（2003）调查了 2776 家企业，发现 80% 的企业承认其最大的单笔捐赠给了企业总部所在的城市或社区。从以上的国外文献中可以看出，企业参与社区关系构建的原因是多方面的，但商业原因是企业重视社区参与的根本原因，同时这种商业原因与企业经营场所有着极为紧密的关系。

企业社区参与的目的决定了企业社区参与的内容和方式，但和企业社区参与的原因一样，国内对此问题并无相关的文献。国外文献中，企业战略大师迈克尔·波特（2002）认为，"企业从事公共事务的目标，从表面上看是为了博得更多人的认同和社会影响，而实质上则应该集中于公司竞争力的加强"。Chris Marsden 和 Anupama Mohan（CSR Magazine，1999）对 340 家欧洲公司的 505 个社会项目（包括社区项目）的分析表明，所有公司的社会项目都基于商业理由（business reasons）而产生：39% 基于企业内部商业理由，38% 基于企业外部商业理由，23% 同时基于内部和外部商业理由。澳大利亚企业公共事务研究中心（Centre for Corporate Public Affairs）和澳大利亚商业委员会（Business Council of Australia）针对本国企业的调查报告将其细化为公司声誉（corporate reputation）、改善与社区的关系（improved community relations）、提高员工道德水准（employee morale）和形成良好风气（symbol of corporate ethos）四个方面，很显然，它们最终的落脚点都是企业的商业利益。同时，这两个组织认为，在信息经济时代，企业的竞争已经发生了很大的变化，诸如企业声誉、员工忠诚和社区的支持等越来越成为企业可持续发展重要的衡量因素。该调查引用了 1996 年美国的一项调查，研究表明 30% 参加公司社区活动的员工愿意继续为该公司工作并希望公司能获得成功。从国外文献可以看出，企业社区参与目的的最终落脚点是提高企业的竞争优势。也就是说，商业目的是企业社区参与的终极目的。

（二）关于影响企业社区参与因素的研究

对于这一问题的研究，国内目前涉及的相关文献较少，而国外的文献则有较为深入的研究。

在企业因素方面，Galaskiewicz（1997）、Guthrie（2003）、Wolpert（1993）的研究表明，企业的社区参与现状会因企业不同的规模及企业的产业类型而有很大的差异：银行和公用事业单位对此最为积极，而制造业企业和服务企业对此则相对漠然（Kirchberg，1995；Useem，1988）。Public Affairs Council（1999）在美国的调查研究表明：能源、电子商务（E-Commerce）、制造、金融、零售、通信、公用事业、保险等行业的企业社区投资侧重于不同的领域。同时，企业家因素对其也有重要影响。例如，企业家的性别会对其企业社区参与产生重大的影响。一项在土耳其的调查报告指出，女性经理人员较男性经理人员更愿意在其决策体系中考虑包括社区在内的利益相关者利益（社会责任管理），同样的结果，也被 Akaah 和 Riordan（1989）、Chonko 和 Hunt（1985）、Ferrell 和 Skinner（1988）、Kelley（1990）的研究所证实。

企业内部治理结构决定了企业社区参与的决策和具体实施，是企业的社区参与得以实现的关键所在。由于企业社区参与的方式之一是企业社会责任投资，因此有关企业社会责任管理的内部治理结构研究成为相关的有益文献。我国学者宁向东、吴晓亮（2004）对国外企业的社会（包括社区）责任管理的内部治理结构进行了较为系统的研究，认为公司的社会责任（包括社区）应由董事会承担，而不是股东直接承担。同时，他们通过对 2005 年《财富》杂志评选出的"最受尊敬的公司"排行榜前十位公司以及"超级大型银行"（Mega-banks）前十位的分析，总结出了董事会决策模式和董事会承担、经理决策模式两种涉及企业社区参与的内部治理结构。

在社区因素方面，学者们的研究表明社区的收入（Wolpert，1993）和教育（Kirchberg，1995）对企业的慈善行为有很大的影响。同时，不同地域的社区也有不同侧重点的诉求：Guthrie 和他的研究团队（Guthrie and McQuarrie，2004）发现为低收入家庭提供住房项目在克利夫兰和亚特兰大很有效，但在西雅图则并非如此。

在政府因素方面，澳大利亚企业公共事务研究中心（Centre for Corporate Public Affairs）和澳大利亚商业委员会（Business Council of Australia）针对本

国企业的调查报告认为，政府社会福利支出的急剧扩大导致其对企业社会责任认识的偏差，要求企业承担更多的包括社区在内的社会责任。

从以上的文献可以看出，影响企业社区参与的因素除了企业因素与社区因素外，政府也是一个不可忽视的因素。

（三）关于企业社区参与方式的研究

近年来，随着西方发达国家企业对社区参与重视的提高和相关实践的发展，理论界也对企业社区参与的具体方式进行了总结和探讨。

国外的文献中，根据世界商业可持续发展组织（World Business Council for Sustainable Development，WBCSD）的定义，企业的"社区政策包括极为宽泛的内容：社会扶助项目（assistance programmes）、支持社区教育、形成与社区共享进步的企业社会角色理念（fostering a shared vision of a corporation's role in the community）、促进社区的健康与安全、提供赞助、鼓励企业员工积极参与社区志愿计划、慈善捐赠"。Carroll 和 Buchholtz（2004）探讨了捐赠和沟通两种形式及其对企业社区关系的影响，他们认为公司可以通过两种基本方式对社区施加影响：管理人员和员工的时间和才智或者财务捐赠。Altman（1998）认为，员工志愿参与（Employee Community Involvement，ECI）是企业进行社区参与的重要形式，Community Business 组织（2003）在中国香港的调查对员工志愿参与的效果进行了分析，并得出了相当积极的评价。Muthuri 认为，企业社区参与主要包括：文化与艺术、公众利益（Civic and Public Benefit）、教育、健康与社会福利。而这四大类又可以分为九小类，例如，文化与艺术包括博物馆和其他文化艺术设施；公众利益则集中于社区的基础设施，包括经济发展项目、房屋项目、公众安全和当地环境项目；教育主要是指当地的学校，包括国立大学和其他类型的学校；健康与社会福利集中于促进和保护人类健康，包括健康检查、医疗研究，以及旨在促进健康的食品和营养项目。澳大利亚企业公共事务研究中心（Centre for Corporate Public Affairs）和澳大利亚商业委员会（Business Council of Australia）针对本国企业的调查报告将其归结为教育、文化活动和环境三个方面。

对企业社区参与的评价，英美资源集团的"社会、经济评价工具（SEAT）"具有相当的代表性。SEAT 的英文全称是 Social - Economic Assessment Toolbox，专门用于英美资源集团在矿产开采中与当地社区交流。SEAT 包括社区沟通、安全文化、就业机会、健康保证等 11 个方面，涵盖了与矿业开发相关的社区参与的全方位问题。据笔者查阅，SEAT 是目前世界唯一成形的、专门用于社区工作评估的系统。

同时，由于企业社区参与涉及大量的专业性知识，企业在实践中非常愿意将其管理外包（outsource）给专业性机构（主要是 NGO）。例如，澳大利亚企业公共事务研究中心（Centre for Corporate Public Affairs）和澳大利亚商业委员会（Business Council of Australia）针对本国企业的调查报告发现：大约有 1/3 的受访者承认其将部分社区参与活动外包给其他机构（主要是 NGO）；同时，大约有 20% 的受访者承认其总是愿意与少数而不是多数相关机构打交道。

国内在这一领域的研究非常少，有限的几篇文章也只是对特定企业的一种描述。例如，孙怀通（1998）提出了在石油企业社区参与方面要转变观念，坚持以市场经济的要求给社区参与工作定位。吴建勋、丁华（1999）提出了从环境污染、社会赞助和社会治安三个角度塑造企业的社区形象。

在以上研究中，国外通过实证研究的方式对企业社区参与有关的社会责任行为研究，具有非常强的针对性。与之相反，国内目前有限的几篇文章并不是学者们用严谨的学术研究方法做出来的，而是企业经理人员对其工作的总结。同时，由于这些经理们的背景企业都是国有大中型企业，并不存在市场经济条件下真正意义上的企业社区参与，因此，其研究结论并不具有很强的学术价值。

（四）关于企业社区参与行为的研究

对企业社区参与行为的研究，大部分建立在实践的基础上，目前国内没有相关的文献。在国外文献中，Carroll 和 Buchholtz（2004）总结认为企业社区参与的基本步骤包括：了解社区、了解公司的资源、选择项目和监督项目四个方面。Mahtani（2003）总结中国香港企业的实践，认为其社区参与过程包括了解社区与企业、做出计划、对执行的监督与反馈三个步骤。同时，上述两个文献对各个步骤应考虑的问题也做了较为详尽的解释。

可以看出，和其他管理活动一样，企业社区参与也要遵循计划、组织、执行、监督等基本步骤，但必须建立在对企业与社区的目标和能力较为准确理解的基础上。

（五）关于企业社区参与与企业绩效关系的研究

在国外的文献中，Clarkson（1995）指出，政府和企业所在社区为企业提供的基础设施对企业竞争力具有重要影响，而基础设施的数量和质量决定于企业的纳税状况和企业对环境的保护（损害）。Waddock 和 Boyle（1995）发现企业主动调整与所在社区的关系可以为企业拓宽战略选择空间；其对企业的高层管理人员和负责社区关系的人员的一项调查结果显示，许多高层管理人员认为与社区建立良好的关系能为企业带来税收减免、降低调整成本、提高劳动力素质等好处，并能够增强企业的竞争优势。

Hillman 和 Keim（2001）研究表明，利益相关者管理并不总是能够提高企业的经济绩效。社区关系、雇员关系和雇员多元化与企业绩效和企业竞争力呈显著的正相关关系，而顾客满意度和环境管理与企业绩效之间呈微弱的负相关关系。Berman 等（1999）的结论与前者略有差别，认为雇员满意度和客户满意度与企业绩效存在显著的正相关关系，雇员多元化、环境管理和社区关系管理与企业绩效之间不存在显著的相关关系。Altman（1998）通过对高层管理者和负责社区参与的主管的调研访谈，发现许多企业管理者相信企业与社区的融合常常能创造出竞争优势。Wood 和 Jones（1995）关于企业通过慈善行为达成企业与社区融合的途径对企业财务影响的研究结果支持了管理者们的观点。其他的研究者还认为企业与社区之间的良好关系可以帮助企业通过优惠的税率、法律负担的减轻以及当地劳动质量的改善来建立竞争优势（Waddock and Graves，1997）。

与国外文献相比，国内的相关文献相对较少。根据笔者的查阅，主要有：赵德志、赵书科（2005）认为包括社区在内的利益相关者是企业竞争优势的新来源；王靓（2005）运用回归分析的方法，得出了与员工维度相比，社区维度同样也是对组织绩效最有影响的利益相关者。

在以上研究中，几乎所有的研究都认为企业社区参与与企业绩效呈正相关关系。

四、对已有研究的评述

国内外关于企业社会责任（CSR）领域的研究——"是什么""为什么""怎么做"在进度和深度上有并驾齐驱的趋势。关于前两个问题 CSR"是什么""为什么"学界已有了较为清晰的界定或认识。本研究认为企业应承担的社会责任（"是什么"）可分为两个层面（杜中臣，2005）：一是基本层社会责任，即企业在其经营过程中遵守法律法规，减少对环境和社会的负面影响；二是高级层社会责任，包括向社会提供优质廉价的公共服务，通过捐赠和参加慈善活动参与社会问题的解决，如帮助教育、支持社区发展、帮助贫困地区发展、支持体育与卫生事业、参与灾难救助活动等。企业社区参与是第二个层面的 CSR，它不同于资助、捐赠等社会责任的简单形态，而是将 CSR 相关的活动融入企业业务流程管理中，实现企业经济效益与社会公共福利双赢的有效的高层级 CSR。同时，根据已有文献的总结，企业"为什么"承担社会责任的原因可分为两种导向：一是企业利益导向，即企业承担社会责任行为的推动力量来源于企业生存、竞争定位、扩张、利润或权力等需要；二是社会问题解决导向，即 CSR 行为动力来源与社会问题解决的需要，因为企业是社会问题的一部分，也需要成为解决方案的一部分，这些问题的解决能帮助企业更好地得到政府支持及当地社区经营的许可，实现企业和周围社区的双赢。

而关于"怎么做"的问题，即 CSR 实施的研究有两种视角：一是组织本身视角；二是社会合作视角。在前者的研究中利益相关者角色在 CSR 实施的演变过程中逐渐清晰，从最初的未明确提及，到略有提及、内部利益相关者沟通到强调利益相关者沟通贯穿所有步骤，但并没有明确利益相关者的参与者角色或者将特定的利益相关者纳入研究对象从而对其行为进行具体描述；后者主要研究双方合作，对多方合作虽有探究但并未深入，本研究希望在企业视角，将 CCI 过程中的利益相关者纳入研究框架来研究其多方合作互动过程。

社区建设是社区居民在政府机构的指导和支持下，依靠社区力量，改善社区经济、社会、文化状况，解决社区共同问题，提高居民生活水平和促进社会协调发展的过程。国外社区领域的研究在数量和进度上领先于国内，这与国家进程和社会发展息息相关，主要是因为我国的社区是伴随社会建设而演变产生的，它历经了传统小区向新型社区的转变，这一漫长的转变过程为本书提供了研究情景；已有的社区建设历史和社区建设内容的回顾为研究平台做出了铺垫；而社区建设理论的回顾则为本研究的理论创新打下了基础。其中，行政社区建设理论是中国社区建设较为早期的理论，对本研究理解社区建设背景有一定帮助；自治社区建设理论则是发达国家社区建设的理论状态，虽有不少学者引入这一理论，进而也有地方政府对其进行试点建设，但总的来说对于我国国情和实际条件并不是最适用的；本研究从我国企业参与社区建设的实际情况出发，通过研究企业—政府—NGO 的多方参与来对现有的社区治理理论进行重构、深化和延伸，进而构建适合中国情境的社区建设（CCI）理论。

企业社区参与是企业社会责任实施方式之一，是企业参与社区建设的行为表现，主要指企业通过为社区提供经济资源、人力资源、物力资源和智力资源等支持，并与社区组织和居民进行互动，从而帮助解决社区社会问题的行为及其过程。国内的企业社区参与伴随着社区的发展缓慢前进着，目前少有专门的研究；而国外对企业社区参与的原因与目的、参与方式、参与过程、参与绩效及其影响因素有一定的研究，虽然不一定适合中国情境，但也可为本书提供研究基础和理论比较与借鉴，进而发展先进合理的理论来促进中国企业更好地进行社区参与，从而增强企业竞争优势并加快我国社区建设和社会前进的步伐。

第三章　企业社区参与中的
社区分类研究

一、本章研究问题

从 1978 年开始，我国决定实施改革开放政策，从"计划经济体制"向社会主义"市场经济体制"转型。伴随这一转型过程的是人及其居住生活环境的转变。人从计划经济条件下的组织负责其生老病死的"组织人"变成了与组织只是劳动契约关系的"个体人"。组织不再建设集中的住宅区为员工提供住房，员工需要在社会新建的住宅小区购买住房。这些新建的住宅小区初始的状况通常是（社区）基础设施少，（社区）组织缺乏，（社区）事务疏于管理，邻里之间关系淡漠。然而，人们的精神文化需求随着经济转型而快速增长，因此将"住宅小区"建设成"和谐社区"，将人们从"个体人"变成相互关联和关心的"社会人"，早已成为新形势下社会管理的重要任务。

虽然国家民政部早在 1991 年就将"社区建设"作为一项政府工作任务提出来，但因政府资金和人力投入有限，全国 10 万多个住宅小区中，只有不到 10% 转变成某种程度的和谐社区。而这些和谐社区主要是在部分房地产公司及其关联物业公司的参与和推动下建立的。那么，企业社区参与是否将由"个体人"组成的"住宅小区"推动建设成为由"社会人"组成的"和谐社区"，它究竟推动形成了一些什么样的社区是值得研究的首要问题。

二、理论基础：CCI导向与社区建设考察体系

与上述研究问题相关的现有研究涉及两个方面：企业社区参与（CCI/CSR）与和谐社区建设。由于企业社区参与是中国企业履行对社区责任的主要方式，是一种高级层的社会责任，它具备CSR的基本特征，本部分主要通过CSR相关文献的回顾来合理地推导CCI可能产生的三种导向；而和谐社区建设是中国情境下城市社区建设的指导目标，本部分通过政府政策的主要内容来构建其考察体系。

（一）企业社区参与的三种导向

Lantos（2001）认为，CSR可分为三种类型：伦理型CSR、利他型CSR和战略型CSR。之后在企业社会责任及其相关研究中，逐渐呈现了企业履行社会责任存在三种倾向：企业利益导向、社会问题解决导向和社会责任战略导向。而中国企业社区参与作为企业履行对社区责任的方式，也可能存在以下三种导向。

1. 企业利益导向

逐利是企业的本性，大量的研究关注企业社会责任对企业利益的影响。最典型的是研究企业社会责任行为与企业财务绩效的关系（Cochran and Wood，1984；Clarkson，1995；Pava and Krauzz，1996；李正，2006；晁罡、袁品等，2008；陈可、李善同，2010）、企业社会责任与企业竞争优势的关系（石军伟、胡立君和付海艳，2009；张旭、宋超和孙亚玲，2010），以及企业社会责任行为对消费者的影响（金立印，2006；周祖城、张漪杰，2007；董伊人，2010）等。这些相关研究逐渐形成并证明了一种观点，即企业履行社会责任能为企业带来许多潜在利益，如改善企业财务绩效、提升企业竞争力、树立企业声誉和形象、获得利益相关者的信任、增强投资信心、吸引并留住优秀人才等（Porter and Kramer，2006；徐尚昆、杨汝岱，2009；龙立荣、赵慧娟，2009），企业正是因为洞察到这些利益而履行社会责任。于是，存在着一种企业利益导向，这些企业在履行社会责任的过程中谨慎投入、算计并强调回报，而受助者

的受益并不是它们最关心的问题。

2. 社会问题解决导向

中国社会转型时期的社会问题可划分为三种类型：一是结构型社会问题（如人口、贫困等）；二是变迁型社会问题（自然资源紧张、能源、粮食等问题）；三是偏差型社会问题（犯罪、青少年犯罪等）（王强，2004）。也有学者用越轨性社会问题和道德性社会问题替代了偏差型社会问题（朱力，1997）。但站在企业视角，波特和克雷默（2006）将影响企业的社会问题分为三类：第一类是普通社会问题，对社会有重要意义，但不受企业运营的明显影响，也不影响企业的长期竞争力；第二类是价值链主导型社会问题，这些问题会受到企业经营活动的显著影响；第三类是竞争环境主导型社会问题，它们的存在会对企业竞争驱动力造成巨大影响（波特、克雷默，2006）。社会学家主要从宏观和总体角度研究社会问题的性质与解决方案，如扩大就业、完善社会保障体系、合理调节收入分配、普及义务教育、健全公共卫生和医疗服务体系、减少贫困和救助困难群体、环境保护和安全生产等（童星，2003）。而企业社会责任行为、企业社会投资行为（汤敏，2006）、慈善机构及 NGO 的行动（刘智勇，2008）、社会志愿者行动（徐柳，2008）则可从微观层面帮助解决社会问题的行为。那么，从影响企业的社会问题出发来寻求解决方案，由此而产生的 CSR 行为就具有了社会问题解决导向。它与企业利益导向恰好相反，是企业在能力和意愿范围内自愿地投入自有资金、专业技术、管理能力和人力资源等参与解决社会问题，是一种企业自我实现的需求，强调受助者获益和社会问题的解决。

3. 社会责任战略导向

社会责任战略导向不同于企业利益导向强调企业利益的实现和社会问题解决导向强调社会问题的解决，它强调企业业务与企业社会责任的关联，并最终实现企业与社会的双赢（Lantos, 2001；Porter and Kramer, 2006；Lindgreen, Swaen and Maon, 2009；赵署明，2009）。它内生于企业社会责任战略本身的双重属性。CSR 战略的产生源于两个方面的需要：一是来源于企业生存、竞争定位、扩张、利润或权力的需要；二是来源于社会问题解决的需要，因为企业是社会问题的一部分，也需要成为解决方案的一部分（Freeman, 1984；辛晴、綦建红，2008）。企业的可持续发展和社会问题的解决是相辅相成的，由此兼顾企业效益与社会效益，糅合两种需求，实现企业业务与企业社会责任的关联，便产生了社会责任战略导向，它关心 CSR 的结果，但是更注重 CSR 过程，因此它往往选择企业价值链上与其核心利益相关者密切相关的社会问题，企业业务与 CSR 的关联性越强，便越能通过实施过程的整合来实现双重效果（Porter and Kramer，2006；Jamali，2007；Lindgreen et al.，2009；Fleming，2011）。

（二）和谐社区建设的考察体系

社区是"具有共同习俗和价值观念的同质人口所组成的关系密切、守望相助、疾病相扶，具有人情味的社会团体"（理想状态）（Tennis，1887）。一般而言，社区（community）是指"聚居在一定地域范围内的人们所组成的社会生活共同体"（普遍接受的定义）。目前中国城市社区的范围，一般是指经过社区体制改革后作了规模调整的居民委员会辖区。而社区建设则是指在党和政府的领导下，依靠社区力量，利用社区资源，强化社区功能，解决社会问题，促进社区政治、经济、文化、环境协调和健康发展，不断提高社区成员生活水平和生活质量的过程①。

从民政部提出社区建设至今，我国"社区"从普遍处于基础设施少、组织缺乏、邻里关系淡漠的"无机"状态到已有社区进入基础设施完备、社区组织健全、邻里相亲相爱的"有机"状态，已经历 20 多年的风风雨雨。在社区建设的过程中，全国许多省市区都制定了地方性的社区建设指导标准或体系，如北京市于 2006 年由北京文明委制定了和谐社区的指导标准；上海也制定过和谐社区指数；杭州市下城区制定了和谐社区建设的评价体系、基准和标准。北京的指导标准包括 8 个一级指标（文明向上、安全健康、生活便利、环境整洁、民主自治、保障机制、特色创新、评估机制），25 个二级指标，48 个三级指标，146 条指导标准，其评估主体包括社区居民、专家、辖区单位、新闻媒体、人大代表和政协委员；评估标准是以群众赞成、满意度为标准。上海的和谐指数由"管理效率、安全保障、生活舒适、睦邻互助、组织协调、社会活力、社区归属"七个方面指数加权汇总而成，具体由 21 项指标构成，测评方法是通过专家学者以社会化方法征询社区群众意见来完成的。杭州下城区对社区进行了五大类划分，即自治型社区、服务型社区、生态型社区、学校型社区、平安型社区，共有 26 项 112 个指标要求。其测评方法是将群众评选、

---

① 国家民政部：《关于在全国推进城市社区建设的意见》，2000 年。

社区评议、政府评估三者有机结合，以群众公认和满意度为核心。

事实上，当 2008 年国家民政部与国家标准委员会制定提出了《全国和谐社区建设示范社区指导标准》，广大社区就将社区组织健全、环境优美、秩序优良、服务完善、教育深入、文化丰富六个方面关键要素作为和谐社区指导和评审标准。本部分从如上六个方面出发，结合中国各区域社区建设的实际特点，选择了 6 个一级指标、22 个二级指标作为要素来考察中国和谐社区建设情况（见表 3.1）：①社区基础设施完备，指社区室内外供居民使用的文娱体育等硬件配套设施齐全、管理规范、运转正常，社区商业、医疗、学校、生活服务、组织议事等服务设施健全、网络完善、服务优良，以及有完备的宣传橱窗、电脑、电话、社区网站和论坛等构成的综合信息平台；②社区组织健全，指社区党组织、社区自治组织、社区工作者队伍、社区群团及民间组织和社区志愿者队伍等设置合理、制度明确、人员到位，依照法律和各自的章程积极开展工作，带领居民参与社区建设；③社区环境优美，指社区环境清洁、庭院整齐有序、建筑整洁美观、公共设施维护良好、绿化充足；④社区治安良好，指社区巡防队伍齐全、人财物安全良好，居民诉求渠道畅通、社会丑恶现象能有效控制，矛盾纠纷协调机制健全，流动人口管理有效；⑤社区服务完善，指社区商业、餐饮、家政、保健、医疗、学校等便民利民服务齐全，下岗失业人员培训与就业、退休与老龄、计生、妇幼、青少年、残疾等公共服务得到落实，社区老、弱、病、残、困等特殊群体帮助救助服务多样化，残疾人的阳光家园、老人的长者服务中心、少儿的青少年发展空间等特色机构服务效果明显；⑥社区文明祥和，指社区各类组织多渠道开展法律、科普、健康知识、文明和谐和公德宣传教育，且经常开展丰富多彩的文化、体育和娱乐活动，引导居民广泛参与。并以此作为对企业所参与的社区进行调查的基础。

表 3.1 中国和谐社区建设考察体系

变量	要素	理想状况
基础设施完备	硬件设施	篮球场、游泳池、居民健身设施、儿童玩乐场、图书室、活动馆等室内外休闲、文娱、体育社区公共活动场所面积充足和设施功能完善，满足居民需要
	服务配套	商业、医疗、教育、生活服务（衣、食、住、行）、组织议事等社区配套设施健全，并建有多功能、综合性社区服务中心，保障社区组织工作需要
	宣传阵地	建有宣传橱窗、电脑、电话、社区网站与论坛等信息化和自动化的综合信息平台，实现区、街、居三级联网，为社区成员提供方便、快捷、优质的服务

续表

变量	要素	理想状况
社区组织健全	社区党组织	社区党组织健全，设置合理，按期换届；指导社区内具备条件的新经济组织和新社会组织建立党组织，开展组织生活；发挥模范带头作用参与社区建设
	社区自治组织	居委会、业委会、共青团、妇联、科协、残联、工会等组织职能健全、人员到位、作用明显；在党组织的领导下，依照法律和章程积极开展社区工作
	社区工作者队伍	政治觉悟高、为民服务意识强、服务能力专业、团队协作精神明显，且注重加强自身学习，认真参加各类业务培训的社区工作者队伍积极探索开发社区社会工作岗位，开展社会工作专业服务
	社区群团	由居民自发组成的形式多样、特色明显的娱乐、文化、体育组织经常开展活动
	社区志愿者队伍	结构合理、素质优良的社区志愿者组织经常性且广泛而深入地开展志愿服务活动、服务社区；充分发挥其群众威望高、热心公益事业的优势来参与社区建设
环境优美	环境卫生	有环境管理组织、制度和人员；环境清洁，垃圾清运定点及时，无卫生死角、无暴露垃圾、无污水、不乱扔废弃物；庭院整齐有序，无严重破、损、残建筑物和违章搭建，无乱堆乱放、乱设摊点现象，各类车停放有序；无违法违章饲养宠物和家禽等现象；各类公共设施运行良好、绿化充足；居民具有较高的环保意识和良好的环境行为
	环境秩序	
	环境保护	
	环境绿化	
治安良好	组织网络	居民利益诉求渠道畅通，社会矛盾纠纷排查调处机制健全，群众来信来访工作处理及时，突发性矛盾得到及时解决，社区内无影响恶劣或后果严重的群体性事件发生，无集体上访和越级上访；流动人口管理有效，流动人口的有关政策和措施得到落实，流动人口登记率和房屋租赁登记备案率高
	信访调解	
	流动人口	
	安全保卫	社区治安防范体系健全，有适应本地区治安需要的专兼职巡防队伍，无重大刑事案件发生，人财物安全性高，辖区内治安秩序良好，居民有安全感
服务完善	便民利民服务	提供商业、餐饮、家政、保健、医疗、学校等社区配套服务
	社会保障服务	有下岗失业人员培训与就业、退休与老龄、计生、妇幼、青少年等工作服务
	帮助救助服务	根据实际情况为社区老弱病残困等特殊群体提供各种帮助救助和服务
	特色机构服务	有残疾人阳光家园、老年人长者服务中心、少儿青少年发展空间等社区机构
文明祥和	学习教育	多渠道开展法律、科普、健康知识、文明和谐、公德宣传等教育，营造健康科学、文明向上、邻里和睦、和谐安乐的社区氛围
	文化、体育、娱乐活动	社区有活动指导者和活动队伍，各类活动场所和设施健全且得到充分利用，居民广泛且经常性地开展文化、体育、娱乐等丰富多样的群体性活动

三、大样本研究设计

本节主要通过扎实的大样本调查和聚类分析对企业社区参与所推动形成的社区进行分类研究。由于企业社区参与是中国社会转型期的新发生的社会现象，为了对特定情境中的新现象进行充分渗入的了解，在研究初期我们进行了各类二手资料收集（主要通过由企业和社区主办、承办或参与的网站，如社区文明网、中国社区志愿服务网、武汉社区在线、a 社区网、b 社区旗下网站等，以及各种涉及企业社区参与活动报道的网站，如腾讯大楚网等进行数据收集和挖掘）和一定的调查访谈（根据二手资料选择有明显企业社区参与活动，且具有一定便捷性的企业和社区进行访谈调查；调查访谈适合在节假日进行，一般能碰到 CCI 活动，有利于获取数据和了解实情），并在此基础上结合《中国和谐社区建设考察体系》（见表 3.1）进行了问卷设计，然后将问卷投入企业和社区进行初步的小样本调研，根据问卷调研信息和反馈回来的结果对问卷进行了修改和完善；进而用改进的问卷进行正式的大样本调研，并对调研结果进行了聚类分析，从而得到企业社区参与的基本情况及其所形成的社区分类。

（一）问卷调查

经过前期的二手资料收集、调查访谈、问卷设计、投放与改进后，本次正式问卷调查的数据收集主要集中在 2011 年 3~6 月，问卷主要投放于社区（因为在调查访谈的过程中发现 CCI 活动以社区为平台，它具有可观察性，社区居民和社区内部的社区参与者能清晰且深入地了解这一过程，企业的社区参与人员一般在社区有驻点，也属于社区内某一组织的成员）。本研究从浙江（华东）、广东（华南）、四川（华西）、河北（华北）和湖北（华中）的大中小城市中分别随机抽取 2~3 个社区共记 36 个社区进行问卷调查。较为便利或有熟人的地方，如湖北武汉、浙江杭州、四川成都、河北石家庄、广东广州和深圳的社区采用实地发放问卷的形式；其他社区则首先与社区所属居委会取得联系，然后通过居委会与社区组织及其住户取得联系，在得到许可的情况下以邮寄到户和社区组织（居委会、业委会、物业公司）的方式发放问卷，每份信件中包含了感谢信、小礼品、问卷和贴足邮资的回信信封，由收件家庭主要成员或社区组织成员填写，每个社区根据其大小和居住户数多少寄出问卷 10~20份，共发出 600 份，回收有效问卷 399 份，回收率约为 66.5%。无效问卷中有些是由于房主不在而使邮寄问卷被退回，有些可能是因为被访家庭事务繁忙而忽略。

问卷中包括被访者所在社区以及企业社区参与的客观情况，主要是对企业参与社区基础设施、社区组织、社区环境、社区治安、社区服务和社区活动六个方面建设的程度和结果的基本描述和量表填写，以及居住在该社区的主观感受。

（二）聚类分析

快速聚类方法的基本原理是将数据看作 n 维空间上的点，以距离为标准进行聚类分析。它的核心是，先选择 n 个观测量作为初始的聚类中心点，然后根据距离最小的原则将各个观测量分配到这 n 个类别中，再将每一个类别中的观测量计算变量均值，这 n 个均值又形成新的 n 个聚类中心，依此类推，不断循环迭代，直到收敛或达到分析者的要求为止。本部分对 36 个社区的问卷调查结果进行了聚类分析，最终按照企业社区参与推动所形成的社区得分水平可将社区分为高、中、低三个不同层次。聚类分析表明，我国各地企业社区参与所推动形成的社区具有明显的差异性和层次性，聚类于高建设水平的社区虽然显著但相对较少，中等水平的次之，大部分的社区还处在较低的建设水平中，企业社区参与推动的整体社区建设水平呈金字塔式的结构，下文将根据所获得数据的具体内容和聚类分析结果对企业社区参与中的社区类别进行进一步定义和分析。

四、CCI 中的社区类别及情况分析

（一）企业社区参与中的社区分类

多年来，企业虽然积极参与推动社区建设，力图达到"和谐社区"的建设标准，但是全国社区建设水平仍然参差不齐。上文中聚类分析结果表明，在"无机"社区向"有机"社区的转变过程中，主要有三种情况较为突出：一是处于高建设水平的社区，它们中多数被民政部、中央文明办、宣传部、建设部、文化部等作为"全国和谐社区建设示范社区""全国文明社区示范点"等供其他社区学习的典范或建设的标杆型推出，这类社区不到全部社区的 10%，它们多由实力雄厚的区域性房地产企业建设，各级政府支持，社区组织和居民积极参与，这些社区内基础设施完备、组织健全、环境优美、治安良好、服务

完善、文明祥和，由此，本研究称这类社区为标杆型社区。二是处于中等建设水平的社区，它们一般由全国性品牌房地产企业建立，因有品牌房企及其旗下物业、资产经营等公司的参与与支持，这些社区虽然在建设中没有面面俱到，做到全方位突出和高水平而使整体评价处于中等水平，但是它们在基础设施、物业管理和服务方面都极具创新性和先进性，本研究称这类社区为先进型社区。这类社区约占全部社区的30%，其内基础设施齐备、环境优美、治安良好、物业服务、活动丰富，能满足居民多方面的居住与生活需要，但其内社区组织及其提供的服务和活动在有些方面可能有所欠缺。三是处于较低建设水平的社区，它们一般由中小开发商开发，独立物业公司管理服务，这些物业公司由于资金和能力的限制只为社区提供基础性的服务，本研究称这类社区为基础型社区。中国大部分社区属于此类，社区内基础设施较少，社区组织缺乏，主要由物业公司提供服务，大的社区设有居委会，小的需与其他社区共享居委会服务，社区环境和安全有基本保障，但社区活动不多。这三种企业社区参与所形成的不同建设水平社区的基本建设状况如表3.2所示。

表3.2　企业社区参与的关键要素及三类典型社区的状况

要素		理想状况	CCI 推动形成的三类社区		
			标杆型社区	先进型社区	基础型社区
基础设施完备	硬件设施	室内外文娱体育等社区公共活动场所面积充足和设施功能完善	+++企业提供（3万平方米中心广场），商业与安居住宅居民共享	+++企业提供，居民用	++企业初期提供，无后续投入；居民使用
	服务配套	商业、医疗、教育、生活服务、组织议事等社区配套设施健全	+++企业提供，优先做公益用途，其余做商用，且利润9%回馈社区	+++企业提供、改建或出让，做商用、社区组织用或其他用途	+较为缺乏或挪作他用
	宣传阵地	建有宣传橱窗、电脑、电话、社区网站与论坛等综合信息平台	+++企业提供，物业、居委会、志愿者等社区组织共用	+++企业提供，物业、居委会、志愿者等社区组织共用	+较少，做物业与居委会用

续表

要素		理想状况	CCI 推动形成的三类社区		
			标杆型社区	先进型社区	基础型社区
社区组织健全	社区党组织	社区党组织健全，设置合理，按期换届；指导社区其他组织建立党组织，开展活动	+++企业推动成立，社区党委、集团及物业高管参与；带动其他社区组织活动	++物业推动社区党员成立，并支持活动	+/- 形式上存在或无
	社区自治组织	职能健全、人员到位的居委会、业委会	+++企业出钱出人充实居委会功能	++企业积极协助居委会工作和组织活动	+ 基本社区管理职能
	社区工作者队伍	极具服务意识、政治觉悟和团队协作精神的居民探索社区工作	+++企业出钱充实岗位；党员干部担任社区工作者	++企业积极协助社区工作职责	+缺乏
	社区群团及民间组织	形式多样的居民娱乐、文化、体育组织经常开展活动	+++企业出资支持居民成立了娱乐、体育和文化方面组织和开展活动	++企业支持居民文化体育组织并提供活动场所	+较少
	社区志愿者队伍	结构合理、素质优良的社区志愿者组织经常开展活动服务社区	+++物业员工和20%居民是志愿者；200多个志愿者队伍参与社区服务	++企业支持志愿者组织成立并协助提供社区服务	+/-较少、形式上存在或无
环境优美	环境卫生 环境秩序 环境保护 环境绿化	有环境管理组织、制度和人员，环境清洁、庭院整齐有序、设施运行良好、绿化充足	+++物业公司通过与业委会签合同提供市场化服务；居民志愿者协助	+++物业公司通过与业委会签合同提供市场化服务；居民志愿者协助	+++物业公司与业委会签合同提供市场化服务
治安良好	组织网络 信访调解 流动人口	居民诉求渠道畅通；矛盾协调机制健全；流动人口管理有效	+++由半政府性的居委会提供；物业公司与志愿者积极协助	+++由半政府性的居委会提供；物业公司积极协助	++由半政府性的居委会提供
	安全保卫	社区巡防队伍齐全；人财物良好	+++物业公司提供保安；志愿者协助；警务室监督	+++物业公司提供保安；志愿者协助	++物业公司提供保安

续表

要素	理想状况	CCI 推动形成的三类社区		
		标杆型社区	先进型社区	基础型社区
服务完善 — 便民利民服务	提供商业、餐饮、家政、保健、医疗、学校等社区配套服务	+++企业与居民提供，居委会物业协助，商业与安居住宅居民共享服务	+++企业招商提供，物业管理监督	+物业公司管理监督
社会保障服务	提供下岗失业人员培训与就业、退休与老龄、计生、妇幼、青少年等工作服务	+++居委会与物业人员交叉任职共同提供，社区工作者和志愿者协助服务	++居委会提供，物业派专人联络协理	+居委会提供
帮助救助服务	根据实际情况为社区老、弱、病、残、困等特殊群体提供各种帮助救助和服务	+++居委会提供政策性救助，企业成立援助会、慈善会支持居委会工作，物业和志愿者参与服务	++居委会提供政策性救助，企业成立基金会并安排志愿者支持居委会工作	+/-较少或无
特色机构服务	残疾人的阳光家园、老人的长者服务中心、少儿的青少年发展空间等社区机构	+++在政府指导和支持下，企业与居委会联合成立，社区工作者与志愿者协助管理	++企业提供，物业管理，居委会和志愿者协助管理	+/-较少或无
文明祥和 — 学习教育	多渠道开展法律、科普、健康知识、文明和谐、公德宣传教育	+++由半政府性的居委会提供；物业公司与志愿者协助	++由半政府性的居委会提供，物业协助	+/-较少或无
文化、体育与娱乐活动	有指导者和活动队伍，居民广泛且经常性参与；文化、体育、娱乐活动丰富多样	+++企业与居委会、居民联合组织节日活动、特色活动；支持民间组织开展体育娱乐活动（如参赛）	++企业组织系列节日活动，居委会和居民支持；支持民间组织开展体育娱乐活动	+相对较少

注：+++较好达到；++部分达到；+/-较少或无。

（二）CCI 中的标杆型社区

标杆型社区是指处于较高建设水平，在社区基础设施、社区组织、社区环境、社区治安、社区服务和活动六个方面都基本达到中国和谐社区建设的理想状态，且一般被国家民政部、中央文明办、宣传部、建设部、文化部等作为社区建设样本、楷模、典范或标杆而推出的供广大社区学习的社区。标杆型社区一般由实力雄厚的区域性房地产企业进行初期建设，进而在房地产企业的推动和引导、各级政府支持下进行社区组织建设，并在企业与政府的持续参与以及社区组织和居民积极参与下逐渐建设形成。

标杆型社区基础设施完备，如企业在完成住宅建设后，投入资金建设中心广场（含百米文化长廊、宣传教育长廊、"科教中心"等活动场所），高标准足球场、网球场、篮球场、门球场及健身设施等；引入电视、电话、电脑"三网合一"的宽带多媒体网络；建周边市政府规划干道；建从幼儿园到高中及老年大学等多所学校，建各种社区公共和商用配套如卫生服务中心、社区组织用房、商铺等。社区组织健全，如企业成立物业公司服务社区；企业引导成立了社区党委，形成区委—社区党委—楼区党支部—门栋党小组组织体系；企业发动居民（多为党员）成立业主委员会；企业提供物质和资金鼓励居民（多为党员）成立社区活动队伍；企业引导居民选举成立居委会，依托党组织体系设社区管委会—居委会—村长—楼栋长；鼓励发展社区志愿者含物业志愿服务队、居民活动团体、居民服务队伍等；企业（前期）或政府（后期）为社区运行提供一定额度经费。社区环境优美且治安良好，如企业旗下物业在环境与治安服务上做到"三无"和"七没有"；提供规范和现代化的环境、安全、维修等；维护社区各类服务和活动秩序并保障其安全等。社区服务完善，如企业与其他组织合作提供社区教育、医疗、商业等配套服务；企业支持居委会提供信访、计生、妇幼、老弱病残困等保障服务；企业支持和引导志愿者提供各类志愿服务等。社区文明祥和，企业支持筹办各种社区活动，如每周一上午8点举行升旗仪式；举办社区文化艺术节、中秋、小年夜等节日文体活动；鼓励和规范居民在中心广场进行扇子舞、腰鼓舞、足球赛等活动：支持居委会开展科教（以学养教）、文体（一站两廊三家四中心十队）、卫生（健康档案）和普法（情理法结合）"四进"社区各种活动等。

标杆型社区的建设过程中，企业社区参与一般体现出社会问题解决导向。

特别是有些社区在企业和政府的支持下，物业公司（企业分公司或子公司）与居委会实行交叉任职，旗下各志愿者队伍积极参与，以解决社区社会问题为目标，共同设立了"首问责任制"（由第一个接触处理该问题的人对该问题负责直至问题解决，该问题所涉及的相关组织和人员给予支持）和"24 小时工作制度"（8 小时为社区组织人员上班时间，其余时间为志愿时间，当问题出现时，相关人员可志愿在 24 小时中的任何时间对该问题的解决给予支持），以此来管理邻里纠纷、下岗居民就业、老居民就医、文体活动、困难救助等方面的问题，整个社区形成一种良性的社区社会问题解决机制。

（三）CCI 中的先进型社区

先进型社区是指处于中等建设水平，在社区基础设施、社区组织、社区环境、社区治安、社区服务和活动六个方面中至少有三个以上方面达到中国和谐社区建设的理想状态，且这些达标方面都极具创新性和先进性的社区。先进型社区一般由全国性品牌房地产企业建立，因有品牌房企及其旗下地产公司、物业公司、资产经营公司等的持续参与和支持，企业社区参与虽然只在部分方面具有创新性和先进性而使整体建设居于中等水平，但仍然因此获得了一定的政府支持，并在参与过程中发展了较为规范的社区组织（包括志愿者队伍）进行社区参与，由此而形成并保持了其先进性。

先进型社区一般基础设施齐备，企业着重投入建设与居民（顾客）高频率接触或居民关心的基础设施，如企业建设配备符合社区名的花园式景观、文化休闲长廊，引入品牌儿童游乐设施、居民健身设施及符合居住群体需求的休闲会所；根据社区需要建社区图书室、居民文化和活动室若干、长者服务中心、长者学堂等；也提供物业办公及其他社区组织服务场所，各楼栋入口设宣传栏，引入多媒体宽带网络物业等必备设施。社区组织较为丰富，如企业成立物业公司，对每个区域下设物业管家服务社区；企业主动与周边社区居委会建立服务联系，或邀请周边居委会入驻社区以更好地提供服务；支持居民成立合唱、舞蹈、扎花、剪纸等兴趣小组；鼓励成立居民志愿者组织，含敬老服务志愿者、图书管理志愿者、兴趣小组、社团志愿者等，并对其进行规范灵活的管理。社区环境优美且具有特色，如有训练有素的专业队伍，提供高品质的环境卫生、环境秩序和环境保护服务，有符合季节的花、草、树、木等绿化。社区治安良好，有最前沿智能的安保设施、高素质专业化的巡防队伍、温馨礼貌且严格的治安服务。社区服务精细化,如企业支持物业提供符合社区特色的高质量公共性物业服务,并提供公共性、群体性和私属性等优质物业服务;企业支持居委会提供政策性公共服务,并提供场地、资金和人力支持居委会拓展公共服务;企业发动志愿者协助居委会提供拓展性公共服务。社区活动与时俱进,并特色化,如企业为其所建成的旗下所有社区策划同期同主题活动,并给予资金支持,各社区物业与其他社区组织根据社区特色安排其具体活动,并动员全体居民参与;支持旗下各社区开展符合发展主题和居民需求的节日与文化活动;支持居民兴趣小组开展兴趣活动物业;支持居委会的各类宣传和文体活动;支持志愿者结对关爱、敬老、爱心传递、兴趣爱好等活动;联合居委会和志愿者开展老年人专题系列活动等。

先进型社区的建设过程中,企业社区参与一般表现出社会责任战略导向。企业倾向于建设植入企业文化的基础设施,如建设企业设计构想的文化景观的、引入企业惯用的品牌设施等;着力于开展与企业业务关联的服务,如对物业服务进行延伸和拓展性服务、提供增值性服务、在已有服务基础上进行精细化分类服务;在支持开展社区活动的过程中引入改良的企业管理模式(类社会企业),如开始老年人活动中心,通过市场化活动与服务实现中心自给自足,通过公益性部分来开展活动和服务等。这种兼顾企业利益与社区需求的企业社区参与有益于企业与社会的双赢。

(四) CCI 中的基础型社区

基础型社区是指处于较低建设水平,在社区基础设施、社区组织、社区环境、社区治安、社区服务和活动等六个方面中不足三个方面达到中国和谐社区建设的理想状态的社区。基础型社区一般由中小开发商开发,主要由与开发商和社区业委会有三方协议的独立物业公司进行管理并提供服务,这些物业公司由于资金和能力的限制只为社区提供基础性的服务;同时,由于中小开发商较少持续社区参与,他们在社区基础设施上投入不多,且社区组织缺乏,大的达到一定标准的社区设有居委会,小的则需与其他社区共享居委会服务,社区环境和安全有基本保障,但社区活动不多。

基础型社区中由于企业一般只在开发时进行基础设施建设而没有后期的调整和增加,所以只有基础性的基础设施,如基础健身设施、居民活动场地、物业办公室等。只有最基础性的社区组织,普遍有居民自发成立的业委会,签订三方协议进驻的物业公司，通过物业建立联系的周边社区居委会等自发形成的居民晨练或兴趣小团体。基本的环境维护和治安保卫，如物业公司提供基本的房屋设施设备的保养和维护等基本业务，环境、安全、消防、车辆等专项管理。社区服务根据社区需要而特色化，如特约服务、便民服务以及中介、装修经营业务等；当然居委会也提供基本公共服务，但多需业主自行联系寻求服务。社区活动主要根据物业及其社会关系网络而定，如联合其他企业进行社区促销活动、慈善活动或文化活动等；居委会也会委托物业开展宣传和教育活动；还有居民小团体进行晨练、晚练、兴趣活动等。

基础型社区的建设过程中，企业社区参与展现出一定的企业利益导向。由于基础型社区的进行持续社区参与企业主要是物业公司，物业本身属于微利行业，其后又没有财团支持，需要自给自足，所以其参与有较强的逐利动机。例如，根据社区居民需求和可接受的价格提供特约服务、便民服务、中介服务、装修经营服务等；联合其他（一般是租售场地、收取中介费用）开展促销、慈善、文化活动等。虽然其服务和活动因利益而产生，但往往也能一定程度上满足社区居民要求而推动社区建设进程。

五、研究结论

上文通过对中国企业社区参与中的社区进行分类研究，发现企业社区参与推动形成了基础型社区、先进型社区和标杆型社区三种逐步迈向有机和谐的社区，而在企业社区参与推动形成这三类社区的过程中，企业存在企业利益导向、社会责任战略导向和社会问题解决导向三种企业社区参与导向（见图3.1）。其中，具有企业利益导向的企业社区参与推动形成了基础型社区，具有社会责任战略导向的企业社区参与推动形成了先进型社区，而具有社会问题解决导向的企业社区参与推动形成了标杆型社区。不同的企业社区参与导向促进形成了不同发展水平的社区，由此构成了企业社区参与的前因和后果。

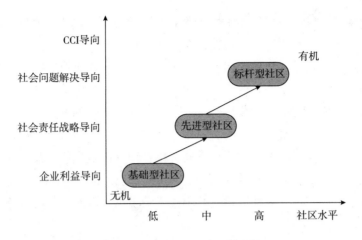

图 3.1　CCI 推动形成的三类社区

六、本章小结

本章为了解决"企业社区参与推动形成了什么样的社区"的问题，从企业社会责任文献出发推导了三种企业社区参与导向，并根据中国各省市区的和谐社区建设指标及《全国和谐社区建设示范社区指导标准》综合构建了本章的和谐社区建设考察标准，在此基础上经过前期的二手资料收集、调查访谈、问卷设计、投放与改进后，对中国东南西北中的大中小城市的企业社区参与及其所形成的社区进行了大样本问卷调查和聚类分析，研究结果表明，企业社区参与推动形成了三类不同发展水平的社区，并发现这三类社区分别由三种不同的企业社区参与导向所牵引形成。

首先，企业利益导向的企业社区参与推动形成了基础型社区，这是中国社区建设和企业社区参与较为初级的形式。企业以追求自身利益为根本目的进行社区参与，注定了企业社区参与社区建设各方面的不均衡性，但这种参与又或多或少能在一定程度上推动社区建设和改善社区最初始的无机环境。

其次，社会责任战略导向的企业社区参与推动形成了先进型社区，这为中国社区建设和企业社区参与提供了活力。先进型社区是中国快速城镇化和大力推进和谐社区建设的过程中催生出来企业社区参与结果，企业为最大限度地寻求自身利益和社区发展的双重目标而具有了将社区社会问题与自身业务关联起来的社会责任战略导向。该导向的优势是能快速地获取企业经济效益与社会效益的双赢，且由此在某些社区建设方面形成先进的建设水平；其劣势是企业在社区建设各方面参与的不平衡阻碍了社区向更高级水平的发展。

最后，社会问题解决导向的企业社区参与推动形成了标杆型社区，这为中国社区建设和企业社区参与指明了方向。标杆型社区是现阶段我国社区建设的高级形式，而以社会问题解决为导向进行社区建设是推动社区发展的最佳方式。在政府鼓励企业参与社区建设的中国式情境下，有实力且有责任感的企业都可以一试。

本章对企业社区参与所推动形成的社区进行分类，这为接下来案例研究的理论抽样提供了便利和进一步深入研究打下了基础。同时，研究结果所确认的企业在社区参与过程中体现出的三种 CCI 导向，使在住宅小区向和谐社区的建设过程中形成了三类不同发展水平的社区，这些初露端倪的因果链则为企业社区参与行为研究的进一步深化提供了初步的分析脉络。

第四章 企业社区参与模式研究

一、本章研究问题

在伴随着中国经济社会转型的和谐社区建设的大背景下，政府鼓励企业参与社区建设，本书希望对中国企业社区参与行为进行研究，弄清企业社区参与是否能将由"个体人"组成的"住宅小区"推动建设成为由"社会人"组成的"和谐社区"，它究竟推动形成了一些什么样的社区？企业是如何通过社区参与来推动社区建设的？这些企业社区参与的过程与结果又是如何演化的？通过前面的章节了解到企业社区参与推动形成了基础型社区、先进型社区和标杆型社区，解决了"企业社区参与推动形成了什么样社区"的问题，那么在推动形成这些不同水平社区的过程中，企业又是如何来进行社区参与的，其社区参与的模式如何是本章关心并期望解决的主要问题。

二、理论基础：CCI 战略—行为—结果

为了解决"企业是如何进行社区参与的，其社区参与模式如何"这一问题，本章对相关研究进行了回顾和总结。首先对企业社会责任实施的研究范式进行了总结；其次遵循该范式逻辑对企业社区参与研究进行了归纳，但鉴于企业

社区参与本土研究的缺乏，本章期望沿用已有的关联逻辑来分析本土实践；最后根据本土实践，本部分对作为企业社区参与结果的企业合法性文献进行了回顾。本章希望在已有研究的基础上构建中国情境下的 CCI 模式从而解决研究问题。

（一）企业社会责任实施研究

有关 CSR 实施的相关研究表明，企业实际承担着基本层社会责任（企业经营过程遵守法律法规，尽量减少对环境和社会的负面影响）和高级层社会责任（向社会提供优质廉价的公共服务或通过捐赠和参与慈善活动来帮助解决社会问题，如支持教育、帮助贫困地区发展、支持体育与卫生事业、参与灾难救助、开展社区发展项目等）（高尚全，2005；郭沛源、于永达，2006；赵曙明，2009）。而有关实施过程的研究主要集中在描述企业当前实践及理想的实施阶段和结构上（Khoo and Tan，2002；Werre，2003；Lindgreen and Swaen，2009；Maignan et al.，2005），主要涉及如下阶段和步骤：提高组织内部 CSR 意识、设定 CSR 的工作定义及愿景、评估当前公司实施 CSR 的状况、形成整合的 CSR 战略计划、实施 CSR 的整合战略计划、CSR 结果评估和改进、CSR 政策及方式的制度化（Cramer，2005；Bondy，2008）。这些阶段和步骤中 CSR 战略（邵兴东，2009）、CSR 实施行为（曲飞宇，2008）以及 CSR 结果（欧阳润平、宁亚春，2009）则构成了 CSR 实施研究的核心，逐渐形成了 CSR 战略—行为—结果的研究范式（刁宇凡，2013）。

（二）企业社区参与研究

目前关于企业社区参与的研究关注其战略和结果。企业社区参与战略具有多样性，如 Bowen（2010）通过近十年企业社区参与文献研究，根据企业立场、战术示例、交流、社区伙伴数量、互动频率、信任、学习、过程控制、获益和结果等变量归纳了三种企业社区参与战略：交易性参与战略（Transactional Engagement）、桥梁性参与战略（Transitional Engagement）和转型参与战略（Transformational Engagement）。而 Idemudia（2009）认为当地的企业社区参与战略主要有两种：一是非政府组织协助当地社区共同参与决策制定的企业社区基础战略；二是基于社区关系和社会投资，由企业主导内部决策的内部社区投资战略。

企业社区参与的结果主要可分为社区获益、企业获益和关联获益。其中，社区获益包括发展当地能力和发言权（Evans，2004；Lane et al.，2007），获得信息和知识（Stern，2001）、金钱和员工志愿者时间等（Brammer and Mil-lington，2004）；企业获益主要包括改进风险管理（Carey et al.，2007）、获取合法性（Morsing，2006；Heugens et al.，2002；Selsky and Parker，2005）、增加雇员吸引力等（Backhaus，Stone and Heiner，2002）；关联获益包括共享责任和解决共同的问题（Lowndes et al.，2001；Natcher and Hickey，2002）、转换问题领域（Westley and Vredenburg，1997）、关联学习和意会等（Schouten and Remm，2006；Payne and Gallon，2004）。

这些战略和结果的研究虽然较为翔实，但多为发达国家的研究成果，且其过程研究仍停留在步骤和阶段研究上。如 Voort（2009）认为 CCI 项目的发展阶段可分为：①自上而下动员阶段（CCI 作为个人事务）；②社会运动组织出现阶段（CCI 作为有组织的个人事务）：自上而下动员的制度化；③CCI 作为人力资源工具阶段（CCI 作为员工能力发展）：通过合作和前拉策略进行企业各部门的动员；④聚焦动员的管理阶段（CCI 作为管理责任）：增加自上而下的动员；⑤CCI 作为标准商业实践的阶段（CCI 作为战略工具和集体责任）：平衡自上而下和自下而上的动员。本章希望沿用 CSR 实施的研究范式来分析中国情境下的企业社区参与实施过程，从而归纳总结 CCI 模式，即 CCI 战略—行为—结果。

（三）企业合法性

在涌现的数据分析方式中，笔者发现中国情境下的企业社区参与结果主要体现为企业合法性获得。而企业社区参与研究的分析也表明企业社区参与能使企业获得合法性（Morsing，2006；Heugens et al.，2002；Selsky and Parker，2005），例如，Backhaus 等（2002）认为 CCI 能增加雇员吸引力；而 Veleva（2010）认为 CCI 能使企业获得公司声誉、顾客忠诚、经营许可和投资者信心等外部关系，并能使员工忠诚、有道德、工作满意且富有生产力等。由此，本章将企业社区参与结果聚焦于企业合法性。

对"合法性"的理解有助于分析和判断企业所获得的合法性。Parson（1960）最早界定了组织合法性，认为合法性是在共同社会环境下，对行动是否合乎期望的一般认识和假定。进而，Suchman（1995）给出了一个比较权威的定义，认为企业"合法性"是指在一个由社会构建的规范、价值、信念和定义的体系中，企业的行为被认为是合意的、恰当的、适当的一般性的感知和假定。其中，合法性代表了社会对企业行为的合意、恰当、适当的整体判断；

也代表了已有规范、价值、信念和定义等社会构建体系对企业行为提供解释的程度（Meyer and Scott，1983；DiMaggio and Powell，1983）。之后，学者们对合法性的研究逐渐从宏观层面转到微观主体，并拓展性地认为它是一种能帮助企业获得其他资源的重要资源（Zimmerman and Zeitz，2002；Washington and Zajac，2005），可通过企业的行为被关键利益相关者承认、认可和接受的程度来体现（Scott，1995；赵孟营，2005）。鉴于此，本书认为合法性作为一种能帮助企业获取其他资源的重要无形资源，是指在一个由社会构建的规范、价值、信念和定义的体系中，企业行为被其关键利益相关者认可的程度。

合法性分类有助于分析企业可能获得的合法性及 CCI 模式。组织合法性是一种无形资源，对它的衡量往往采用研究合法性来源这种近似的估计方式（Zimmerman and Zeitz，2002），因此至今并没有一个统一的分类标准。Singh 等（1986）根据来源把合法性分为内部合法性和外部合法性。他们认为合法性来源于那些对组织进行观察并做出合法性评价的内部和外部受众。其中合法性的外部来源包括政府、许可证颁发机构、资助机构、知识分子、专业组织、工会、商界、公众舆论及媒体（Deephouse，1996）；而合法性的内部来源包括工人、经理、人事专家、董事会成员等（Chan and Makino，2007；乐琦，2012；陈扬、许晓明和谭凌，2012）。Scott（1995）则把合法性分为规制合法性（regulative legitimacy）、规范合法性（normative legitimacy）和认知合法性（cognitive legitimacy）；Zimmerman 和 Zeitz 在 Scott 分类的基础上又增加了产业合法性（industry legitimacy）。其中 Scott、Zimmerman 和 Zeitz 的分法主要针对的是企业的外部利益相关群体（政府、上下游企业、社会公众）对企业行为的认知和评价。而 CCI 过程所涉及的最核心的利益相关者主要为企业的顾客（现有顾客为社区居民、潜在顾客为社会大众）、企业所在行业（由同类企业所构成）、政府（企业所在的各级地方政府以及中央政府），因此本章将企业所获得的合法性分为顾客认可、行业认可和政府认可三类。

（四）对已有研究的评述

企业社会责任、企业社区参与以及企业合法性的相关文献为 CCI 模式研究提供了基础：①CSR 战略—行为—结果是 CSR 实施过程的一般研究范式；②CCI 战略—行为—结果的关联逻辑可用来分析中国情境下的 CCI 模式；③CCI 的主要结果为企业合法性的获得；④企业合法性按其来源可分为顾客认可、行业认可和政府认可。本书希望在此基础上立足本土实践、通过多案例研究来构建中国情境下的 CCI 模式。

三、多案例研究设计

（一）方法定位

本章采用案例研究方法进行。案例研究方法是组织管理学研究的基本方法之一，也是管理理论创建的重要研究方法之一（Ei-senhardt，1989）。案例研究比较适合研究"如何""怎么样"（how）之类的问题，尤其适用于对现象的理解，寻找新的概念和思路，乃至理论创建，并且组织理论的研究者们已经在案例研究方法的一整套原则、步骤和方法方面取得了共识（Yin，1994；周长辉，2005）。由于中西方在经济环境、政治制度、文化背景等方面存在较大差异，西方现有理论体系不能完全照搬过来指导中国企业的实践，因此，使用案例研究方法对中国本土研究的理论创建具有重要意义。

本部分对中国情境下的企业社区参与模式进行研究，主要是为了回答"企业如何参与社区建设（how）"，涉及 CCI 过程中企业采取什么战略，如何采取行动，及其行为结果如何等问题，且和谐社区建设是新时期具有中国特色的案例情景，这种特定情境下的过程类问题研究适合使用案例研究方法（Ei-senhardt，1989）。进而，多案例研究可实现单个案例之间的复制和拓展，能刻画出更为完整的理论图画和总结出更扎实、更有说服力的结论（Eisenhardt，1989），本研究基于理论完整性和说服力的考虑，拟采用多案例研究方法。

本章在第三章 CCI 中社区分类的基础上进行典型案例选择，首先将所选各案例访谈和观察所得的一手数据以及二手数据分门别类地建立企业社区资料库，立足数据和已有研究进行主题分析和案例内分析，形成初步的 CCI 模式框架；再根据各案例内框架和进一步的数据资料以及相关文献进行跨案例比较总结，进而归纳各类社区的 CCI 模式。如此整个理论的构建遵循"收集数据—形成理论—再收集—精炼理论"的逻辑。

（二）案例选择

自中国推进和谐社区建设以来，企业逐步成为参与社区建设的重要力量，而其参与成果也参差不齐。根据目前的现状本章关注第三章所提到的参与推动形成三类社区的 CCI 企业：一是标杆型社区的 CCI 企业。在和谐社区的推进过程中，有少量社区率先成为和谐社区标杆，学者们将这些标杆型社区的建设模式归纳为江汉模式、上海模式、青岛模式（这些模式是社区建设模式，包括企业之外的其他参与者）等，本章关注这些标杆型社区背后进行 CCI 的企业。二是先进型社区的 CCI 企业。这部分社区因其背后品牌房企的参与其建设水平要明显优于其他社区，而这些品牌房企新建的社区也能快速成长和成熟，这些社区的成长极具先进性，本章关注这些先进型社区背后进行 CCI 的房企及其下属企业。三是基础型社区的 CCI 企业。中国绝大部分社区还处于缓慢成长的过程中，这种成长伴随着周边企业的参与，而物业公司参与是和谐社区建设的重要力量，本章关心这些推动社区成长的物业公司（赖一飞，2010）。

进而，根据本研究的目的（理论构建），本章在选择案例时还考虑如下四点：①所选 CCI 企业在社区从"无机"到"有机"的建设过程中发挥了重要作用，它们的参与使"无机"社区逐渐成为基础型社区、先进型社区或标杆型社区这些向"有机"社区过渡的社区中某一类的优秀标杆，由此保证了案例的典型性和代表性；②所选 CCI 企业分别来自 3 种不同类型 CCI 企业，它们在 CCI 模式（战略—行为—结果）和所获评价上各有异同，有助于更好地复制和拓展理论（Eisenhardt，1989）；③所选 CCI 企业均已有 10 年左右丰富的 CCI 经历，从而具有一定的政府、行业或顾客认可，能保证较为全面与长期的待获取资料；④CCI 的主要（子）公司及其参与的社区在当地具有一定知名度，有利于实地调研和网络数据的获取。由此，本章最终选择了 9 个案例（见表 4.1）。

表 4.1 案例选择与介绍

案例社区		地点	时间	案例（CCI）企业	CCI 基本情况
基础型社区	香江家园	湖北武汉	2001 年	武汉贵阁物业管理有限责任公司	社区整体规划 33 万平方米，共 4300 户。物业的参与使"普通商品房小区"成为"能满足居民基本生活需要的社区"
	世纪花园	河北石家庄	2000 年	石家庄伟特物业服务有限公司	社区建筑面积约 2.5 万平方米，共 44 栋 1860 户。为毗邻世纪公园和世纪高尔夫球场的"小型高档小区"提供深细化、市场化、专业化、人性化管理
	东方明珠花园	四川成都	2001 年	成都圣合物业管理有限公司	社区占地 70 余亩，建筑面积 8 万余平方米，提供 500 余个住宅单位。对交通便利、城市生活基础设施完善的"时尚高档小区"管理有序

案例社区		地点	时间	案例（CCI）企业	CCI 基本情况
先进型社区	万科四季花城	湖北武汉	2001 年	万科企业股份有限公司及其旗下的地产公司、物业服务公司	社区秉承深圳四季花城"欧洲小镇"的设计风格，结合武汉地区人居特点，占地 2000 余亩。从"面对白领新锐、邻里关系淡漠、周边环境无序的小区"到"老有所依、幼有所教、睦邻友好、紧扣时代主题和注重居民需求的文化娱乐活动丰富的低层低密度生态社区"
	保利花园	广东广州	1999 年	保利房地产（集团）股份有限公司及其旗下的开发公司、物业公司	社区是以"自然最舒适"为理念缔造的占地面积约 22 万平方米、建筑面积近 60 万平方米且采用 50 多项国内领先技术的纯正地中海浪漫风情社区。是从最初户型设计、装修标准、建筑造型、工艺材料、园林规划到后续的物业管理、社区建设都精工细作的建筑优雅现代、生活舒适自然、文化异彩纷呈的园林式精品时代社区
	金地格林小镇	华北北京	2005 年	金地（集团）股份有限公司及其旗下的开发公司、物业公司	小镇占地面积 24.56 公顷，总建筑面积约 30 万平方米，它以"北欧风情，四季翠园"为定位，以为居住者提供理想的郊区化生活价值为目标，以人在环境中与自然的和谐统一为核心，通过社区建筑、广场、街区、景观、小品以及近人的尺度感为要素倾心营造出温馨、和谐、典雅、富于趣味性的现代北欧风情小镇
标杆型社区	百步亭	湖北武汉	1995 年	百步亭集团及其下属的安居开发公司、物业公司以及资产经营管理公司	社区占地 4 平方千米，入住 13 万人。规划将建成一个占地 7 平方千米，入住 30 万人的百步亭新城。从"位置偏僻、地势低洼、水电路等设施空白、蚊子多、小偷多的住宅小区"到"科教、文体、卫生、普法事业齐全、三必到、五必访、九没有的邻里相亲相爱、可持续发展的现代文明社区"
	桃源居	广东深圳	1998 年	桃源居实业集团及其关联的开发、物业、公益事业发展中心	占地 1.16 平方千米，建筑面积 180 万平方米，规划居住人口 5 万余人。将"住宅小区"建设为"以人为本，拥有一社区二广场三公园四功能五会所的，有关爱、有互助、有良好社会风尚、有较高生活指数的国际型文化与理想人居社区"
	稻香园	浙江杭州	1998 年	杭州市城建开发集团及其下属各类基建公司	总面积 19 万平方米，有 39 幢楼，112 个楼道，1858 户，约 4523 人。将组织缺乏、资源贫瘠的"老式住宅小区"改造为拥有"五站四室一校一厅一苑"的幽静舒适、居住安心、生活便捷、管理有序、温馨亲情的休闲文化社区

（三）数据收集

为了提高理论的效度，本章借鉴使用 Miles 和 Huberman（1984）所描述的三角测量法，在确定目标案例之后，主要分两轮来获取多源案例数据进行比较验证。

第一轮的数据收集中首先是获取九个案例社区和企业的二手资料，其来源包括两种：一是通过公开网络资源进行数据挖掘，主要是查阅各企业、社区网站或公共网站，并在此基础上对相关关键词进行"百度""google"，尽可能全面和深入地获取其相关信息。如企业和社区网站和由其主办、承办或参与的网站；各种涉及 CCI 活动报道的公共网站；以企业或社区名为关键词搜索出的新闻网页或网站等。二是数据库检索的历史文献资料，主要检索历年来与九个案例企业和社区相关的研究和报告，并检索收集其主要领导者讲话的文献和报纸，所用数据库主要是中国期刊全文数据库和中国重要报纸全文数据库（人大复印报刊资料网络版、新华社多媒体数据库、中国重要报纸全文数据库、中国经济信息数字图书馆资源）。

其次是对九个企业及其所参与的社区逐一进行实地调研，调研手段主要包括访谈、实地观察以及企业和社区历史资料的调阅。其中，访谈主要为开放式访谈，即让受访者畅所欲言，笔者根据受访者提到的情景或内容进行提问或了解更深层次的内容，用备忘录检查访谈进行和引导访谈的方向；实地观察内容一般包括从旁观察社区基础设施和社区整体人文氛围，参与观察 CCI 所提供的服务、活动以及会议或议事等；企业和社区历史资料的调阅主要指根据访谈或二手资料中了解到的信息向企业或社区请求阅读与 CCI 相关的各类文件，包括以往会议记录、公文、档案资料、内部杂志和报纸、活动纪录片、社区工作者日志、居民感谢信、志愿者故事集锦等一切可阅资料，并在对方许可的情况下复印、拍摄或拿取其中部分资料。

第二轮的数据收集是在第一轮数据收集以及数据分析的基础上更进一步深入的数据收集，主要是对每个企业和社区已有资料的完善补充和深入，直到扎根于数据所构建的理论达到"理论饱和"为止。数据收集的方式主要为深度访谈，即主要依据访谈提纲对目标受访者采用半结构化访谈。访谈对象包括企业人员、社区内政府性组织人员、居民组织成员和社区居民，为保证访谈效度，所有被访者均需满足以下三个条件之一：一是经历了长期 CCI 的资深居民；二是曾深度参与 CCI 某一过程的居民；三是企业或社区组织内的主要成员。整个数据收集过程始于 2011 年 6 月，并随着信息挖掘的深入一直持续到 2013 年 3 月。每一次访谈持续 45~120 分钟，所有的访谈和观察都在 24 小时内进行转录和记录成文字资料。

（四）数据分析

数据分析是案例研究构建理论的核心（Eisenhardt，1989），而真实可信的经验事实则是理论构建的基础（Van Maanen，1988）。为最大限度地再现经验事实，本研究在构建研究主题后，采用案例内与案例间的分析范式（Eisen-hardt，1989；Eisenhardt and Graebner，2007），力图客观把握 CCI 过程，在此基础上挖掘事实背后的理论含义。

（1）主题构建。根据第一轮多来源的案例数据，综合每家企业和社区的资料，合成一个初始文档，该文档描述了 CCI 事件时间表、参与方、参与方式与行为、参与结果和评价（Jick，1979）。进而，在综合的、涌现的研究方式下探寻 CCI 的战略、行为和结果，并通过文献比对、专家指导和团队讨论确定研究主题为"企业社区参与模式研究"。

（2）案例内分析。首先对每个企业和社区的访谈、观察、资料调阅、公共网络资料、数据库资料等进行逐个分析和梳理，对不同来源数据进行综合与交叉验证（Eisenhardt，1989）；其次对整理好的每个案例资料分别进行案例内分析，刻画出每个案例企业的社区参与战略—行为—结果的模式。由此，在对每个案例有一个充分理解后就开始进行跨案例比较。

（3）案例间分析。借助于图表和已有的模式框架在案例间进行比对分析，寻找相似的主题（Eisenhardt，1989）。首先在涌现的模式中通过不断与现有文献进行比对而形成初步的理论构想和命题；其次根据涌现的理论与文献比较，进一步实地补充数据，直到理论得到饱和；最后通过复制逻辑将其简化，并经常反复比较数据，系统验证在每类案例中的特定主题。值得一提的是，理论的涌现、数据的补充以及文献的比对分析是一个反复交叠的过程，而本章呈现的研究结果部分则遵循案例研究一般范式（Bingham and Davis，2012），着重叙述案例故事与展示涌现出的最终理论。

四、案例发现：CCI 模式及其比较

（一）基础型社区的 CCI

基础型社区的 CCI 企业主要是服务于社区的独立物业公司。物业本身是微利行业，随着物业行业的市场化，独立的物业公司一般要通过竞标来获取托管楼盘，进而靠提供专项服务和拓展服务范围来更好地生存和发展，而这些都有赖于企业在市场上所具有的合法性，因此，通过 CCI 来获取合法性成为了这类企业生存和发展的必经之路。基础型社区的 CCI 企业倾向于采用市场性 CCI 战略，市场性 CCI 战略是指以企业利益为直接目的、以市场需求为中心、追求顾客满意的企业社区参与行为指引。如某公司董事长表明，我们一直倡导"市场化、专业化"，始终致力于为广大客户提供高水平的服务，为了客户我们从各个细节"不断超越追求完美"，并坚信在所有客户、员工及各位朋友的大力支持下会开创一条更具特色的发展之路。

基础型社区的 CCI 企业主要通过社区服务提供和联合参与来进行社区参与。某企业物业经理表明，"我们用两条腿走路，一条是亲自提供市场化和专业化的服务，这是我们的基础；另一条是通过联合其他企业来提供商业服务，这是我们的创收项目，两条腿并用才能走得稳"。其中，基础型社区的 CCI 企业的社区服务提供主要有三类：首先是提供规范化的物业服务，该类企业的物业服务主要为四大基础业务：一是环境管理，包括环境卫生、小区绿化、四害消杀等；二是安全维护，包括治安保卫、消防管理、车辆交通、人财伤亡伤害等；三是工程维保，包括房屋公共部位、供水供电系统、智能系统、健身设备以及其他公共设施的维修和保养；四是客户服务，包括业主咨询、需求、建议、投诉和缴费的受理等。其次是提供物业关联（经营性）服务，包括房屋中介服务，主要指社区内房屋租赁、交换等信息服务或代理服务；装修业务，社区内房屋的改造、装修、装饰等；家政服务，指室内保洁、私有物品维修等。最后是提供特色服务，如为业主红白喜事提供必要场景设备的亲情服务；根据业主需求提供代缴费、购票、订水、代聘保姆、家教等特约服务；临时性的照看老人、孩子、保管物品等便民服务。这些服务为顾客提供了良好的生活环境。

而基础型社区的 CCI 企业联合参与则主要有两种情况：一种是活动式联合参与，主要指企业将顾客需求与其他企业商业目的相匹配，联合其他企业在社区开展活动，如食品和日用品派送活动，药房、口腔医院等进行免费检查和健康知识宣传、银行进行理财知识讲座，以及一些社区公益活动等。另一种是招商式联合参与，主要指企业根据顾客需求引进一些个体或私营企业进驻社区，为社区提供更多的商业性服务。这些服务丰富了社区的商业环境。

基础型社区的 CCI 企业还会支持社区政府性组织的工作和居民组织建设。对政府性组织的支持主要表现为协助居委会更好地履行职责，如协助居委会传播有关青少年教育、老龄工作、计划生育等方面的信息和政策，参与居委会调节社区居民矛盾等工作。由于居委会一般会负责多个社区，而其人员和资源是有限的，因此物业公司的支持对居委会对本社区服务的提升有重要作用。支持居民组织建设主要表现为引导和规范社区居民活动，如企业为各种晨练组织划拨场地、开展"学雷锋志愿者"活动、倡导植树节活动等。这些支持为居民营造了一定的社区文化氛围。

基础型社区的 CCI 企业通过上述途径改善社区居民生活环境、商业环境和文化氛围，并赢来了高度的顾客和行业认可以及一定的政府认可。顾客认可主要来源于社区居民对企业行为的评价，正如某社区居民所言，"我们社区的物业真不简单，他们是我们的管家、邻居或朋友，有时候还是老人的儿女和孩子们的父母，方方面面的事情都尽力为我们做好"。而其行业认可如通过ISO14001：2004 环境管理体系认证和 ISO9001：2000 标准质量管理体系认证，是武汉市物业管理协会的常务理事单位和副秘书长单位，多次被评为武汉物协的物业管理"优秀企业"、中国物业管理长江论坛的"最佳贡献奖"、中质信（北京）信用评价中心和中国质量领先企业专家评审委员会授予的"质量诚信示范单位"荣誉等。也有一些获得了政府认可，如被建设部评为一级资质物业服务企业，多次被武汉房产管理局评为"优秀企业"等。

（二）先进型社区的 CCI

先进型社区的 CCI 企业主要是以房地产为主业的上市公司。它们在行业中处于领先地位，其主要业务遍布全国数十个大中型城市，由此它们注重 CCI，期望以此来获取企业合法性，从而在地域性很强的房地产开发行业中，发挥规模效应，使跨地域开发成为优势。先进型社区的 CCI 企业致力于整合性 CCI 战略的制定与实施。整合性 CCI 战略是指企业将服务居民和顾客需求相匹配，兼顾企业经济目标和社会目标的企业社区参与行为指引，它是市场性 CCI 战略与非市场性 CCI 战略的整合和灵活应用。如某企业的整合性 CCI 战略是以创立地产开发项目品牌以及物业管理品牌，形成了较为突出的文化品位、物业管理、企业形象、售前（售后）服务、社区规划、环境景观等优势。

先进型社区的 CCI 企业不仅注重社区服务提供和联合参与，也大力支持社区政府性组织发展和居民组织建设。其中直接由企业提供的社区服务主要有三种：一是提供优质物业服务。企业通过旗下物业公司向社区提供公共服务、群体服务、私属服务；这里的公共服务指基于物权和物业管理条例的公共服务，包括公共秩序、公共卫生、设施设备维护、绿化环境等；群体服务是企业的物业公司根据所服务的每个社区的特点而提供的针对社区主要群体服务，这类服务类似于网络上的团购，优势在于借助企业社会资源的低成本购买，如有的社区地处城郊、社区范围较大、老年人居多，物业就推出了橡树卡服务，主要包括老年人体检、60 岁以上老人的保险、老年人家政服务包、金婚银婚橡树婚四项服务；私属服务则是针对家庭的一种个性化服务方式，如帮助住户打理私家花园、精装修房子的局部调整。二是提供市场化创新服务。这种创新服务是企业根据聘请的第三方机构和物业公司的社区调查来了解社区购买或需求特点，并进行成本—收益分析以保证项目可持续性而策划、提供的新服务，如企业在社区设置快递驿站，分享众多快递公司的最后一环节的价值，从而免费为居民提供接收和保管邮件的服务。三是开展社区文化活动。企业总部会本着与时俱进、和谐发展的理念策划各种与企业文化、社会发展、传统节日、新式文化相关的系列主题活动，具体的活动由各社区自主实施。例如，"家庭节"就是一种将中国传统节日与社会发展的主题结合的、企业在所有城市的所有旗下社区同期开展的不同形式的社区活动。

先进型社区的 CCI 企业的联合参与主要有活动式联合参与和机构式联合参与。其中活动式联合参与指其他企业到社区进行商品促销或派送，企业安排场地并收取一定费用。而机构式联合参与是企业根据社区需求与其他机构合作从而成立社区服务机构，这是一种整合了公益性和经营性的服务形式。企业在社区开设的长者学堂、青少年空间就是这种形式，如青少年空间一方面免费为孩子们提供做作业、玩耍的地方；另一方面与其他早教机构、培训机构合作，让他们提供优质 0~16 岁的各种娱乐和基础学科课程。

先进型社区的 CCI 企业主要关注和支持社区党组织和居委会两种政府性组织发展，并积极与政府性组织联合成立和发展居民组织。社区建设早期，居委会设在周边其他社区，企业就引导成立社区党组织，鼓励社区退休党员积极参与活动、事务和建立与居委会的联系，并通过他们号召其他居民社区参与；后来，居委会搬迁到社区内，企业便积极提供场地、设施并专门联络人员支持居委会服务社区。随着居委会的进入，企业联合居委会、党组织大力发展居民活动小组和志愿者组织，由此成立了声乐、舞蹈、剪纸、书法、太极等多个兴趣活动小组，并成立了 50 多人的志愿者队伍，制定了"爱心接力"志愿者章程，主要服务包括慰问服务、结对关爱、敬长服务等，每次服务都有记录和盖章，以后志愿者需要帮助时也能优先得到其他志愿者的服务；除此以外，企业还与居委会和党组织共同成立社区 NGO——长者服务中心，该中心设立图书馆、讲座教室、文化娱乐室等，为社区老年群体提供居家养老、养生美容、生活资讯等知识讲座和学习娱乐场所，并提供老年人相关政策、橡树卡服务和长者学堂课程等与老年人相关的一切信息咨询。

先进型社区的 CCI 企业通过上述途径促进了社区生活、文化环境的发展，获得了高度的顾客、行业认可和较高的政府认可。某社区居民说，"我儿子和女儿看我在这里住得好，就都买了这个企业开发的小区，他们的同事、朋友也很多都觉得这个企业的社区不错，有的还和他们买在一起呢"。当然，该企业的物业服务通过全国首批 ISO9002 质量体系认证，是最早的物业管理一级资质企业之一，它连续八次获"中国最受尊敬企业"称号，连续七次获"中国最佳企业公民"称号，是行业当之无愧的领跑者。虽然行业和政府都给了它很多荣誉，但是它更多的还是获得行业和顾客的认可。正如企业物业总经理所说，"我们物业跟一般市场化的物业公司有一点区别，它毕竟和地产属于一个品牌，很长一段时间它都是品牌维护的一部分。我们就是要通过物业与业主持续的接触服务才可能建立忠诚度、满意度和比较稳固的地位"。

（三）标杆型社区的 CCI

标杆型社区的 CCI 企业主要是以房地产为主要业务之一的集团性公司。它们有较为雄厚的资金背景和回馈社会的强烈愿望，主要在总公司支持下通过旗下的开发公司、物业公司和其他相关公司进行社区参与，这易于使企业获得合法性，形成独特的资源优势而发展壮大。标杆型社区的 CCI 企业倾向于采用非市场性 CCI 战略，非市场性 CCI 战略是指以社会问题解决为直接目的、以服务居民为宗旨、追求居民满意的企业社区参与行为指引。如某集团总经理曾说，我们要坚持走"社区地产"的开发道路不动摇，要将社区配套设施建设到位，将居民服务需求提供到位，做到"居民需求什么，企业提供什么"，让社区成为事有人管、苦有人问、困难有人帮的温馨和谐大家庭。

标杆型社区的 CCI 企业主要通过支持社区政府性组织发展和居民组织建设来进行社区参与。某集团总经理表示，"我们要回报国家、回报社会，首先就要为政府排忧、为社会解难"。其中，标杆型社区的 CCI 企业支持社区政府性组织发展主要有三种途径：一是帮助成立党组织领导社区发展。社区刚具雏形，企业就号召成立社区党委，借鉴"支部建在连队上"的做法，将党支部建在苑区，党小组建在每个楼栋，把社区内的党员全部纳入党组织的管理，并明确提出"五个负责"：党员负责家庭、党小组长负责楼栋、支部委员负责片区、支部书记负责全苑、党委负责社区，要求做到"小事不出楼栋，大事不出小区，矛盾不出社区"。二是支持居委会引导社区发展。居委会是由居民选举成立的政府延伸组织，一方面，企业倡导实行一个居委会与一个物业服务处匹配，通过两个组织领导人的交叉任职来更好地沟通、协调，从而使物业公司能较好地支持居委会开展社区节日活动（如中秋赏月晚会、元宵节灯展、春节万家宴等）、居民精神文化活动（如剪纸、书法、摄影等兴趣活动和太极、舞剑、体操等晨练活动）、关爱社区老弱病残和妇幼、帮助解决居民矛盾等；另一方面，企业将旗下资产经营管理公司划归社区，由物业公司经理兼管，每年将利润的 9% 作为社区管理费用，从而补贴居委会编制外成员工资，为居委会提供各种活动经费。三是协助其他政府派驻机构提供公共服务。企业主要通过物业公司来暂代派出所、交通服务会所、城管执法中队、巡回法院、工商管理站等派驻机构部分事务或协助其提供公共服务。当社区建设初期，政府配套速度跟不上社区建设速度时，物业公司就暂代政府的部分事务，如物业的环境维护暂代城管执法中队事务，保安暂代公安部分事务，社区车辆管理就暂代交通服务，而信访调解暂代巡回法庭事务，将整个社区打理得井井有条；随着政府派出机构的逐渐入驻，物业开始这些工作的交接，并继续协助政府性组织更好地提供公共服务。

标杆型社区的 CCI 企业支持居民组织建设主要有两种情况：一是支持社区志愿者组织的成立和发展。社区志愿者组织主要由员工志愿者队伍和居民志愿者队伍组成，其中员工志愿者队伍的主要成员是物业公司员工，在企业提倡的"24 小时工作制"（上班 8 小时为工作时间，其余为志愿时间）下，员工志愿时间和次数与年终绩效挂钩，这吸引了更多的员工加入志愿者队伍，并由此逐渐形成了应急抢修队、治安巡逻、环境保卫队等专业员工志愿队伍；而居民志愿者队伍则是在企业引导和激励下由社区居民形成的各种特色志愿队伍，如腰鼓队、合唱团、摄影小组、太极队等文化活动志愿队伍，"巾帼家政"服务队、"假日广场"服务队、白衣天使服务队等社区服务队伍，爱心传递小组、李小海爱老队、余洪芝亲情小组、阳光姐妹队等邻里和谐志愿队伍。二是支持其他社区 NGO 的发展。这些 NGO 主要指老年大学、阳光家园、社区文联、安居援助会、青少年发展中心等。如企业为老年大学提供场地、启动经费和骨干人员，直到机构能独立营运、自负盈亏为止；企业为阳光家园提供场地，赞助部分残疾人康复、就业、娱乐、技能学习的资金和设备，并鼓励志愿者为他们提供帮助，为这些残疾人以后的生活打好基础。

标杆型社区的 CCI 企业还会提供社区服务和联合参与。社区服务主要指企业通过物业公司提供基本物业服务，如房屋设备、设施管理、绿化管理、社区秩序维护等常规性公共服务。联合参与主要表现为慈善式联合参与，如企业旗下资产经营管理公司出于社区困难居民就业需求考虑，首先将商业门店免费或低价出租给困难居民经营；或是出于社区配套服务考虑，优先将店铺出租给社区迫切需要的衣、食、住、行等服务行业企业；再如集团联合其他企业进行社区慈善活动，包括给社区孤寡老人送其他公司的物资，捐赠残疾人必需品给社区残疾人，或是为社区特殊困难家庭联合募捐等。

标杆型社区的 CCI 企业通过上述途径为社区居民创造了良好的生活和人文环境，并赢得了高度的政府和顾客认可。正如某集团总经理所说，"舍得舍得，有舍才有得，我们为政府分忧，政府给了我们很多荣誉和支持；我们为居民（服务）解难，居民就有了口碑相传；我们不做广告，却更胜广告"。其中，政府荣誉和支持如某社区获首届唯一"中国人居环境范例奖"，被评为全国文明社区示范点，全国各省市领导、中央有关部委领导、党和国家领导人先后约 400 多人视察该社区并给予肯定，中央宣传部、中央文明办、建设部、文化部四部委联合发文向全国推广该社区经验等。顾客认可主要体现在社区居民的幸福感和好评，以及慕名而来的参观学习者包括全国各地（港澳台地区）社会各界以及 20 多个国家的 70 多万人次的肯定。当然该企业也有一定的行业认可度，主要是获"全国百强房地产企业"等行业性荣誉和同行的高度评价，但企业及其社区产品的认可主要还是来自政府。

（四）企业社区参与模式比较分析

在本部分前面的几个小节中，笔者简要概述了从数据中析出的中国情境下企业社区参与的三类 CCI 过程（见表 4.2），企业借由这些过程在企业社区参与中制定战略、采取行动并获取目标合法性。这些过程暗含着如下 CCI 模式和命题：

命题 1：基础型社区的 CCI 企业倾向于采用市场性 CCI 战略，注重社区服务提供和联合参与，更有可能获得较高的行业认可和一定的顾客认可，体现出"授人以鱼"的 CCI 模式。

命题 2：标杆型社区的 CCI 企业侧重采用非市场性 CCI 战略，强调社区居民组织建设和政府性组织发展，更有可能获得较高的政府认可和一定的顾客认可，展现出"授人以渔"的 CCI 模式。

命题 3：先进型社区的 CCI 企业热衷于整合性 CCI 战略，适时进行社区服务提供、居民组织建设、政府性组织发展和联合参与，从而能获得较高的政府认可、行业认可和极高的顾客认可，表现出"鱼渔兼授"的 CCI 模式。

由如上三个过程可知，不同类型的 CCI 企业因不同的资源需求（合法性需求）而采取相应的社区参与战略，在战略指引下采取行动，从而获取目标合法性。其中，企业的行为一方面受到 CCI 战略的推动，另一方面受目标合法性的拉动。由此 CCI 行为方式和程度的不同决定了所获各种合法性的程度不同。在数据分析的过程中，可以看到分解的模式要素，如市场性 CCI 战略及其行为主要能使企业获得行业认可和一定的顾客认可，而非市场性 CCI 战略及其行为则主要能使企业获得政府认可和一定的顾客认可。但一类企业并不只是单纯采用一种 CCI 战略，它们主要使用某种 CCI 战略，也会辅助其他的战略行为，因此合法性的叠加效果使得这些企业可能每类合法性都获得了，但是所获每类合法性的程度不同。这些战略—行为—结果复合产生了每类企业的 CCI 过程，但每类企业都有一个主导性的 CCI 模式（如命题 1、命题 2、命题 3）。但是通过多个企业 CCI 过程共性和异性的比较，仍然可以发现 CCI 战略—行为—

结果所构成的模式存在一种逐步的过渡（如命题4、命题5），即企业的CCI战略市场性越强，其市场性行为越多，所获得的行业认可便越多；其CCI战略的非市场性越强、非市场性行为越多，所获得的政府认可便越多。

命题4：CCI可分为市场性CCI（战略和行为）、整合性CCI和非市场性CCI，它们均可使企业获得顾客认可。

命题5：CCI（战略及行为）的市场性越强，企业所获行业认可便越多；非市场性越强，所获政府认可越多。

表4.2 企业社区参与模式比较

比较项目	标杆型社区的CCI模式："授人以渔"模式	先进型社区的CCI模式："鱼渔兼授"模式	基础型社区的CCI模式："授人以鱼"模式
CCI战略	非市场性CCI战略：（人性化）企业多元化战略环境下以社区社会问题解决为直接目的以服务居民为宗旨追求居民满意倾力社区地产（产品与服务）	整合性CCI战略：（精细化）企业一体化战略环境下兼顾企业利益和社区社会问题等双重目的以居民（顾客）需求为中心追求顾客（居民）满意倾力企业品牌（与时俱进）	市场性CCI战略：（专业化）企业密集型成长战略环境下以企业利益（短期经济效益）为直接目的以顾客需求为中心追求顾客满意倾力企业服务
CCI（四大类主流参与）行为			
社区服务提供	服务拓展（++）提供常规物业服务提供大业务范围物业服务	服务创新（+++）提供优质物业服务提供市场化创新服务开展社区文化服务	服务延伸（+++）提供规范物业服务提供物业关联服务提供特色服务
特点	买卖性行为：服务与金钱的交换，企业收取服务费用提供服务　优势：企业因获利而尽可能提高服务质量，并尽可能增加顾客利益		
联合参与	间接联合（+）慈善式联合参与	相关企业联合（+++）活动式联合参与机构式联合参与（成立机构）	择优联合（+++）招商式联合参与活动、广告式联合参与
特点	多方交易性行为：企业不收取居民服务费用，而通过收取其他企业费用来维持服务；其他企业根据提供的服务收取服务费用　优势：降低顾客成本		
政府性组织发展	职能创新（+++）成立党组织领导社区发展支持居委会引导社区发展协助社区政府派驻组织发展	职能延伸（++）鼓励党员社区参与支持居委会服务社区	基本职能（+）党组织（有或无）协助居委会履行职责
特点	社会合作性行为：企业支持政府性组织发展，并与其共同在社区开展服务与活动　优势：资源共享、各得其所		

续表

比较项目	标杆型社区的 CCI 模式："授人以渔"模式	先进型社区的 CCI 模式："鱼渔兼授"模式	基础型社区的 CCI 模式："授人以鱼"模式
居民组织建设	丰富（+++） 引导居民志愿者组织成立、发展和进行服务与活动 支持其他社区 NGO 成立、发展和进行服务与活动	一般（++） 支持社区社团发展 支持居民志愿者组织发展 支持其他社区 NGO 发展	少量（+） 引导社区组织活动
特点	慈善公益性行为：企业给予资金、物质、人力、智力等引导性支持 优势：极有利于社区社会问题解决、社区组织成长、社区获益		
CCI结果	政府认可+++ 行业认可+ 顾客认可++	政府认可++ 行业认可+++ 顾客认可+++	政府认可+ 行业认可+++ 顾客认可++
评价	重儿子（长期价值）式参与	儿子与猪并重式参与	重猪（短期价值）式参与

注：表中程度符号：+++表示高，++表示中，+表示低。

五、结论与讨论：从"授人以鱼"到"授人以渔"

（一）研究结论

本章基于九个案例三类 CCI 企业的案例研究，探讨了中国情境下的企业社区参与模式，得出如下基本结论：

（1）CCI 过程中存在"授人以鱼"的市场性 CCI 模式、"鱼渔兼授"的整合性 CCI 模式，以及"授人以渔"的非市场性 CCI 模式三种 CCI 模式（见图 4.1）。其中，"授人以鱼"的市场性 CCI 模式是指企业采用市场性 CCI 战略，通过社区服务提供和联合参与来获得较高的行业认可和一定的顾客认可；"鱼渔兼授"的市场与非市场整合性 CCI 模式是指企业整合市场性与非市场性 CCI 战略，适时进行社区服务提供、居民组织建设、政府性组织发展和联合参与，从而能获得较高的政府认可、行业认可和极高的顾客认可；"授人以渔"的非市场性 CCI 模式是指企业采用非市场性 CCI 战略，通过社区居民组织建设和政府性组织发展来获得较高的政府认可和一定的顾客认可。

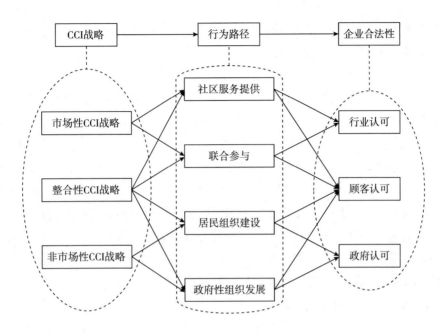

图 4.1　中国情境下的 CCI 模式

（2）三种 CCI 模式分别推动形成了不同水平的社区。"授人以鱼"的市场性 CCI 模式（企业也俗称其为"养猪式参与"，即注重眼前利益）推动形成了基础型社区；"鱼渔兼授"的市场与非市场整合性 CCI 模式（俗称"养个儿子养点猪"，即生存并发展，"养猪"为眼前生存，"养儿子"来追求长期发展）推动形成了先进型社区；"授人以渔"的非市场性 CCI 模式（俗称"养儿式参与"，因中国有"养儿防老"的说法，即关注长期利益）推动形成了标杆型社区。

（3）CCI 所获得的企业合法性具有叠加累积效果，同时，CCI 模式的战略—行为—结果要素间存在一种理性的有机关联。CCI 可分为"授人以鱼"的市场性 CCI（战略和行为）、"鱼渔兼授"的整合性 CCI 和"授人以渔"的非市场性 CCI，它们均可使企业获得顾客认可；CCI 战略的市场性越强，"授人以鱼"行为越多，企业所获行业认可便越多；非市场性越强，"授人以渔"行为越多，所获政府认可越多。

（二）讨论

以往的文献在企业社会责任实施、企业社区参与要素以及企业合法性理解与分类等方面做了很多有价值的探讨。在这些研究的基础上，本研究的进展和价值主要体现在如下三个方面：

1. 对企业社区参与研究的丰富

本书的主要贡献之一就是发现了中国情境下的三种企业社区参与模式及其构成要素，即"授人以鱼"的市场性 CCI 模式、"鱼渔兼授"的整合性 CCI 模式以及"授人以渔"的非市场性 CCI 模式。这三种模式中包含了三种 CCI 战略，即"授人以鱼"的市场性 CCI 战略、"鱼渔兼授"的整合性 CCI 战略和"授人以渔"的非市场性 CCI 战略，四类 CCI 行为，即为社区提供服务、与其他企业或组织联合参与、支持居民组织建设和支持政府性组织发展，以及三类合法性结果，即行业认可、顾客认可和政府认可。这些战略—行为—结果的发现极大地丰富了企业社区参与要素及其内涵，并初步回答了"企业是如何进行社区参与的，其社区参与模式如何"这一问题。

2. 对企业合法性研究的深化

之前的研究表明 CCI 使企业获得合法性的变量关系，但是并未解开其过程黑箱弄清其中要素之间的相互关系。本章厘清了从 CCI 到企业合法性之间 CCI 战略—行为—结果的逻辑关联，即特定的 CCI 模式中，某种 CCI 战略指引形成一定的 CCI 行为，这些行为共同促进一定的结果。如在"授人以鱼"的市场性 CCI 模式中，企业采用市场性 CCI 战略，在战略指引下通过社区服务提供和联合参与来获得较高的行业认可和一定的顾客认可；在"鱼渔兼授"的整合性 CCI 模式中，企业整合市场性与非市场性 CCI 战略，在战略指引下适时进行社区服务提供、居民组织建设、政府性组织发展和联合参与，从而能获得较高的政府认可、行业认可和极高的顾客认可；在"授人以渔"的非市场性 CCI 模式中，企业采用非市场性 CCI 战略，在战略指引下通过社区居民组织建设和政府性组织发展来获得较高的政府认可和一定的顾客认可。由此深化了合法性研究并加强了其与 CCI 的有机联系。

3. 对社区建设理论的拓展

发现了不同的企业社区参与模式推动形成了不同水平的社区。从无机的住宅小区到有机的和谐社区的建设过程中，"授人以鱼"的市场性 CCI 模式推动形成了基础型社区；"鱼渔兼授"的市场与非市场整合性 CCI 模式推动形成了先进型社区；"授人以渔"的非市场性 CCI 模式推动形成了标杆型社区。在CCI 推动形成从无机到有机的基础型、先进型和标杆型三类不同水平社区的过程中，"授人以鱼"的市场性 CCI（战略和行为）、"鱼渔兼授"的整合性 CCI 和"授人以渔"的非市场性 CCI 均可使企业获得顾客认可；但 CCI 战略的市场性越强，"授人以鱼"行为越多，企业所获行业认可便越多；非市场性越强，"授人以渔"行为越多，所获政府认可越多。这些过程展现出的 CCI 模式及其推动建设成的社区拓展了已有的社区建设理论，并从 CCI 模式的角度很好地解答了"企业社区参与是如何推动社区建设的"问题。

六、本章小结

为了弄清"企业是如何通过 CCI 来推动社区建设的"，本章率先解决了"企业是如何进行社区参与的，其社区参与模式如何"这一问题，从而通过各类 CCI 模式分析来理解企业社区参与推动形成不同水平社区的建设过程。进而，第五章将通过 CCI 机制的解析来更深入地揭示企业社区参与推动社区建设的过程，从而回答本书的第二个基本问题。

本章以 CCI 中的社区类别为基点，从企业社会责任实施研究范式、企业社区参与行为要素和作为 CCI 结果的企业合法性概念与分类出发，在从无机到有机发展的三类不同水平社区中，每类选择三个 CCI 企业及其社区共 9 个案例进行多案例研究。进而，在研究的过程中，本章扎根于数据，采用二手资料收集、访谈与观察以及历史资料调阅、案例内分析、深度访谈、跨案例分析，这样一个"收集数据—形成理论—再收集—精练理论"的涌现逻辑来构建理论。在涌现的模式中，通过不断与现有文献进行比对而形成初步的理论构想和命题，并进一步实地补充数据，直到理论得以饱和。由此，研究发现不同 CCI 模式推动形成了不同建设水平的社区。

首先，企业社区参与行为存在从"授人以鱼"的市场性 CCI 模式到"鱼渔兼授"的整合性 CCI 模式，再到"授人以渔"的非市场性 CCI 模式。这三类 CCI 模式在住宅小区向和谐社区的建设过程中，通过特有的 CCI（战略—行为—结果）模式依次将初始无机的社区推动建设成"基础型社区""先进型社区"和"标杆型社区"。这三种主流的 CCI 模式为中国企业社区参与提供了借鉴，并可为中国和谐社区建设提供指导。虽然可能存在这一些非主流的 CCI 行为，但并不会对本研究造成影响。

其次，这三种 CCI 模式有其共性和异性。这三种模式的共性是，虽然企业采用的 CCI 战略不同，CCI 行为各异，但它们均可使企业获得顾客认可，且这些顾客认可会随着 CCI 行为的增加而累积叠加。而顾客认可是形成企业竞争优势的首要条件，由此可知，不拘于哪一种 CCI 战略，CCI 有助于企业竞争优势的形成，这是 CCI 的价值所在。同时，这三种 CCI 模式各有其特点。CCI 战略的市场性越强，"授人以鱼"行为越多，企业所获行业认可便越多；非市场性越强，"授人以渔"行为越多，所获政府认可越多。据此，企业可根据其目标合法性需求来选取合适的战略与行为。

本章对中国情境下的 CCI 模式及其特点进行研究，是中国企业社区参与行为研究的重要内容之一。接下来，本书将通过 CCI 机制研究和 CCI 过程与结果的演化研究来进一步挖掘中国企业社区参与行为特征。

第五章　企业社区参与中的
多元主体协同机制

一、本章研究问题

在企业参与和谐社区建设的情境中，"企业社区参与推动形成了什么样的社区？企业是如何通过社区参与来推动社区建设的？这些企业社区参与的过程与结果又是如何演化的？"这是中国 CSR 中的社区参与行为研究的三大基本问题。

本书第二章通过企业社会责任、城市社区建设和企业社区参与研究的回顾构建了本书的研究基础；第三章通过企业社区参与中的社区分类研究发现了企业社区参与推动形成了基础型社区、先进型社区和标杆型社区，解决了第一个基本问题，并为后续研究提供了案例基础；第四章通过企业社区参与模式研究，发现了"授人以鱼"的市场性 CCI 模式推动形成了基础型社区、"鱼渔兼授"的整合性 CCI 模式推动形成了先进型社区、"授人以渔"的非市场性 CCI 模式推动形成了标杆型社区，如此从模式出发初步回答了第二个基本问题。本章期望更深入地解析企业如何参与社区建设，从而将由"个体人"组成的"住宅小区"推动建设成为由"社会人"组成的"和谐社区"。在企业社区参与的过程中企业及其物业公司如何与社区内其他行动者形成互动，其互动机制是什么，这些互动是如何推动社区建设的，这些是值得研究的问题。

二、理论分析框架

为了解决"企业如何与社区内其他行动者互动从而推动社区建设将'住宅小区'建设成'和谐社区'"这一问题，本章对互动所涉及的相关研究或理论进行了回顾。首先是社会合作伙伴关系，社会学研究领域用其来解释跨部门的社会互动过程，本章期望它能为企业与其他行动者的互动提供研究基础；其次是社区参与，社区参与是一个多层级的复杂性社会嵌入过程，这里希望对以往研究的分析和现实数据的比对能厘清社区参与不同层次的主体及其功能；最后是共生理论，它涉及共生主体、共生环境以及共生模式等分析要素，这里希望用共生分析框架整合社会合作和社区参与理论，以此来分析中国企业社区参与行为中的多元主体多层次社区参与互动过程。

（一）社会合作伙伴关系

社会合作伙伴关系（Social/Cross-sector Partnerships）主要是指政府部门、非营利部门、商业部门之间建立的社会性跨部门合作关系。现代社会的发展发现，社会性问题需要社会中的每一个组织都来参与（Carroll，1991；Swanson，1999；Moon，2002）。由于单个组织在资源和能力等方面的不全面性，社会问题的解决越来越需要进行跨部门的整合，通过多种类型的组织合作来完成（Kickert et al.，1997；Agranoff and McGuire，2003；Goldsmith and Eggers，2004）。这种跨部门的合作需要各个参与方为了实现共同期望的结果而投入信息、资源、活动和能力（Bryson et al.，2006）。在这些投入中，企业参与者常被期望能提供经济资源上的支持（Simpson et al.，2011）。由此，社会合作包括社会部门（societal sector）、社会问题（social issue）和资源依赖（resource dependence）三大概念平台（conceptual platforms）（Selsky and Parker，2005）。

社会（跨部门）合作伙伴关系主要有四种类型（Seitanidi and Crane，2009）（见图 5.1）：政府—企业合作伙伴关系（government-business partnerships）、政府—非营利组织合作伙伴关系（government-NPO partnerships）、企业—非营利组织合作伙伴关系（business-NPO partnerships）以及三部门之间的

合作伙伴关系（trisector partnerships）。企业与非营利组织的合作范围包括社会问题和社会原因（social issues and causes），集中于环境问题和经济发展活动，也包括健康、公平和教育问题。政府与企业的合作不直接针对社会问题或社会缘由，但集中于基础设施开发和公共服务，如具有重要社会影响的水利和电力。政府与非营利组织的合作包括外包公共服务和"第三种"公共政策途径。政府、企业、非营利组织来自三个部门的成员之间的合作主要集中于经济和社区发展、社会服务、环境问题和健康等。

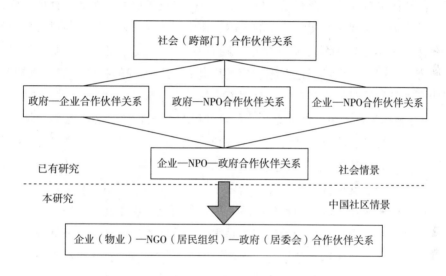

图5.1 社会合作伙伴关系

"企业—社区合作伙伴关系"（Business-Community Partnerships，BCP）是Loza（2004）在"合作伙伴关系"（partnerships）的基础上提出的，其核心思想是通过企业利益和社区利益的战略整合形成一种双赢的社区社会问题解决方式（战略/机制）。他认为，成功的社区—企业合作伙伴关系是在双方合作的基础上，通过资源、人才、技能的整合和交换从而形成新型的社区社会问题解决方案，并以此来巩固双方在社区的服务和营运能力（企业对社区的投入和社区组织的服务和营运能力）。许多企业逐渐寻求长期且有意义的方式参与社区，这种基于对话、咨询、协作的企业—社区合作伙伴关系（有时也称"新型社会合作伙伴关系"）越来越普遍，这不仅说明企业意识到它们在促进和巩固社区和谐中的重要作用（Murphy et al.，2002；Nelson and Zadek，2000；

Tennyson and Wilde，2000），且说明这种企业—社区合作伙伴关系对社区社会问题的解决提供了一种有效的新思路。

企业—社区合作伙伴关系的相关研究表明，非营利的社区组织通常通过提供资源、物质、服务、倡议等来塑造社区社会资本，支持居民参与和开展活动，为政府和企业参与社区提供平台，从而帮助减轻或解决社区社会问题（Boris，2001；Chaskin et al.，2001）；企业则通过整合公司三重底线的各个方面，支持社区组织能力构建，从而帮助解决社区社会问题，并促进企业和社区营运的整体可持续性。但有三点值得质疑：一是这种已有的企业—社区合作伙伴关系中企业与社区是相对独立的主体，在中国，企业在社区参与过程中与社区存在（多样化）千丝万缕的联系，随着其关系的微妙变化，企业社区参与的内容、范围、过程可能也发生相应的变化；二是中国的社区组织严重缺乏，即使有少量的社区组织存在，也是规模小的和不完善的，且带有较强的政府性（如居委会作为自治组织却又是政府的延伸组织）或非利他（非慈善）性（志愿者组织成员带有浓重的社区社会关系色彩），可能导致企业帮助其能力建设的过程与西方（这些组织是随着社区的成立自然进驻社区的）已有研究有所不同；三是企业支持社区组织能力构建中企业如何与社区组织互动以及这些行为是如何影响企业社区参与都没有清晰的过程研究。鉴于此，考虑到中国社区作为一种新的社会单元出现的时间不是很长，伴随着经济社会的发展还处在探索建设期，尤其是中国特色情境下企业社区关系、孕育的社区组织都有其独特性，本章将社区物业作为企业部门的代表、将居委会作为政府部门代表、将居民组织作为社会 NGO 的代表来研究其跨部门合作的横向互动关系（见图 5.1）。

（二）社区参与

社区参与是一个多层次复杂性的社会嵌入过程，其作用逻辑可以表述为：行动者处于某种社会（包含社区）网络中，这种社会网络中蕴含着行动者可利用的社会资源；当行动者为了某种经济社会活动而动用这些资源时，嵌入性就开始产生作用（王凤彬、李奇会，2007；赵辉、田志龙，2014）。所以，可以把参与式嵌入视为社区参与者与各种网络建立的关系及其对各种网络的依赖，因为网络中的行动者分别代表着不同的资产、知识、信息、经验和信誉（Halinen and Tornroos，1998），而社区参与者可以通过网络嵌入获得有助于社区社会问题解决和促进社区发展的稀缺资源（边燕杰，2006）。社会嵌入可分为关系嵌入和结构嵌入两个维度（Granovetter，1985）。关系嵌入的研究视角集中于网络行动者间相互联系的二元互动关系问题，侧重于分析二元关系的性质与强弱程度。结构嵌入研究集中于网络行动者间的多维总体性结构问题，它一方面强调网络的整体功能和结构，另一方面关注行动者在网络中的结构位置。本章的社区参与既关心参与者之间关系嵌入的性质和强弱程度，也强调参与者所嵌入网络的整体功能和结构以及其在网络中的结构位置。

社区参与一般涉及企业、政府、NGO 等行动者的行为。其中，企业的行为方式有引导交流、教育、游说、督导、合作等，其行为动机有社区投资、社会责任和改变社会等（Morsing and Schultz，2006；Scantlebury，2003）；而政府部门则有信息提供、单方咨询、过程合作、社区决策参与等行为（Ministry of Social Development，New Zealand，2007）；志愿者的行为方式包括提供信息和咨询、联合决策、联合行动、给予支持等，而其行为动机主要有利他动机、工作有意义、组织公民、角色多样化、构建关系网络等（Wilcox，1994；Pajo and Lee，2011）。Hashagan 等（2002）认为，社区组织的行为角色包括被动接受者、积极反应者、参与者、授权者和领导者等。同样，中国社区建设也涉及企业、政府、NGO 三大参与方的社区参与。其中，企业是社区参与的重要力量，企业主要通过与社区建设的相关公司如企业—开发（地产）公司—物业（资产经营、资产管理）公司来由外而内地进驻社区进行社区参与；政府主要发挥从中央政府—地方政府—区政府—街道办事处一直到社区居委会的自上而下的推动作用；由居民组成的社会 NGO 则是从居民到居民志愿者—居民组织—社区 NGO—社会 NGO 逐步发展壮大从而产生自下而上的拉动作用。本章根据参与者在整个社区参与网络中所处的位置和发挥的作用（社区平台外参与/环境功能和社区平台内参与/主体功能）将这三大参与方均简化为上、下两个级层，即企业—物业、政府—居委会、社会 NGO—社区组织，通过分析其关系嵌入的性质（经济性/政治性/社会性等）和强弱程度来研究各参与者纵向嵌入社区的过程及其互动（见图5.2）。

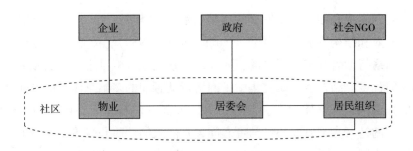

图 5.2 各参与方的社区参与及互动

(三)共生理论

"共生"（Symbiosis）是德国真菌学家 Anton de Bary（1879）提出的生物学概念，他认为共生是相互性活体营养性联系，是一起生活的生物体某种程度的永久性物质联系。后来经 Famintsim、Prototaxis、Caullery 和 Scott 的发展完善，形成较为系统的共生理论。20 世纪 50 年代，共生理论在管理学、社会学、经济学、人类学甚至政治学等社会科学领域开始得到广泛应用。在大多数社会科学领域中，"共生"被认定为人与人、人与环境、组织与组织、组织与环境等之间的某种共存共荣状态（徐光华、周小虎，2008）。其中，袁纯清（1998）将共生定义为共生单元之间在一定共生环境中按某种共生模式形成的关系，并以共生单元、共生模式和共生环境三要素来描述共生的本质。吴飞驰（2002）基于人与人之间的合作关系，认为共生是人类社会中人与人之间的一种相互需求、相互依存的生存状态或生存结构。而黑川纪章（2004）认为共生思想已成为城市设计哲学理念的主体，其核心是兼容并蓄的共存理念。胡守钧（2002，2006）则提出共生是人的基本生存方式，人在进行资源共享时应以共生理论为指导，建立有利于自然的报答式反馈机制。胡守钧的"社会共生论"思想提出后，我国已经有一批学者将这一理念应用于"和谐社会"的研究。刘荣增（2006）运用共生理论构建了和谐社会应该注意处理好五大共生关系，即人与自然共生、城乡共生、区域间共生、社会各阶层之间共生以及经济与文化的共生。张永缜和张晓霞（2007）构建了和谐社会的共生价值观，既保障人的个性发展，又可以促进人与人、人与社会和人与自然的和谐。还有学者用共生进化观阐述和谐社会（张永缜，2007），用共生观念研究和谐消费文化（陈晓春、谭娟，2008）、市民社会（张海夫、段学品，2008），等等。

虽然在"和谐社会"的政治风浪下，共生理论已经引起越来越多的学者的关注，但本章期望将其与社会合作伙伴关系、社区参与整合起来作为理论基础来分析企业社区参与行为中的多元主体协同机制。

实质上，共生是在包括对立与矛盾在内的竞争和紧张的关系中，建立起来的一种富有创造性的新的合作关系（袁纯清，2008）；共生强调共生系统中的任何一方单个都不可能达到的一种高水平关系（黑川纪章，2009）。在共生理论框架下，社区可以被看作是一个复杂的共生系统；其构成要素包括共生单元、共生环境和共生模式，各要素间相互影响、相互作用，决定着社区共生系统的内部结构和要素关系。下面就以共生理论为基础分析企业所参与的社区共生系统的构成要素。

共生单元（Symbiosis Unit，简称 U）是构成共生系统的基本能量生产和交换单位，是共生系统的物质基础。共生单元可分为同质共生单元和异质共生单元两类：同质共生单元的性质和功能相近，具有替代性特征，相互间存在竞合关系；异质共生单元的性质和功能差别明显，具有互补性特征，多呈现和合关系。反映共生单元特征的有两个参数：一是象参量，其反映共生单元的外部特征；二是质参量，其反映共生单元的内在性质。对任何共生关系中的共生单元而言，其质参量往往不是唯一的，多数情况下是一组质参量，在特定时空条件下往往有一个质参量起主导作用，称为主质参量。在共生关系中，不同共生单元的相互作用通过质参量和象参量之间两两相互作用而体现出来。社区作为一个共生系统，其共生单元是参与社区建设的主要行动者，包括物业公司、居委会和居民组织等，各共生单元在社区参与过程中扮演不同的角色，有不同的主要职责，功能互补，属于异质性单元。由于中国社区的这些组织并不是社区初建便有，而是在建设过程中逐步成立起来的，在某些组织缺失或能力弱小的情况下，其他组织可能代替这些组织行事或帮助其进行能力建设，而其角色、职责边界也会随着组织的发展壮大而变化，故而同一社区的共生单元可能产生不同的互补性特征。

共生模式（Symbiosis Mode，简称 M）是共生单元之间相互作用的方式或相互结合的形式，是对共生系统各共生单元间联系方式和强度及共生能量（本研究中主要指物质、资金、信息、技术、人员及资源等）的交流和交换的直观反映。从行为模式角度看，共生可以划分为寄生共生、偏利共生和互惠共生三种模式。在寄生共生中，作为共生单元的寄生者与寄主之间存在双边单向交流机制，寄生共生虽不一定对寄主有害，但多有利于寄生者进化而不利于寄主进化；在偏利共生中，共生单元之间存在双边双向的交流机制，通常情况下对其中一方有利而对另一方无害，但当获利方的进化创新对非获利方没有补偿时即认为对非获利方不利；在互惠共生中，共生单元在双边或多边交流机制的基础上具有进化同步性。对应于企业参与的社区共生系统，物业公司一般是最早进驻社区参与社区建设的组织，当物业主导社区事务，帮助社区成立其他社区组织开展服务和活动时，作为共生单元的物业与其他社区组织之间呈现出寄生共生的模式；当作为政府延伸组织的居委会进驻社区或主导社区事务，与物业合作发展居民组织共同参与社区建设时，物业、居委会和居民组织之间为偏利共生模式；当居民组织具有参与社区事务的能动性，甚至成长为颇具规模的社会 NGO 时，物业、居委会和居民组织之间逐渐形成一种多变双向的长期合作关系，各组织依靠互补的资源优势共同参与解决社区社会问题，体现为互惠共生模式。

共生环境（Symbiosis Environment，简称 E）是共生系统中除共生单元之外的所有影响因素的总和，包括市场环境、政策环境等。共生环境是共生系统的外部条件，是共生关系形成和发展的基础，其对共生单元行为模式的影响通过物质、资金、信息、技术、人员及资源等共生能量的交流来实现。环境与共生体之间的影响是相互的。根据共生环境对共生单元作用效果的不同，可分为正向环境、中性环境和反向环境；反之，共生体对环境的影响也可以表现为正向作用、中性作用和反向作用三种类型。两者的组合关系如表 5.1 所示。不同于共生单元和共生模式，共生环境是共生系统的外生变量，但共生环境对于共生系统能量的形成和提升同样具有重要作用，良好的共生环境有助于共生单元间共生能量的交换，而如果不适应共生环境，共生系统的功能和效率将受到制约。在社区共生系统中，与物业公司关联的企业通过物资、资金和人员等支持为社区建设提供了主要的经济环境，而居委会所属的地方政府通过政策、信息和授予荣誉等支持为社区建设提供了政治环境，与社区居民组织相关的 NGO 和媒体则营造了社区建设的社会环境，这三大主体构建的三类环境共同形成社区共生系统的主要共生环境。由于这三大主体对社区建设持参与支持的态度，只是参与支持的性质和程度不同，由此可认为社区共生环境均为双向激励的正向环境，并期望通过研究进一步判断这种双向激励的强弱。

表 5.1　共生体与环境相互作用

	正向	中性	反向
正向	双向激励（分解细化）	环境激励	共生反抗环境激励
中性	共生激励	激励中性	共生反抗
反向	环境反抗共生激励	环境反抗	双向反抗

在共生的三要素中，共生模式是关键、共生单元是基础、共生环境是重要的外部条件。

（四）一个整合的理论分析框架

已有的社会合作伙伴关系、社区参与以及共生分析表明：①企业在帮助解决社区社会问题和推动社区建设的过程中，需要与来自政府和社会 NGO 等部门的参与者进行横向的跨部门合作互动；②根据参与者在整个社区参与网络中所处的位置和发挥的作用（社区平台外参与/环境功能和社区平台内参与/主体功能），来自三个部门的社区参与者均可简化为上下两个层级，即企业—物业、政府—居委会、社会 NGO—社区组织，可通过分析其关系嵌入的性质（经济性/政治性/社会性等）和强弱程度来研究各参与者纵向嵌入社区的过程；③在共生框架下，共生单元即为处于社区平台内（下层级）的参与者，跨部门合作互动主要通过它们之间的互动来进行；而处于社区平台外（上层级）的参与者为社区参与和合作互动提供环境，它们的参与方向和力度决定了共生环境的性质和强弱；共生模式则是由提供共生环境的上层级的参与者的外部作用和作为共生单元的下层级的参与者的内部互动共同决定。总的来说，已有的研究为企业社区参与中多元主体协同机制研究提供了一个整合的分析框架（见图 5.3）。

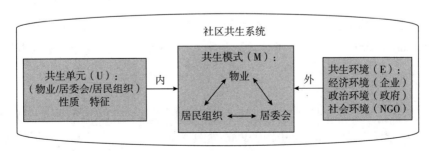

图 5.3　一个整合的分析框架

三、嵌入式纵向多案例研究设计

（一）方法定位

本章采用嵌入式纵向多案例研究方法的具体原因有四点：

（1）案例研究方法是组织管理学研究的基本方法之一，也是管理理论创建的重要研究方法之一（Eisenhardt，1989），比较适合研究"如何"和"为什么"之类的问题，尤其适用于对现象的理解，寻找新的概念和思路，乃至理论创建（Yin，1994；周长辉，2005）。本章对企业社区参与中的多元主体协同机制进行研究，涉及"企业及其关联物业公司如何与社区内其他组织互动推动社区建设"，以及"这种互动过程是什么""为什么会产生这种互动"的问题，这种"过程"和"机制"的归纳适合用案例研究法。

（2）多案例研究方法的优势在于通过单个案例之间的复制和拓展，来刻画出更为完整的理论图画（Eisenhardt，1989）。它通过"拓展逻辑"来勾勒和完善理论，其理论和数据之间应具有高度的一致性，理论的产生过程根植于数据（Eisenhardt，1989；Glaser and Strauss，1967）；通过"复制逻辑"确认每个个案是否都能证实或否证从其他案例中提取的论据，以此来相互检验所得到的理论（Yin，1994）；它比单案例更具有普适性、稳健性和精炼性（Eisenhardt and Graebner，2007），本章希望通过三个案例数据的复制和拓展，刻画出企业社区参与中的多元主体协同机制。

（3）纵向案例研究的优势在于通过对多个不同时间点上的同一案例进行研究来反映研究案例在各个阶段的变化情况（Yin，1994），有利于深入地挖掘和动态地理解事物发展的过程及其背后的规律，从而增强理论的说服力（Siggelkow，2007）。为了清晰地重现和深入地理解企业社区参与行为中物业—居委会—社区组织间的各种关系，揭示隐藏在现象之后的更深层原因（Yin，2003），笔者拟采用纵向案例研究。

（4）嵌入式研究是针对企业所参与的社区发展水平层次不齐而设计的。CCI 是新时期新情境下具有中国特色的案例背景，而企业所参与的社区经多年发展有的停留在无机状态，有的有所发展，而有些则发展为有机和谐的社区，笔者将这些处于无机状态的、发展程度较低的社区与发展到一定水平的社区以及和谐社区（两者）发展的最初状态进行比较以寻找其相似之处和不同之处；比较发展到一定水平的社区与和谐社区的发展过程的异同，以此来总结每类状态的运行机制以及机制进化的诱因，故而采用嵌入式设计。

基于如上四点，本章综合采用嵌入式纵向多案例研究法。

（二）案例选择

自中国推进和谐社区建设以来，企业逐步成为参与社区建设的重要力量。基于第三章中企业所参与社区的分类，本章在选择案例企业及其所参与社区时考虑如下四点：

（1）所选企业及其关联物业在社区从"无机"到"有机"的建设过程中发挥了重要作用，它们的参与使"无机"社区逐渐成为基础型社区、先进型社区或标杆型社区这些向"有机"社区过渡的社区中某一水平（类型）的优秀代表，由此保证了案例的典型性和代表性。

（2）所选企业及其关联的物业在参与社区建设的过程中，通过提供优质服务，帮助成立和发展社区组织，与社区组织协同互动而推动社区发展的过程各有异同（它们与社区居委会和居民组织协同互动过程各有异同），有助于更好地复制和拓展理论（Eisenhardt，1989）。

（3）所选企业均已有10年以上丰富的社区参与经历，经历了居委会和各种居民组织从无到有的成立发展过程，且与这些组织有较为频繁的互动，共同取得了一定的社区建设成果，能保证较为全面与长期的待获取资料。

（4）企业进行社区参与的主要（子）公司及其参与的社区与研究组成员同在一个地理区域（武汉市），且双方关系良好，有利于经常性地开展实地调研；这同时也降低了由于不同地区经济发展差异而可能引发的外部变异性。

由此，本研究在前期调查分类（第三章）的企业社区参与企业与社区中选择了3个案例进行深入跟踪调查（见表5.2）。

表5.2 案例选择与介绍

	标杆型社区参与企业	先进型社区参与企业	基础型社区参与企业
所选案例	A 集团—A 社区	B 企业—B 社区	C 公司—C 社区
性质	民营企业集团	上市公司	有限责任公司

续表

	标杆型社区参与企业	先进型社区参与企业	基础型社区参与企业
成立时间	1995 年	1984 年	2001 年
经营范围	房地产开发、社区建设、物业管理、文化产业和船舶产业	房地产开发、物业服务	房地产开发
社区分布	集中于武汉市	分布于全国 58 个大中型城市	武汉及其周边地区
CCI（子）公司	1 集团公司（2003 年） 2 开发公司（1995 年） 3 物业公司（1998 年） 4 资产经营管理公司（1998 年）	1 企业股份有限公司（1993 年） 2 地产公司（2001 年） 3 物业服务公司（2002 年）	1 开发公司（2001 年） 2 物业公司（2001 年） （与开发、业委会进行三方协议）
CCI 对象	A 公司的核心地产项目： A 社区（1995~2014 年）	B 公司的典型品牌项目： B 社区（2001~2014 年）等	C 公司托管早期优秀项目： C 社区（2002~2014 年）
CCI 规模	社区占地 4 平方千米，入住 13 万人。规划将建成一个占地 7 平方千米，入住 30 万人的 A 社区新城	社区是秉承深圳四季花城"欧洲小镇"的设计风格，结合武汉地区人居特点，占地 2000 余亩的低层低密度生态社区	社区整体规划 33 万平方米，共 4300 户
CCI 结果	从"位置偏僻，地势低洼，水电路等设施空白，蚊子多、小偷多的住宅小区"到"科教、文体、卫生、普法事业齐全，邻里相亲相爱、可持续发展的现代文明社区"	从"面对白领新锐、邻里关系淡漠、周边环境无序的小区"到"老有所依、幼有所教、睦邻友好、紧扣时代主题和注重居民需求的文化娱乐活动丰富的低密度生态社区"	从"普通商品房小区"到居民"能保证基本生活需要的社区"

（三）数据收集

数据收集过程通常要涉及相互重复的几个步骤（Yin，1994），整个数据收集过程始于 2011 年 8 月，并随着数据比对和信息挖掘的深入一直持续到 2014 年 7 月。对每个案例都反复经过了下列四个步骤收集一手和二手资料，并在完成最后一个案例数据收集后，对前两个案例的数据进行了补充更新，以确保每个案例的数据都是最新的。数据收集的主要步骤如下：

（1）通过公开网络资源挖掘目标案例的有效数据，公开网络资源主要包括各企业、社区网站或公共网站，如由企业和社区主办、承办或参与的网站（各企业网站、a 社区网、b 社区旗下网站、c 社区业主论坛、社区文明网、中国社区志愿服务网、武汉社区在线等）以及各种涉及社区建设活动报道的网站（腾讯·大楚网）。

（2）用数据库检索历史文献资料，主要检索历年来案例企业和社区相关的研究和报告，并检索搜集其主要领导者讲话的文献和报纸，所用数据库主要是中国期刊全文数据库和中国重要报纸全文数据库（人大复印报刊资料网络版、新华社多媒体数据库、中国重要报纸全文数据库、中国经济信息数字图书馆资源）。

（3）进行访谈和实地观察（见表5.3）。其中，访谈包括开放式访谈和半结构化访谈，研究初期采用开放式访谈，让相关受访者畅所欲言，用备忘录检查访谈进展；正式研究中主要依据访谈提纲采用半结构化访谈。访谈对象主要为企业人员（集团、开发、物业等企业的社区参与人员）、社区内政府性组织人员（居委会、政府派驻社区组织或人员）、居民组织成员（社区工作者、社区志愿者、社区群团成员）和社区居民，为保证访谈效度，所有被访者均满足三个条件之一：一是经历了长期社区参与过程的资深居民；二是曾深度参与某一社区建设过程的居民；三是企业或社区组织内的主要成员。随着访谈的进行笔者也参加社区开展的相关活动，并进行实地观察。每一次访谈持续 45～120 分钟，所有的访谈和观察都在 24 小时内进行转录和记载成文字资料。

表 5.3　深度访谈与实地观察

访谈对象	案例 A	案例 B	案例 C
企业	总人数：13 人 集团副总 2 人 集团办公室主任 1 人 物业（总）经理 3 人 物业主任 2 人 物业技术人员和其他员工 5 人	总人数：8 人 地产经理 1 人 工程技术人员 1 人 物业（副）总 2 人 物业员工 3 人 社区参与专员 1 人	总人数：7 人 开发公司经理 1 人 物业（副）总 2 人 物业员工 3 人 物业品质部部长 1 人
问题概要	企业为什么进行 CCI：企业发展方向；期望通过 CCI 实现的目标；CCI 战略布局 企业如何进行 CCI：CCI 的过程；有哪些策划者和行动者；采取了哪些行为方式；与社区政府性组织、居民组织或其他企业组织如何互动；这些互动如何形成和发展 企业进行社区参与的评价和体会：对各组织参与行为和效果的评价；应如何发扬和改进		
政府性组织	总人数：11 人 社区管委会（副）主任 2 人 居委会主任 3 人 副主任 2 人 居委会成员 1 人 劳保服务所 1 人 城管 1 人 残协 1 人	总人数：4 人 居委会主任 1 人 居委会副主任 1 人 居委会成员 2 人	总人数：3 人 居委会主任 1 人 居委会成员 2 人

续表

访谈对象	案例A	案例B	案例C
问题概要	政府性组织的发展过程；社区参与历程； 政府性组织如何与企业和居民组织互动；这些互动如何形成和发展 各政府性组织社区参与的评价和体会：对各组织参与行为和效果的评价；应如何发扬和改进		
居民组织	总人数：10人 各社区志愿者5人 老年大学2人 阳光家园1人 社区文联1人 业委会1人	总人数：7人 员工志愿者2人 居民志愿者2人 兴趣团体2人 社区图书室1人	总人数：5人 "学雷锋"志愿者1人 晨练小队2人 兴趣小组2人
问题概要	居民组织发展过程（形成、管理、激励和维持）；社区参与历程； 居民组织如何与企业和居民组织互动；这些互动是如何形成和发展的 居民组织社区参与的评价和体会：对各组织参与行为和效果的评价；应如何发扬和改进		
居民	总人数：9人 空巢老人6人 残疾人3人	总人数：6人 空巢老人3人 普通居民3人	总人数：7人 空巢老人2人 普通居民5人
问题概要	企业、政府性组织和居民组织的社区参与历程及其互动；这些互动如何形成和发展 居民的获益及其对企业、政府性组织和居民组织社区参与行为和效果的评价		
实地观察项目	旁观第一居委会"元旦晚会策划"会议；参与第三居委会"饺子节"和"文艺晚会"；参与武汉中粮和湖北红太阳向A社区献爱心活动；参观社区文化栏和活动室；参观社区老年大学并参加其摄影活动；参观社区服务中心	旁观业委会选举活动；参与端午节"包粽子"活动；参与新年筹备活动（为居民磨刀、写对联等）；参观旧物交易活动；参观长者服务中心（阅览室、文化室、活动厅）；参观社区文化长廊（社区活动史）；参观成人教育学校	了解物业服务处工作实况；参观社区居委会和业委会；参与社区居民晨练活动；参与物业提供的"惊喜服务"；旁观物业提供的家政服务

（4）文件调阅也是收集数据的重要方式，主要指在企业或社区阅读与研究主题相关的各类文件，包括会议记录、公文、档案资料、内部杂志和报纸、活动纪录片、社区工作者日志、居民感谢信、志愿者故事集锦等，并在对方许可的情况下复印、拍摄或拿取其中部分资料。

鉴于多源数据的三角验证能提供更精确的信息和更稳健的理论结果（Eisenhardt，2010），在数据收集过程中，笔者非常注重不同来源信息之间的相互验证，通过三角检验，实现数据收敛（潘绵臻、毛基业，2009）。对访谈前获取的二手资料主动向受访人求证；对访谈中获取的信息通过文件调阅、实地观察、数据库资料或公开网络资料等途径进行验证。对每个案例都根据理论框架设计了调研计划，包括研究目的、所需资料清单、研究程序及安排、拟访谈的主要人员及访谈提纲，以提高案例研究的信度（Yin，1994）。

（四）数据分析

数据分析是案例研究构建理论的核心（Eisenhardt，1989），而真实可信的经验事实则是理论构建的基础（Van Maanen，1988）。为最大限度地再现经验事实，本研究采用主题分析、案例内分析和跨案例比较三步分析法，力图客观把握企业社区参与中物业—居委会—居民组织协同互动过程，在此基础上挖掘事实背后的理论含义。

1. 主题分析

根据研究初期多来源的案例数据，笔者综合每家企业及其参与社区的资料，合成为一个初始文档，该文档描述了企业社区参与的事件时间表：各时点的参与方、参与动机、参与方式；各参与方互动行为、背后的支持者、支持方式；参与结果和评价（Jick，1979）。进而，笔者采用综合的、涌现的研究方式来追踪社区系统中企业与社区组织（开始只是社区居民）互动的过程和结果，发现每一企业社区参与中的多主体互动过程都有其独特的协同特征，并由此产生了不同的社区建设水平（结果）；有的企业社区参与行为的多个主体在十多年间都只采取某种协同互动的建设方式，而有的则经历了两个或更多的协同过程。并通过文献阅读、专家指导和团队讨论初步确定研究主题——"企业社区参与中的物业—居委会—志愿者协同机制研究"。

2. 案例内分析

经过进一步的访谈、观察、文件调阅和二手数据挖掘等数据收集，笔者整理好每个案例企业的历史资料，并通过数据与文献的反复比对形成初步的研究框架（见本章的"理论基础"部分），在一定的框架（社区共生系统）内确定合适的变量（共生单元、共生环境和共生模式）对各企业资料分别进行案例内分析（Eisenhardt，1989）。案例内分析主要为了了解不同类型社区各自的物业—居委会—居民组织的协同过程。本章对每个案例有一个充分理解后就开始进行跨案例分析。

3. 跨案例分析

借助于图表在跨案例研究中去寻找相似的主题，从理论与数据的比对过程中形成初步的理论构想和命题，然后再通过复制逻辑将其简化；并经常反复比较数据，系统验证每个案例中的特定主题，在理论与数据反复比较的过程中通过拓展达到理论饱和（Eisenhardt，1989）。了解之前有关跨部门合作伙伴关系、社区参与和共生理论的文献并形成了整合的分析框架，所以探讨出现这些框架内概念类别的数据。但是，也在寻找让人意想不到的关于物业—居委会—居民组织的互动过程特征。因此，在本章的分析中，整合了理论扩展（Lee，1999）及理论创建（Eisenhardt，1989）。

四、基本发现：CCI 中的多元主体协同机制

（一）开端：偏害共生型多元主体协同机制（企业—物业公司的参与）

1. 共生单元：强异质性单元间单向关联

企业社区参与的开始，社区往往只是刚有开发公司建设起来的住宅单元，随着单元房子的交付，开发公司逐渐退出社区，将社区委托给物业公司管理。此时，这些物业公司可能与开发公司同属某一企业集团、可能是开发公司的分公司或与开发公司只是委托代理合同关系。物业一般是进驻社区的第一个组织，此时，他们需要担负起建设社区基础设施、帮助成立其他社区组织，提供社区服务，开展社区活动等责任。随着物业的参与，居委会往往是随之建立或取得联系的组织，有的社区规模不大，不具备成立居委会的条件，那么物业就与周边社区所属区域的居委会取得联系，帮助他们提供相应服务，有的社区条件优越需要成立一个或多个居委会，物业便提供场地、设施等帮助居委会成立起来。随着居民入住和数量的增加，物业也号召居民成立居民组织或活动队伍，为社区提供服务或开展活动。社区初建期社区共生系统中的共生单元具有较强的异质性，其联系往往是一方主动发起，另一方被动接受，或一方寻求帮助，另一方给予帮助的单向联系方式。

2. 共生环境：市场化环境

初建的社区基本处于一种无机无序状态，资源稀少、组织缺乏、与政府和社会关联微弱。企业虽然通过其关联物业公司进行参与，但是参与的物资、设施、资金、智囊仍需企业提供支持或联系相关企业进行支持，由此而形成了社区建设的主要经济环境。而其政治环境由社区居委会所属的地方政府决定，它们颁布的政策、法规、支持措施、服务与活动指南等通过居委会的传播与执行

决定了社区的政治氛围。居民组织或活动队伍的发展及其 NGO 和媒体的社会联系（如参与某区的老年大学、成为文联成员、做社区志愿者、联系 NGO 到社区开展活动、写稿拍照做宣传）则营造了社区的社会环境。但总的来说，因社区居委会和社区组织刚成立，与其关联的地方政府和 NGO 支持都较弱；企业虽进行了一定的投入，但前路未名的情况下企业的投入均体现出一定的市场性动机，从而使整个社区处于一种市场化的环境。与此同时，企业、地方政府和 NGO 获得的社区信息、能量反馈也极为微弱。

3. 共生模式：企业—物业主导的寄生共生模式

社区参与初期的基础设施、社区组织建设和社区服务、社区活动开展一般由企业及其关联物业公司主导。在基础设施方面，企业及其关联物业主要在硬件设施、服务配套和宣传阵地进行投入。硬件设施主要包括室内外文娱体育等社区公共活动场所区分和设施功能建设；服务配套主要指商业、医疗、教育、生活服务、组织议事等社区配套设施的完善；宣传阵地则是包括宣传橱窗、电脑、电话、社区网站与论坛等综合信息平台的建设。社区组织建设主要是物业牵头引导成立社区党组织、社区自治组织、社区工作者队伍、社区群团及民间组织、社区志愿者队伍等社区组织，为其提供必要场地、设施、服装、启动资金等支持。社区服务主要包括企业支持和物业提供的环境维护（卫生、秩序、绿化）服务和治安保卫服务，以及有居委会和居民组织参与的便民利民服务、社会保障服务、帮助救助服务以及特色机构服务等。社区活动主要是由企业（物业）策划、物业发起推动、居委会和居民组织参与开展的学习、教育、文化、体育和娱乐等各种活动。这种企业—物业主导、居委会和居民组织跟随的寄生共生模式（见图 5.4）体现出物资、资金、信息、技术、人员、资源等共生能量的单向传递性。

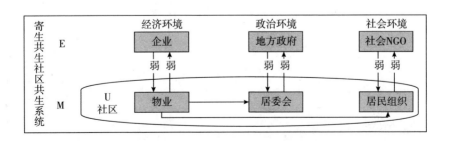

图 5.4 寄生共生型多元主体协同机制

4. 共生机制：寄生共生型物业—居委会—居民组织协同机制

以企业及其关联物业的社区参与为起点，在企业、地方政府和 NGO 提供的市场化共生环境下，逐渐形成了物业主导—居委会跟随—居民组织跟随的寄生共生模式。在该模式下，共生能量从物业流向居委会和居民组织，由此促进居委会和居民组织的成长，构成寄生共生社区共生系统中的物业—居委会—居民组织协同机制（见图 5.5）。

所选案例	基础设施（资源）	社区组织（能力）	社区服务（行动）	社区活动（行动）
◆物业—居委会—居民组织的寄生共生模式				
A 1995～2000年	企业：3万平方米中心广场含百米文化长廊、高标准足球场、网球场、篮球场、门球场及健身设施等；建小学及基础公共商用配套；引入电视、电话、电脑"三网合一"的宽带多媒体网络；建市政府规划干道4.2千米	企业：成立物业公司；引导成立了社区党委，形成党委—社区党委—楼宇党支部—门栋党小组织体系；发动居民（多为党员）成立业主委员会，提供物质和资金鼓励居民（多为党员）成立社区活动队伍	物业公司：在环境与治安服务上做到"三无"和"七有"；成立24小时信访管理邻里纠纷、下岗居民就业、困难救助等方面的问题；企业出资、供房，业委会和党员帮助处理问题	企业：支持筹办各种社区活动，如每周一上午8点举行升旗仪式；社区文化艺术节、中秋、小年夜等节日文体活动；在中心广场开展扇子舞、腰鼓舞、足球赛等活动
B 2001～2005年	企业：建花园景观、儿童游乐设施、居民健身设施及休闲会所；物业办公及服务场所；部分楼栋一层设文化休闲长廊、各楼栋入口设宣传栏，引入多媒体宽带网络	企业：成立物业公司，对每个区域下设物业管家；与周边社区居委会建立服务联系；支持居民成立合唱、舞蹈、扎花、兴趣小组和活动积极分子队伍	物业：提供符合社区特色的高质量公共性服务；支持居委会提供政策性公共服务	企业：策划旗下所有社区同期同主题活动，动员全体居民参与；物业：根据企业安排开展同期同主题活动，动员全体居民参与；物业和活动积极分子代表居委会宣传活动；物业支持居民兴趣小组开展兴趣活动
C 2002～2014年	企业：基础健身设施、居民活动场地、物业办公室	企业：引导居民成立业委会，通过业委会选聘物业公司；物业：与周边社区居委会建立联系；居民组织：自发形成一定的居民晨练或兴趣小团体	物业：提供基本的房屋设施设备的保养和维护等基本业务，环境、安全、消防、车辆等专项服务和便民服务以及中介、装修经营业务；居委会：提供基本公共服务	物业：联合其他企业进行社区促销活动、慈善活动或文化活动；居委会：开展教育和教育活动；居民组织：居民小团体进行晨练、晚练、兴趣活动等
◆物业—居委会—居民组织的偏利共生模式				
A 2001～2006年	企业：中心广场扩建至4万平方米，增设宣传教育长廊、"科教中心"等活动场所；建从幼儿园到高中及老年大学等多所学校、卫生服务中心、社区组织用房、商铺等；实现公共设施与住宅2:3比例	企业：引导居民选举成立居委会，依托党组织体系设社区管委会—居委会—村长—楼栋长；鼓励居民成立志愿者队伍、居民活动团体、居民服务队伍等；将5%的物业费用和3%的沿街商铺租金作为社区运行经费	物业：提供规范和现代化的环境、安全、维修等；维护社区教育、医疗、商业等服务秩序；居委会：信访、计生、幼幼、老弱病残困等保障服务；居民组织：各类志愿服务队伍协助物业或居委会提供服务	居委会：开展科教（以学养老）、文体（一站两厅三家四中心十队）、妇法（情理法结合）"四进"社区各种活动；居民组织：志愿服务队伍协助居委会开展活动
B 2006～2014年	物业：管理、完善和维护社区各场所和设施；企业：改建物业和居委会、居民组织议事场所相互毗邻，并建社区图书馆、居民文化和活动室若干、长者服务中心、长者学堂等	企业：物业调整为企业独立事业单元；将居委会搬迁至社区内；物业：鼓励成立居民志愿者组织、敬老服务志愿者、图书管理志愿者、兴趣小组、社团志愿者等	物业：提供公共性、群体性和私利性等优质物业；维护社区运行秩序；资金和人力支持居委会拓展公共服务；支持居民组织、居委会提供拓展性公共服务	物业：提供符合发展主题和居民需求的节日和文化活动；支持居委会的各类公益活动；居委会：支持居民组织的志愿者结对关爱、敬老、爱心传递、兴趣爱好等活动；支持居民组织开展老年人专题系列活动
◆物业—居委会—居民组织的互惠共生模式				
A 2007～2014年	企业：随社区扩大增建公共设施；联合政府建阳光家园；物业：管理、完善和维护中心广场设施、各种室内活动场所、社区办公、商业、教育、医疗场所及服务配套以及宣传场所、宽带多媒体设施等	企业：物业管理、资产经营等公司移交社区管理，9%的利润做社区运营费用；物业：物业公司成员工资由企业支持转为政府补贴；社区：实行居委会与物业服务处——匹配交叉任职，成立"社区志愿者全国联络总站"，承办"中国社区志愿服务网"；其中居民活动团体共同成立"社区文联"；鼓励社区工作者	物业：物业员工和志愿者联合实行"24小时工作制"提供全面解决问题；居委会监督并协助解决问题；居委会：居委会联合物业和志愿者实行"首问责任制"提供全面公共服务；居民组织：协助或独立服务	居委会：策划指导社区的科教、文体、卫生、普法等各类活动；居民组织：能动筹备和开展活动；物业：负责安全和维护活动秩序

图 5.5 企业社区参与中的物业—居委会—居民组织协同机制

（二）发展：偏利共生型多元主体协同机制（地方政府—居委会的支持）

随着企业社区参与的深入，由于企业与物业的关联强度不同，企业及其关联物业的经济能力和愿意投入社区的资源水平不同，这导致由企业及其关联物业主导的社区参与所形成的社区建设水平有不同的发展。有的社区（企业—物业关联弱、投入少）可能仍然停留在仅能满足人基本生存水平的状态，有的经过前期的投入和建设已经有了较好的发展。这些发展较好社区的共生单元、共生环境和共生模式也随之改变，从而带动了整个共生机制的演化。下面介绍其具体的发展变化：

1. 共生单元：弱异质性单元间双向关联

由于企业及其物业资源与能力的投入，社区基础组织已经成立，服务和活动也日渐增加。随着居委会功能的逐渐齐全和居民组织的增加，物业不再凡事包办、事事亲为，而是在履行和改进基本职责的情况下，支持居委会功能的拓展和延伸，并联合居委会大力发展居民组织开展社区服务和活动。居委会因其政治上的合法性和功能的完善则迅速成为社区参与行动的主导者。它不仅联合企业动员各种社区资源，而且运用其组织特性动员吸纳社会资源，在健全自身功能的基础上，大力发展、管理、激励社区组织发展，开展和执行社区服务和活动。居民组织作为社区日渐繁荣起来的共生单元随着居民的越来越多的加入体现出多样化和成长性的特征，它们在居委会和物业的引导与帮助下丰富和完善自身功能，并辅助其开展社区服务和活动。随着各社区组织能力的成长和共同的社区参与，这些共生单元间的行为界限交叉减弱了其异质性，从而逐渐形成了弱异质性单元之间的双向关联。

2. 共生环境：混合环境

在社区逐渐有序的运行中，企业因社区参与成果明显和良好的顾客反馈而对社区进行持续投入，提供社区需要的物资、资金、智囊、社会关系等支持，或是联系相关企业对社区进行公益投资或慈善资助，由此而形成了社区建设的主要经济环境。此时，仍由社区居委会所属的地方政府决定的政治环境有较大改善，在已有的政策、法规、支持措施、服务与活动指南等政策基础上，一旦社区建设取得一定的成果，它们会毫不吝啬地授予其荣誉和奖项，提供一定的政治便利和政策倾斜，以此鼓励其更好地发展。而社区的社会环境也有一定的进步，因为居民组织的多样化和成长，其与社会 NGO 的交流、学习、联合行动、交互参与等活动逐渐增多，由此而改进了其文化氛围。虽然此时企业社区参与仍延续了其市场性，但因其政治支持和文化改善，整体体现出市场与非市场混合的特色环境。在这种环境中，企业因社区建设成果而得到广泛的好评；地方政府某些政绩项目因此而加分；社会 NGO 也因增强与社区组织联系而一定程度上拓展了其社会网络。

3. 共生模式：地方政府—居委会主导的偏利共生模式

由于地方政府的支持和物业的退让，居委会较快地接手并主导社区事务。在基础设施方面，由于企业及其关联物业前期主导的社区参与，主要的硬件设施、服务配套和宣传阵地已投入使用。此时居委会主要是联合物业号召大家参与到这些基础设施的使用中来。在组织建设上，这时候社区组织架构已基本成型，居委会一边联合物业帮助组织进行能力建设，如健全规章制度、提高管理执行力、进行培训和学习、开展服务和活动等；一边支持更多新组织的成立和已有组织吸纳新成员发展壮大；同时还利用自身优势帮助其他组织寻找资源提供便利（如申请资助、找赞助、寻求公共部门的便捷支持等）。在社区服务上，除居委会的公共服务和基本的物业服务外，居委会联合物业发动居民组织为社区提供更高水平的服务，如清查社区老、弱、病、残、困等特殊群体，联合多方资源提供各种帮助救助服务；统计下岗、失业、退休与老龄等人口为他们提供再就业、组织归属等协调性服务；让物业提供场地、居民组织提供人员、居委会协调各方资源为社区提供半商业半社会性的便利服务等。社区活动主要是由居委会发起推动、物业和居民组织参与执行，也有物业或居民组织自行开展而居委会支持的活动。这种地方政府—居委会主导、物业支持和居民组织参与的偏利共生模式表现出物资、资金、信息、技术、人员、资源等共生能量的双向传递性。

4. 共生机制：偏利共生型物业—居委会—居民组织协同机制

在地方政府支持居委会主导的社区参与发展过程中，地方政府、企业和NGO 提供了市场与非市场混合共生的环境，逐渐形成了居委会主导—物业支持—居民组织参与的偏利共生模式。在该模式中，居委会在地方政府支持下吸收新的共生能量，并在居委会与物业的双向互动中流动，且有部分仍流向居民组织，由此促进居委会和居民组织的能力发展，构成偏利共生社区共生系统中的物业—居委会—居民组织协同机制（见图5.6）。

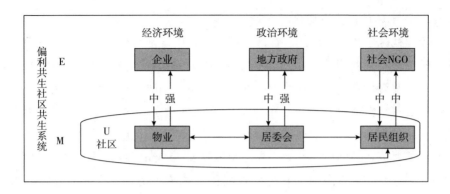

图 5.6 偏利共生型多元主体协同机制

(三) 成熟：互惠共生型多元主体协同机制（社区组织向准社会 NGO 的蜕变）

企业及其关联物业资源投入水平差异和居委会及其所属地方政府的主导参与力度不同会导致社区发展速度和建设水平有所不同。有的社区可能在某一水平上缓慢发展或长期停留于某种状态水平（资源投入相对较少、参与力度相对较弱），有的则经过飞速的发展日趋迈向有机和谐。这些趋于和谐的社区的共生单元、共生环境和共生模式也进一步改善，并带动了整个共生机制的演化。下面介绍其具体的发展变化：

1. 共生单元：弱异质性单元间多向关联

企业及其关联物业资源投入和居委会及其所属地方政府的主导参与将社区推向有机和谐。此时，物业在优化自身服务的基础上积极支持居委会和居民组织的发展，在开展与自身相关的培训、讨论、节日和主题活动等的情况下也适时适当有计划地支持居委会和居民组织开展的服务与活动。居委会仍主导社区参与事务，并将重点放在巩固已有功能和推动居民组织发展以及开展社区服务与活动上；同时，还在物业和居民组织帮助下进行组织功能创新。而居民组织则在物业与居委会支持下得到极大的发展，它们开始有组织、有计划、有纪律、能动地参与社区服务和活动，并有能力独立策划和开展社区服务与活动，体现极强的能动性；甚至有的居民组织不局限于社区而成长为社会 NGO，在更广阔的天地中参与（其他）社区服务与活动。随着社区内共生单元功能优化和能力成长，它们之间体现出弱异质性单元的多向关联。

2. 共生环境：非市场化（和谐）环境

企业社区参与行为中随着社区在有序运行中逐渐有机和谐，企业逐渐把以往尝试的规则制度化，将部分与社区密切相关的物业、资产经营等业务移交社区管理，并有计划定份额地给予社区经济支持，同时也仍然促进相关企业对社区进行公益投资或慈善资助，由此提供了社区经济环境。因社区建设成果斐然，受到中央政府和其他地方政府及其领导人的肯定，成为民政部、文化部树立的学习典范，被同行、社会各界甚至国际友人争先参观，其政治环境随之得到极大的提升，地方政府为社区建设提供最大程度的便利，并派驻专门人员（除已有的居委会人员外）社区参与，甚至根据社区需求进行必要的专项拨款。随着社区知名度的提升，其社会环境也日渐和谐，慕名而来的社会 NGO 与社区组织交流增加，促进了社区服务和活动的开展。总揽全局，虽然企业社区参与已融入企业经营过程中来，但是由政府和社会 NGO（包括社区成长起来的）提供构成的非市场环境占主导地位。在这种环境中，企业社区参与已成为一种经营性的 CSR 战略继续受到社会高度好评；地方政府也受到极好的考评；社会 NGO 进一步拓展了其社会网络。

3. 共生模式：NGO—居民组织能动的互惠共生模式

在居委会主导物业支持的社区参与中，居民组织体现出极强的能动性。它们积极参与社区基础设施的管理、护养和维修，社区组织之间关系协调、事务联络，社区服务和活动以及各类居民问题的解决，与物业、居委会建起互帮互补的友好合作关系。在基础设施上，如果有硬件设施、服务配套或宣传设施发生突发状况，居民报备居委会，居委会会联络联系相应的抢修应急志愿组织帮助解决问题。在组织建设上，居民组织中的志愿者队伍基本涵盖社区建设的方方面面，只要物业和居委会有需求，相应的居民组织就会参与帮忙，极具灵活性。在社区服务上，居民组织除了辅助物业和居委会提供服务，也会联合它们参与成立专门的特色服务机构，如残疾人阳光家园、长者服务中心、青少年发展空间等，还会自己成立服务小队，如白衣天使服务队（上门体检医疗）、邻里关系协调小组、敬老爱老志愿队等队伍有计划、有组织、灵活地为社区居民提供服务，与物业、居委会和社区机构服务形成良好的互补。在社区活动中，居民组织已成为中坚力量。除了配合物业和居委会开展活动，居民组织自己也会策划和组织各种各样的活动，如声乐、舞蹈、书法、摄影、绘画（作品赠予社区杂志社或网站）；包饺子、包粽子、做月饼、送鲜花（关爱社区孤、寡、老、残）等，很有特色和意义。居民组织开展大型活动时，往往也会请物业和居委会人员帮助。这种 NGO 居民组织能动、居委会主导、物业支持的互惠共生模式往往具有物资、资金、信息、技术、人员、资源等共生能量的多向传递性。

4. 共生机制：互惠共生型物业—居委会—居民组织协同机制

在居民组织蜕变为社会 NGO 的社区参与中，地方政府、NGO 和企业提供了非市场化的共生的环境，逐渐形成了居民组织能动—居委会主导—物业支持的互惠共生模式。在该模式中，共生能量在居民组织、居委会和物业的三方合作互动中产生，并多向流动，由此促进三方的共同发展，构成互惠共生社区共生系统中的物业—居委会—居民组织协同机制（见图5.7）。

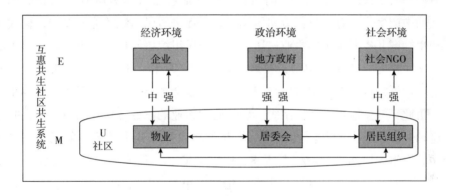

图 5.7　互惠共生型多元主体协同机制

五、案例讨论：从"住宅小区"到"和谐社区"

（一）"住宅小区"如何建设成"和谐社区"：社区建设理论构想

中国情境下"住宅小区"发展成"和谐社区"是一个建立社区组织（包括居委会和居民组织）开展社区活动，有效的活动强化社区组织功能的循环发展过程：首先，企业及其社区物业支持居民组织建立并发挥作用以及支持居委会发挥作用是社区转变的起点和持续建设的主线；其次，居委会及其政府关联和政治关联是提供社区服务和开展社区活动的主要合法性来源；最后，在物业与居委会的帮助下，居民组织通过有效的活动得以自我强化并在跨区域发展中成长为准社会 NGO。这个循环发展的过程以企业及其物业公司的参与为开端，在企业、地方政府和 NGO 提供的市场化共生环境下，逐渐形成了物业主导—居委会跟随—居民组织跟随的寄生共生模式。由此，共生能量从物业流向居委会和居民组织，从而促进居委会和居民组织的成长，构成寄生共生社区共生系统中的物业—居委会—居民组织协同机制。随着社区组织的成长，地方政府也参与进来支持居委会主导社区发展，在地方政府、企业和 NGO 提供的市场与非市场混合共生环境下，逐渐形成了居委会主导—物业支持—居民组织参与的偏利共生模式。由此，新的共生能量在居委会（地方政府）与物业的合作互动中产生，且有部分仍流向居民组织，促进居民组织的能力发展，构成偏利共生社区共生系统中的物业—居委会—居民组织协同机制。随着居民组织能力发展而蜕变为准社会 NGO，在地方政府、NGO 和企业提供了非市场化的共生的环境下，逐渐形成了居民组织能动—居委会主导—物业支持的互惠共生模式。由此，共生能量在居民组织、居委会和物业的三方合作互动中产生，并多向流动，促进三方的共同发展，构成互惠共生社区共生系统中的物业—居委会—居民组织协同机制。综上所述，中国情境下"住宅小区"发展成"和谐社区"的过程实质上是社区共生系统中共生单元（U）、共生环境（E）、共生模式（M）及其所构成的共生机制共同演化的过程（见图 5.8）。由此，本章得到如下命题：

命题 1a：强异质性单向关联的共生单元内部互动和市场化共生环境的外部影响，逐渐形成了物业主导—居委会跟随—居民组织跟随的寄生共生模式。由此，社区共生系统中共生能量从物业（企业）流向居委会和居民组织并促进其成长，构成寄生共生型协同机制。

命题 1b：弱异质性双向关联的共生单元内部互动和市场与非市场混合共生环境外部影响，逐渐形成了居委会主导—物业支持—居民组织参与的偏利共生模式。由此，社区共生系统中居委会与物业的合作互动产生新能量，且部分流向居民组织促进其能力发展，构成偏利共生型协同机制。

命题 1c：弱异质性多向关联的共生单元内部互动和非市场化共生环境外部影响，形成了居民组织能动—居委会主导—物业支持的互惠共生模式。由此，新能量在居民组织、居委会和物业的合作互动中产生，并多向流动促进三方的共荣发展，构成互惠共生型协同机制。

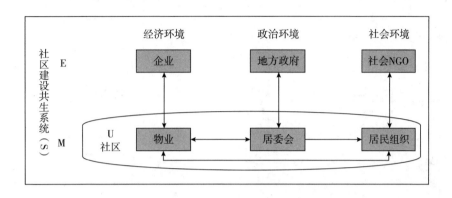

图 5.8　企业社区参与中的多元主体协同机制

表 5.4　不同发展程度的社区共生系统要素特点对比

要素	寄生共生型协同机制	偏利共生型协同机制	互惠共生型协同机制
共生单元	强异质性单元间单向关联	弱异质性单元间双向关联	弱异质性单元间多向关联
物业特征（1）：外在表现性质（n）：内在属性	（朋友） 独立物业公司 自主经营，自负盈亏 独立管理模式 服务专业化（市场化）	（兄弟） 全国性（品牌）房企的子公司 依托企业制度、智囊的母子公司管理模式 服务精细化（整合）	（父子） 区域性（本土化）房企（集团）的分公司 依托企业资金、智囊等的社区化管理模式 服务人性（非市场）化
居委会特征（1）性质（n）	1：n 共有居委会设于周边社区 基本公共服务 较少的政府关注	1：1（1：n） 共有居委会设于本社区 拓展和延伸公共服务 受到一定的政府关注和重视	n：1 本社区有多个独立居委会 创新公共服务 政府重点关注，与政府派驻组织或人员关系密切
志愿组织特征（1）性质（n）	较少：几支自发队伍 自发自在地组织活动 组织成员偶尔与社会 NGO 接触	较为丰富：各种社团协会队伍 有组织有章程地组织活动 不定期与社会 NGO 交流合作	非常丰富：多样化特色化发达 多项目多形式的组织活动 成长为社会 NGO，与其他 NGO 联系密切
共生环境	市场化环境	混合环境	非市场化（和谐）环境
经济：企业	中环境　弱反馈	中环境　强反馈	中环境　强反馈

要素	寄生共生型协同机制	偏利共生型协同机制	互惠共生型协同机制
政治：政府	弱环境　弱反馈	中环境　强反馈	强环境　强反馈
社会：NGO	弱环境　弱反馈	中环境　中反馈	中环境　强反馈
共生模式	企业—物业主导	政府—居委会主导	NGO—社区组织能动
基础设施（资源）	物业+ 居委会- 居民组织-	物业+++ 居委会++ 居民组织+	物业+++ 居委会++ 居民组织+++
社区组织（能力）	物业+ 居委会+ 居民组织+	物业+++ 居委会+++ 居民组织++	物业++ 居委会+++ 居民组织+++
管理服务（行动）	物业+++ 居委会+ 居民组织+	物业+++ 居委会+++ 居民组织++	物业+++ 居委会++ 居民组织+++
社区活动（行动）	物业++ 居委会- 居民组织+	物业++ 居委会+++ 居民组织++	物业++ 居委会++ 居民组织+++
共生特点	单向的能量流动；无新能量 有利于宿主进化	双向能量交流；总能量增加；最有利于第三方	以分工与合作为基础产生新能量；新能量按需分配
具体表现（能量与作用）	共生能量从物业（企业）流向居委会和居民组织，由此促进居委会和居民组织的成长	共生能量在居委会（政府）与物业（企业）的合作互动中产生，且部分流向居民组织，由此促进居民组织能力发展	共生能量在居民组织、居委会和物业的三方合作互动中产生，并多向流动，由此促进多方的共荣发展

注：关于环境强、中、弱的判断主要有两条依据：一是访谈数据中该环境访谈条目的多少；二是访谈数据内容中所体现出的经济（资金、物质数量）、政治（政策倾斜数量和力度）、文化（参与社区的 NGO 数量和开展的活动次数、时间）内容的多少。表中程度符号：+++表示高，++表示中，+表示低。

根据上述三个子命题，本章提出研究命题 1。

命题 1：共生单元的特征和性质为共生模式的形成奠定了内部基础；共生环境的性质和作用程度为共生模式的形成提供了外部条件；内外因素的双重作用促进形成了社区共生模式；进而，形成特定的多元主体协同机制。

进而，由本章可知，从无机的住宅小区建成开始，企业—物业社区参与是社区建设的开端，有的社区长期停留于这一过程，社区共生系统中企业与其他社区参与主体的互动长期处于寄生共生型协同，这在一定程度上有利于居委会和社区组织的发展，但并不利于企业的发展；而地方政府支持居委会主导社区建设是社区发展的转折点，部分社区由于地方政府的支持而转变，其社区共生系统中企业与其他社区参与主体的互动由寄生共生型协同转变成偏利共生型协同，这极大地促进了社区组织的发展；但社区组织发展到一定程度，并通过跨区域的社区参与成长为准社会 NGO 时，其社区共生系统中的多元主体关系则转变为互惠共生型协同，社区也逐渐有机和谐。

由此，本章提出研究命题 2。

命题 2：从"住宅小区"到"和谐社区"的过程是由寄生共生型协同机制向偏利共生型和互惠共生型协同机制逐步转变的过程。其中寄生共生型协同机制始于企业—物业的参与；而偏利共生型协同机制触发于地方政府对居委会及社区的支持；互惠共生型协同机制则形成于居民组织向准社会 NGO 的蜕变，三者的渐进式参与形成了社区建设的一般阶段性特征。

（二）研究启示

1. 对社区建设理论的发展

本章的研究提出了企业—社区物业、政府—居委会、社会 NGO—居民组织及其关系的具有层次结构的社区建设三元分析范式，并改进了中国情境下的社区发展理论。已有的社区建设理论主要有三大视角（第二章已详述）：行政社区建设理论（卢汉龙，1996；唐忠新，1999，2001）、自治社区建设理论（沈关宝，2000；于燕燕，1999；陈伟东、李雪萍，2005；向德平，2006）和社区治理理论（徐中振、徐珂，2004；陈伟东、李雪萍，2004）。本章将社会合作伙伴关系、社区参与及共生理论整合起来，并将企业主体纳入了社区建设的过程研究，提出了社区建设多层次三元分析范式，为社区建设研究提供了新思路，属于社区治理理论思想的拓展与延伸。从具体的研究发现来讲其贡献如下：

第一，解析了推动社区发展的多元主体协同机制。作为共生单元的物业—居委会—社区组织的特征和性质为共生模式的形成奠定了内部基础；企业—政府—社会 NGO 提供并决定了共生环境的性质和作用程度，为共生模式的形成提供了外部条件；内外因素的双重作用促进形成了各主体间的社区共生模式；进而，形成社区共生系统中特定的多元主体协同机制。

第二，发现了社区建设的一般阶段性特征。中国情境下"住宅小区"发展成"和谐社区"的过程中，首先，企业及其社区物业的参与是社区建设的开端，由此形成社区共生系统中的寄生共生型协同机制；其次，地方政府对居委会及社区的支持是社区建设的转折点，由此形成社区共生系统中的偏利共生型协同机制；最后，居民组织成长为准社会 NGO 是社区建设成熟的标志。三者的渐进式参与形成了社区建设的一般阶段性特征。

第三，回答了"'住宅小区'如何建设成'和谐社区'"问题。中国情境下"住宅小区"发展成"和谐社区"的过程实质上是社区共生系统中共生单元、共生环境、共生模式及其所构成的共生机制共同演化的过程。因为共生单元和共生环境内外作用决定共生模式，从而形成特定的共生机制，所以从"住宅小区"到"和谐社区"的发展过程体现为社区共生系统中的多元主体由寄生共生型协同机制向偏利共生型协同机制过渡，进而向互惠共生型协同机制转变的过程。

2. 对共生理论的拓展

首先，将共生理论引入社区建设平台的社区参与和社会合作中，拓展了共生理论的应用范围。不同于以往共生理论在社会领域、工业生态、企业管理、技术领域等中的应用，本研究将其应用于管理学（CCI 战略）与社会学（社区建设）所交叉的企业社区参与领域，按照理论构建需要采用了嵌入式纵向多案例研究方法，并发现了多元主体间的寄生模式、偏利共生模式以及互惠共生模式（见表 5.5）。

表 5.5　共生理论在经济社会领域的应用对比

运用领域		代表作者	共生模式分类	方法
企业社区参与：企业战略和社区建设的交叉领域		程鹏璠等（2014）	多元主体间的寄生共生模式；偏利共生模式；互惠共生模式	嵌入式纵向多案例研究
已有研究	工业生态	Frosch 和 Gallopoulos（1989）；Rosenthal 和 Galliard（1996）；Boyle 和 Baetz（1997）；Keckler 和 Allen（1999）；Ehrenfeld（2003）；王兆华（2002）；高伟（2006）；郭莉和苏敬勤（2005）；张萌等（2008）	自主、复合实体共生；平等型、依托型、嵌套型、依赖型和单方获利型；主导型、对等型、复合型、虚拟型	案例研究 逻辑斯蒂增长模型

续表

运用领域		代表作者	共生模式分类	方法
已有研究	企业管理（企业集群、银企共生、合资企业等）	Varadarajan 和 Rajaratnam（1986）；Bonaccorsi（1992）；Murray B. L.（1997）；Geroski P. A.（2001）；斯蒂格利茨（1998）；袁纯清（1998）；吴飞驰（2000）；徐学军等（2007，2008，2009）；王子龙、谭清美等（2006）；王宇露（2008）	卫星式和网站式；中心型、金字塔型、多中心型、嵌套型；对称；依赖共生和非对称依赖共生	问卷调查访谈回归分析逻辑斯蒂增长模型
	技术创新	Praveen A.（1995）；Esben S. A.（1999）；聂荣等（2006）；生延超（2008）；于惊涛等（2008）；薛伟贤和张娟（2010）	网络式及辐射式	实证研究
	其他领域（社会学）	Adler（1966）；冷志明和张合平（2007）；胡守钧（2006）；王珍珍和鲍星华（2012）	无	以定性分析为主

其次，将两个单元间的共生关系研究扩展到多单元共生关系研究。共生理论主要研究两个共生单元或共生种群之间的相互关系；本研究将其拓展应用于分析三个异质性单元间的多元联系。并发现了三种共生关系，即一个单元作为寄主，其余两个单元作为宿主的寄生共生关系；两个单元互动产生新能量，另一个单元部分吸取新能量的偏利共生关系；三个单元多方互动产生新能量，并按需分配的互惠共生关系。这一从二元共生拓展到三元共生的研究发现为以后多元共生关系的研究提供了新的视野和广阔的发展空间。

最后，将共生理论的静态研究动态化，明晰了共生模式具有随共生单元和共生环境演化的特征。以往的研究关注多种共生现象及其共生关系，将共生理论应用于静态描述；本研究通过嵌入式的纵向研究表明，共生模式会随着共生单元性质和特征的改变、共生环境性质和作用程度的影响而发生演化。如企业及其社区物业的参与使社区系统中的物业—居委会—居民组织形成寄生共生模式；随着居委会和居民组织的成长以及地方政府（政治环境）的参与支持，寄生共生模式转变为偏利共生模式；随着居民组织成长为准社会 NGO，偏利共生模式又进化为互惠共生模式；由此可知，共生模式是随着共生单元与环境的改变和发展而进化的。

3. 对企业社区参与研究的丰富

首先，丰富了中国情境下企业社区参与研究。Loza（2004）的研究表明，可通过社区组织能力构建来建立企业—社区组织（NGO）合作伙伴，他认为这种关系能使企业、社区组织获益，并最终有益于公司嵌入社区和社区组织服务社区；Muthuri、Chapple和Moon（2009）认为，企业参与社区治理能改变社区内治理角色和社会行为，促进社会发展，强调某类合作伙伴关系对社区的影响或对企业的影响。然而，上述研究结论所基于的西方情境中，社区成立之初就已经有体系成熟、管理规范的社区组织入驻社区；而在中国经济与社会转型时期，"住宅小区"建设之初社区组织缺乏或弱小，CCI行动是缺乏可合作的社区组织的。事实上，中国的企业社区参与行为是一个建立社区组织开展社区活动，有效的活动强化社区组织功能的循环发展过程。在"住宅小区"转化成"和谐社区"的比较成功的案例中，实力雄厚的企业是这一循环发展过程的重要推动者，更多的企业因自身条件的限制而停留在参与过程的某个阶段。本章认为中国式企业社区参与的触发点是企业及其社区物业的参与；转折点是地方政府对居委会和社区的支持；成熟的标志是居民组织向准社会NGO的蜕变。

其次，本章丰富了企业社区参与的过程研究。已有的研究对企业社区参与的原因与目的、影响因素、参与方式、与绩效的关系都有一定程度的研究，而其过程研究主要停留在CCI步骤和阶段总结上，如Carroll和Buchholtz（2004）总结认为企业社区参与的基本步骤包括：了解社区、了解公司的资源、选择项目和监督项目四个方面。Mahtani（2003）总结中国香港企业的实践，认为其社区参与过程包括：了解社区与企业、制订计划、对执行的监督与反馈三个步骤。本章通过嵌入式纵向分析对CCI过程中企业与其他组织的互动机制及其演进过程进行了纵向刻画，发现了CCI过程中由寄生共生型、到偏利共生型再到互惠共生型多元主体协同机制的演化。

（三）实践启示

1. 对于参与社区建设企业的启示

企业社区参与行为中已有的成功经验为社区参与企业提供了借鉴。虽然将"住宅小区"推动建设成"和谐社区"的主要是一些实力雄厚的企业及其社区物业，但值得学习的是它们推动的路径和方式。如在寄生共生的多元互动中，它们成立社区组织并促进其发展，使居委会的政治关联得到触发而产生作用；而在偏利共生的多元互动中，物业与居委会的交互作用对社区组织的成长产生巨大影响，使其蜕变为准社会 NGO，由此激发其能动性等，这些都是值得企业关注和模仿的。

2. 对于参与社区建设半政府性质的居委会的启示

企业社区参与行为中作为政府延伸组织的居委会发挥了不可估量的作用。它们是政府与社区关系纽带的核心节点，起到上传下达、下诉上听的作用，是各参与方开展社区活动的主要合法性渠道组织。因此，企业及其物业参与支持其能力建设具有重要的影响。同时，居委会能力的发展对物业的参与和居民组织的发展也有巨大的正向作用，所以居委会应在企业及其物业的支持下努力进行能力建设，并发挥其在社区建设中的积极作用。

3. 对于参与社区建设的居民组织的启示

企业社区参与行为中居民组织是在企业及其物业公司参与引导下成立，在地方政府支持居委会主导社区建设下成长，在其开展活动和提供服务的过程中发挥其能动性、自我完善并蜕变为准社会 NGO 的。进而，成长起来的社区组织与物业及居委会形成互惠共生的社区参与关系，共同推动社区有机和谐。由此，明确了居民组织的发展路径及其在社区建设中的重要作用，可供广大社区居民效仿。

第六章　企业社区参与中的
合法性形成与演化

　　中国 CSR 中的社区参与行为研究的三大基本问题中，第三章通过企业社区参与中的社区分类研究解决了第一个基本问题，回答了"企业社区参与推动形成了什么样的社区"；第四章和第五章通过企业社区参与中的模式和机制研究共同解决了第二个基本问题，回答了"企业如何通过社区参与来推动社区建设"；本章期望通过企业社区参与中的合法性形成和演化研究来解决第三个基本问题，回答"企业社区参与的过程与结果是如何演化的"。

一、本章研究问题

　　"合法性"（Legitimacy）是一种"能够帮助组织获得其他资源的重要战略资源"，它有助于增强企业竞争优势（员工承诺、顾客忠诚、投资者吸引力、公共关系等）（Williamson，1999；Zimmerman and Zeitz，2002）。在合法性研究领域中，制度学派强调"合法性机制"（用于解释组织趋同）所体现出的制度力量对企业的影响，认为合法性的获取是对制度环境压力的回应（Meyer and Rowan，1977；DiMaggio and Powell，1983），他们主张通过组织模仿和趋同来获取合法性，如进行行业内部的合法性模仿，利用标杆效应、社会公关等达到组织趋同（Deephouse，1996；Deephouse and Suchman，2008；宋铁波、曾萍，2011）。而战略学派则侧重企业自身能动性的发挥，认为合法性的获取是企业适应和改变制度环境的过程，他们主张通过战略性行为来获取合法性

（Suchman，1995；Zimmerman and Zeitz，2002），如采取跨国经营行为（Gifford et al.，2010；田志龙、高海涛，2005）、创业行为（Tornikoski and Newbert，2007）、战略联盟（Dacin et al.，2007）和企业社会责任（CSR）行为（Bowen，Newenham-Kahindi and Herremans，2010）等来获取合法性。这些研究虽然指明了合法性获取的方式和战略途径，但并没有在特定领域中阐释合法性形成与演化的微观机制（Aguinis and Glavas，2012），如企业及其利益相关者的互动行为过程以及各类行动者的能动性如何产生影响等（George and Bennett，2005）。这一空缺的填补（即微观机制的研究）将为企业在实践中获取和提升目标合法性提供可操作性的指导。

近年来，CSR 领域研究 CSR 实施过程的战略—行为—结果的传统研究范式为企业合法性的形成与演化提供了整体性研究框架（Panapanaan et al.，2003；Maignan et al.，2005；Maon et al.，2009；），而社会心理学对个体或群体在社会互动中的互动行为分析为其提供了微观基础（Postmes et al.，2005；Van Zomeren et al.，2008；Thomas et al.，2014），它们共同给出了一个具有互动特点的整体性分析思路。特别是在新近的研究中，企业社区参与（Corporate Community Involvement，CCI）作为企业履行对顾客和社区社会责任（CSR）的方式之一，是指企业与社区内政府延伸组织、居民组织及居民共同解决社区社会问题的行为及过程（Bowen et al.，2010；Liu，Eng and Ko，2013）。在中国鼓励企业参与和谐社区建设的基层治理体系下，CCI 作为一种天然具有企业嵌入性、多方互动性和参与持续性等特点的实践行为，易于使企业获得合法性（博得社会认同和获得社会影响）（Hess，Rogovsky and Dunfee，2002；Idemudia，2009；Bowen et al.，2010）。这为企业合法性的形成与演化提供了合适的分析情境。

本章借鉴 CSR 研究范式和社会心理学微观过程分析的理论思想，通过对百步亭与万科 CCI 的纵向案例研究来回答：首先，CCI 过程中企业形成了哪些合法性？其次，这些合法性在不同的 CCI 阶段发生了哪些变化？最后，这些合法性是如何在企业与环境的互动中形成的以及为什么会产生这些变化？本研究的理论价值与实践价值在于以下三个方面：一是打开了企业合法性形成与演化的过程黑箱。从 CCI 情境出发，借鉴 CSR 实施的战略—行为—结果的过程分析框架，整合了企业改变自己适应环境和改变其所处的环境两条合法性获取途径，构筑了合法性形成与演化的过程机制，对特定领域合法性形成与演化过程研究进行了有益补充。二是突破了以往单纯从企业角度探讨企业合法性获取的研究局限。将与企业相关的其他社区参与主体纳入研究框架，引入了社会心理学研究社会互动的行为角色、行为动机和行为方式维度来分析 CCI 战略下的企业—居委会—志愿者互动行为，深化了对合法性形成与演化微观过程的理解，并由此发现了合法性的演化特征，界定了其变量属性。三是丰富了 CSR 过程的相关研究。通过解析不同 CCI 阶段中不同 CCI 战略的实施过程，发现了社区能力对合法性形成的促进作用，即 CSR 能启动、发展和丰富社区能力从而提升企业合法性，这是对 CSR 与合法性关系纽带节点的有力补充。研究结论不仅为社区参与实践提供借鉴，有助于启发进行社区参与的企业制定战略、采取行动、控制过程及修正结果，也为企业获取合法性提供指导，有助于引导企业采取合适可行的路径机制来获取目标合法性。

二、理论分析框架

企业合法性理论已经得到国内外研究和实践领域的广泛关注，而 CCI 正是西方理论界的热门话题，但在国内它作为企业履行社会责任的一种方式还处于实践探索的过程中。本部分将对相关文献进行回顾和总结，根据已有的洞见找到特定思路来指导本研究，并解答已提出的问题。

(一) 企业合法性及其分析路径和微观基础

企业合法性分类为我们提供了可能获得的合法性类型。企业合法性是指在一个由社会构建的规范、价值、信念和定义的体系中，企业行为被承认、认可和接受的程度 (Scott, 1995; Suchman, 1995; 赵孟营, 2005)。作为一种能帮助企业获取其他资源的重要无形资源，学界往往根据所研究的合法性来源进行分类 (Zimmerman and Zeitz, 2002; 杜运周、张玉利和任兵, 2012)。合法性按其来源可分为内部合法性和外部合法性。Singh 等 (1986) 认为，合法性来源是那些对企业进行观察并做出合法性评价的内部和外部受众，其中外部来源包括政府、许可证颁发机构、资助机构、知识分子、专业组织、工会、商界、公众舆论及媒体 (Deephouse, 1996); 内部来源包括员工、经理、人事专家、董事会成员等（陈扬、许晓明和谭凌，2012）。国内学者通过学理论证（赵孟营，2005）和实证分析（乐琦、蓝海林，2012）确认了这一分法。虽然 Scott（1995）把合法性分为规制合法性、规范合法性和认知合法性颇受学界认同，但该分法主要关注的是企业的外部利益相关群体（政府、上下游企业、社会公众）对企业行为的认知和评价。而 CCI 过程涉及企业与内外部群体互动，除外部的利益群体因素作用外，内部利益群体也可能产生有力的影响，因此，本章倾向于内部合法性和外部合法性的二分法，这为合法性形成与演化过程分析奠定了有益的基础。

CSR 是企业获取合法性的重要途径。持制度观者认为，CSR 是企业对制度环境所形成的合法性压力的回应，企业可以通过发布 CSR 报告、披露公司信息、进行捐赠、参与慈善活动等改善自身行为的方式来获取合法性（Aguinis and Glavas，2012）。而持战略观者认为，CSR 是企业战略的一部分，企业通过履行社会责任产生有益于社会的结果，其利益相关者认知、观测 CSR 结果做出对企业行为的评价，从而实现合法性目标（Bridoux and Stoelhorst，2014）。在新近的研究中，Zhao（2012）强调企业的能动性及其追求合法性的战略性，通过中国、俄罗斯及跨国公司的研究识别了四种基于 CSR 的合法性战略，并揭示了不同的公司如何选择基于 CSR 的合法性战略来获取合法性。Yang 和 Rivers（2009）通过对跨国公司子公司的 CSR 实践分析表明，企业运营的制度环境及其利益相关者需求所形成的内外部合法性压力影响 CSR 实践，从而产生合法性。Johansen 和 Nielsen（2012）认为，CSR 作为一种同质过程能产生符合社会规范和期望的价值从而影响合法性，进而衍生独特的组织机会。可见，已有的 CSR 研究虽然暗含了企业改变自己适应环境和改变其所处的环境两条合法性获取途径，但尚未在战略—行为—结果的主流 CSR 研究范式下打开其行为过程黑箱，探索合法性形成与演化的微观机制（Aguinis and Glavas，2012）。而正是微观机制对企业与利益相关者的互动行为过程以及各类行动者的角色、动机、方式演变关系的探讨为 CSR 实践和合法性的获取提供了可操作性的指导。

社会心理学对微观社会过程的研究为合法性的形成和演化提供了借鉴。社会心理学在社会互动情境下从角色、动机、方式等维度来探讨个体与群体行为，由此理解微观社会过程（Maignan et al.，2005；Maon et al.，2009）。行为角色是理解社会互动行为的基础，角色理论试图从人的社会角色属性解释其行为的产生、发展和变化（Blumer，1980）。处在一定社会地位上的角色受自身角色期望、社会或他人对该角色期望的影响，角色主体在行动中总是不断通过与其他角色互动来调整和完善自身行为，从而逐渐形成其特有的行为方式（Thomas and Mcgarty，2009）。社会关系系统中的主体因其角色不同，社会对其的期望不同，其行为方式一般不同。即使不同行为主体扮演同一种角色，由于每个行为主体自身的个性心理特点不同，它对社会期望的知觉、对角色性质的理解、对角色失调时采取的解决办法都各不相同，其行为方式也就各有特色（Thomas and Mcgarty，2014）。由此，行为方式也是考察互动行为的重要维度。而行为动机则是推动主体行为活动的内在原因，是引起、维持主体活动，并使活动朝某一目标进行的内在动力（Ginges and Atran，2009）。现有的社会心理学研究发现，40%~60%的个体是亲社会的，他们在社会互动活动中，更倾向于提升自身与他人的共同利益（De Cremer and Van Lange，2001）。亲社会行为动机理论主要有两种取向，一是利他取向，包括基因决定论、移情—利他主义、消极状态缓解模型等；二是利己取向，如社会交换理论（甘琳琳、佐斌，2006）。由于不同社会群体参与同一事件的动机可能是异质的；而同一行为也可能有多种动机（Stefan et al.，2005），因此主导群体行为的动机是考察行为过程的关键维度。一个领域的微观基础是基于其微观主体的行动与互动的（Foss，2011），那么在 CCI 情境中由企业行动和社区内组织参与互动而构成的整个行为过程就是合法性形成与演化的微观基础。本章将借鉴社会心理学对微观社会过程的考察维度（行为角色、行为动机和行为方式）来理解 CCI 中合法性的形成与演化过程。

（二）社区参与及其与合法性的关系

"社区参与连续体"为 CCI 阶段划分和 CCI 战略识别提供可能。社区参与（Community Involvement）是社区内外部群体以及居民参与解决社区社会问题的行为及过程（Bowen et al.，2010；肖林，2011）。Bowen 等（2010）分析近十年来社区参与的相关文献时发现了"社区参与连续体"（Continuum of Community Engagement），认为这些文献随时间的发展数量递增，地理分布扩散，研究方法有所演化，且随着研究的发展发现社区参与水平也逐渐提高，并基于该连续体归纳了三种 CCI 战略：①交易性参与战略（Transactional Engagement），指企业通过对社区单向分享信息、进行慈善捐赠、构建社区能力和开展员工志愿活动等行为来进行社区参与的指引；②桥梁性参与战略（Transitional Engagement），是企业采取与社区内利益相关者对话、公共咨询、合作或建立合作伙伴关系等行为来实施活动的指引；③转型参与战略（Transformational Engagement），指企业通过与社区内群体进行合作项目管理、共同问题解决和联合决策等行为进行参与的指引。由此可见，随着社区参与的深入企业会调整或改变CCI战略，因此本章也期望识别出中国情境下的CCI阶段及其相应的战略。

社区参与过程涉及企业、政府、NGO和志愿者等行动者的行为。其中，企业的行为方式有引导交流、教育、游说、督导、合作等，其行为动机有社区投资、社会责任和改变社会等（Morsing and Schultz, 2006; Scantlebury, 2003）；而政府部门则有信息提供、单方咨询、过程合作、社区决策参与等行为（Bowen et al., 2010）；志愿者的行为方式包括提供信息和咨询、联合决策、联合行动、给予支持等，而其行为动机主要有利他动机、工作有意义、组织公民、角色多样化、构建关系网络等（Pajo and Lee, 2011）。Hashagan等（2002）认为，社区组织的行为角色包括被动接受者、积极反应者、参与者、授权者和领导者等。但目前的研究都只较为详尽地考察一类行动者的行为，本章希望通过行为角色、行为动机和行为方式来考察企业、居委会（政府延伸组织）、志愿者三种在CCI过程中较为活跃的行动者之间的互动，以此来探究合法性产生的关键互动过程。

CCI战略能使社区能力发展和企业获得合法性（Bowen et al., 2010）。其中，社区能力是存在于社区之内、能够被用来解决社区社会问题、维持或提高社区福利的社区资源、组织能力和社会资本的互动（Chaskin, 2001）。CCI有助于社区能力发展，如Brammer和Millington（2003）认为CCI能使社区获得金钱、慈善物质和员工志愿者时间等资源；而Loza（2004）认为企业可以从维持社区经济的可持续性，为人员提供知识和技能培训，增进组织信息的获取、使用和传播，以及支持建立社区工作网络和与其构建合作或联盟等几个方面来构建社区能力。同时，CCI也能使企业获得合法性（Morsing, 2006; Heugens et al., 2002; Selsky and Parker, 2005）。例如，Backhaus等（2002）表明CCI能增加雇员吸引力；进而，Veleva（2010）认为CCI能使企业获得公司声誉、顾客忠诚、经营许可和投资者信心等外部关系，并能使员工忠诚、有道德、工作满意度高且多产。已有研究虽然发现CCI战略与社区能力和企业合法性之间的联系，但并未对其过程以及社区能力和企业合法性之间的关系做进一步探讨。

（三）对已有研究的评述及本章研究框架

企业合法性和 CCI 文献为 CCI 过程中企业合法性的形成和演化提供了研究基础：第一，存在不同种类的合法性，包括外部合法性和内部合法性；第二，CSR 研究包含了企业改变自己适应环境和改变其所处的环境两条合法性获取途径；第三，社会心理学用行为角色、行为动机和行为方式来分析个体或群体行为；第四，CCI 过程可能涉及企业、政府（延伸组织）和志愿者等行动者的行为互动；第五，CCI 战略能促进社区能力发展和企业获得合法性。

基于此，本章构建了一个整合的理论分析框架（见图 6.1）。拟通过纵向双案例研究，首先用 CSR 实施过程研究范式作为一个整体性的研究框架来分析各 CCI 阶段中案例企业合法性的横向形成过程，即 CCI 战略、互动行为和结果及其相互关系；其次用社会心理学行为变量的角色、动机、方式等维度来研究 CCI 中行动者互动行为及其演变，解析案例企业内外部合法性形成的微观过程机制及其随 CCI 阶段发展的演化过程，并揭示其演化特征。

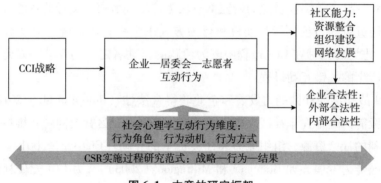

图 6.1　本章的研究框架

三、纵向双案例研究设计

（一）方法定位

本章对 CCI 过程中的合法性形成与演化进行研究，涉及 CCI 战略实施过程中企业究竟获得了哪些合法性（what），它们在如何演化（how），为什么会形成这些合法性和发生演化（why）等问题，适合使用案例研究方法（Eisenhardt，1989）。CCI是新时期新情境下具有中国特色的案例背景，为使本章以一个较为全面和整体的观点去呈现其过程中企业合法性形成，清晰地挖掘和深入地理解各阶段的合法性演化，揭示隐藏在现象之后的更深层原因（Yin，2003），本章拟选择纵向案例研究法。

单案例研究能对现象进行深入的挖掘，增强理论的说服力（Siggelkow，2007）；而多案例研究则可实现单个案例之间的复制和拓展，刻画出更为完整的理论图画（Eisenhardt，1989）。本章基于理论完整性和说服力的考虑，既对现象深入挖掘又遵循多案例的复制和拓展逻辑，采用集两法之长的双案例——这一特殊多案例研究方法来进行纵向研究（Yin，2003），即选取两个不同特色企业来深度挖掘其社区参与过程中企业合法性的形成与演化，采取差别复制的方法，通过研究其共性和特性来得出结论，共性相互印证，特性互为补充，从而提高研究设计的周延性和外在效度，并提高结论的说服力（Yin，1981）。

（二）案例选择

首先，选择房地产企业作为案例对象。从1998年我国开展"社区建设试验"到"全国和谐社区建设示范创建活动"至今，有近10%的社区被民政部评选为"全国文明社区示范点""全国和谐社区建设示范社区"等。在这些社区在建设过程中，由于政府投入的限制和社区组织的缺乏，进行社区房屋建设的房地产企业便在政府号召下成为最主要的社区参与企业之一。一方面，房企及其下属公司的业务涉及社区建设、管理、服务整个过程，与居民生活持续且密切相关，可通过社区参与来持续履行对社区和顾客的责任；另一方面，房企一般通过其总公司、开发和物业等相关公司参与解决社区社会问题来获取顾客认可和社会认同，从而产生较好的企业绩效。

其次，根据本研究的目的，在选择案例房企时考虑如下三点：第一，选择有10年以上CCI经验，且由此获得政府、行业和社会好评最多的房企，从而保证案例的典型性；第二，选择一个具有区域代表性的地方性企业和一个具有多区域复制性的全国性企业，由此增强案例的代表性；第三，所选房企参与的社区与研究组成员同在一个地理区域（武汉市），且双方关系良好，有利于经常性地开展实地调研。由此，最终选择了百步亭集团有限公司（简称"百步亭"）及其参与的核心地产项目——百步亭花园社区（以下简称百步亭社区）

与万科企业股份有限公司（简称"万科"）及其参与的典型品牌项目——武汉万科四季花城（以下简称四季花城）作为案例对象（见表 6.1）。

表 6.1　案例描述

企业	百步亭集团有限公司：1995 年	万科企业股份有限公司：1984 年
性质	民营企业集团	上市公司
经营范围	房地产开发、社区建设、物业管理、文化产业、酒店和医药经营	房地产开发、物业服务
社区产品分布	集中于武汉市	分布于全国 53 个大中型城市
公司愿景	把百步亭建设成"中国第一，世界一流"的社区品牌（"中国和谐社区"的样本）	成为中国房地产行业持续领跑者
CCI（子/分）公司（时间，简称）	百步亭集团（2003 年，集团公司）负责百步亭房地产业和其他行业业务运营；武汉安居工程发展有限公司（1995 年，开发公司）负责百步亭社区及配套开发；百步亭物业管理有限公司（1998 年，物业公司）负责百步亭社区的物业服务；百步亭资产经营公司（2003 年）负责社区商业配套管理	万科企业股份有限公司（1993 年，万科总部）负责全国万科地产、物业等的运营；武汉万科房地产有限公司（2001 年，万科地产）负责武汉万科房地产开发；武汉万科物业服务有限公司（2002 年，万科物业）负责武汉所有万科社区物业服务；武汉万科四季花城物业服务中心（2005 年，花城物业）负责四季花城物业服务
CCI 对象	百步亭花园社区（1995~2012 年）	武汉万科四季花城（2001~2012 年）等
CCI 规模	社区占地 4 平方千米，入住 13 万人。规划将建成一个占地 7 平方千米，入住 30 万人的百步亭新城	社区是秉承深圳四季花城"欧洲小镇"设计风格结合武汉人居特点，入住约 3 万人，占地 1.3 平方千米的低层低密度生态社区
CCI 效果	从"位置偏僻，地势低洼，水电路等设施空白，蚊子多、小偷多的住宅小区"到"科教、文体、卫生、普法事业齐全，路不拾遗、夜不闭户的邻里相亲相爱、可持续发展的现代文明社区"	从"面对白领新锐、邻里关系淡漠、周边环境无序的小区"到"老有所依、幼有所教、睦邻友好、紧扣时代主题和注重居民需求的文化娱乐活动丰富的低密度生态社区"
CCI 影响	达到"不管市场冷暖都不愁销售"的境界；湖北省房地产综合实力第一名；国家一级房地产开发企业；连续 6 年住宅质量零投诉；物业管理与社区管理结合的行业领跑者，物业管理标准制定者之一；湖北省市场行业十佳等	销售规模 10 年来一直保持第一；物业服务通过全国首批 ISO9002 质量体系认证；连续七次获"中国房地产百强企业综合实力 Top10"称号；连续八次获"中国最受尊敬企业"称号；连续七次获"中国最佳企业公民"称号；等等

注：文中的"企业"指在企业成立、发展和转变过程中所有进行 CCI 的总公司、分公司、子公司或由分公司转变成的子公司等的统称，当涉及某一（子/分）公司独立行为时称其公司名。

（三）数据收集

鉴于多源数据的三角验证能提供更精确的信息和更稳健的理论结果（Eis-enhardt，2007），本章将访谈和实地观察作为核心的数据收集方式，辅以文件调阅、数据库历史文献，公开网络资料进行验证。①访谈和实地观察（见表6.2）。访谈包括开放式访谈和半结构化访谈。研究初期采用开放式访谈，让受访者畅所欲言，用备忘录检查访谈进展；正式研究中主要依据访谈提纲采用半结构化访谈。访谈对象主要为案例企业人员、居委会成员、志愿者和居民。为保证访谈效度，所有被访者均需满足以下三个条件之一：一是案例企业或社区组织内的主要成员；二是经历了长期CCI的资深居民；三是曾深度参与CCI某一过程的居民。伴随着访谈的进行也参加社区开展的相关活动，并进行实地观察。整个访谈与观察始于2011年8月，并随着信息挖掘的深入一直持续到2013年3月。每一次访谈持续45~120分钟，所有的访谈和观察都在24小时内进行转录和记录成文字资料。②文件调阅，主要指在案例企业或社区阅读与研究主题相关的各类历史文件，包括会议记录、公文、档案资料、内部杂志和报纸、活动纪录片、社区工作者日志、居民感谢信、志愿者故事集锦等，并在对方许可的情况下复印、拍摄或拿取其中部分资料。③数据库检索的历史文献，包括历年来与案例企业和社区相关的研究，以及与其主要领导者讲话相关的文献和报纸。④公开网络资源资料，包括由案例企业或社区主办、承办或参与的网站（如社区文明网、中国社区志愿服务网、武汉社区在线、百步亭花园网、武汉万科会等）以及各种涉及CCI活动报道的网站（腾讯·大楚网）资料。

表6.2　深度访谈与实地观察

访谈对象	四季花城	百步亭社区	访谈核心问题概要
企业	总人数：8人 企业高管2人 工程技术专家1人 社区活动专员1人 地产/物业员工4人	总人数：9人 董事会成员1人 企业高管2人 中层管理者2人 开发/物业员工4人	CCI历程，重大事件；（纵向CCI阶段） 不同CCI阶段企业采取的战略、企业与其他社区参与者的互动行为（行为动机、行为角色和行为方式）及其产生的结果；（合法性形成） 企业在不同CCI阶段的感受和获益（合法性演化）
居委会	总人数：4人 主任1人 成员3人	总人数：8人 主任3人 副主任2人 成员3人	居委会的发展过程、社区参与历程和重大事件； 各CCI阶段居委会与其他社区参与者的互动行为及其产生的结果； 各CCI阶段居委会对CCI的评价

访谈对象	四季花城	百步亭社区	访谈核心问题概要
志愿者	总人数：8 人 员工志愿者 3 人 居民服务/活动志愿者 5 人	总人数：15 人 员工志愿者 5 人 居民服务/活动志愿者 10 人	志愿者组织发展过程（形成、管理、激励和维持），社区参与历程和重大事件； 各 CCI 阶段志愿者与其他社区参与者的互动行为及其产生的结果； 各 CCI 阶段志愿者对 CCI 的评价
居民	总人数：10 人 空巢老人 2 人 残疾人 2 人 其他 6 人	总人数：9 人 空巢老人 6 人 残疾人 3 人	企业、居委会和志愿者的社区参与历程，重大事件； 各 CCI 阶段居民对企业、居委会、志愿者社区参与互动行为及其结果的描述和对 CCI 的评价
实地观察项目	万科——四季花城： 旁观居委会换届选举活动 参与端午节"包粽子"活动 参与新年筹备活动（为居民磨刀、写对联等） 参观旧物交易活动 参观长者服务中心（阅览室、文化室、活动厅） 参观社区文化长廊（社区活动史） 参观成人教育学校	百步亭——百步亭社区： 旁听百步亭集团例会 旁听第一居委会"元旦晚会策划"会议 参与社区居民晨练活动 参与第三居委会"饺子节"和"文艺晚会" 参与武汉中粮和湖北红太阳献爱心活动 参观社区老年大学并参加其摄影活动 参观社区服务中心、活动室、文化栏	

（四）数据分析

数据分析是案例研究构建理论的核心（Eisenhardt，1989），而真实可信的经验事实则是理论构建的基础（Van Maanen，1988）。为最大限度地再现经验事实，本研究通过主题分析与变量界定、阶段识别、内容分析和编码三轮逐步深入的分析，力图客观把握 CCI 过程，在此基础上挖掘事实背后的理论含义。

1. 主题分析与变量界定

根据多来源的初始案例数据，研究者多次在研究团队内部会议和研究所会议上报告和讨论调研情况，并凝练形成初步的研究主题——"企业合法性研究"，主要探讨 CCI 过程中企业—居委会—志愿者的协同互动和社区能力成长所形成的企业合法性及其演化现象。进而，研究者在此基础上将一手数据和二手数据分别交给同研究组的不同人员确认，并通过文献阅读、专家指导和团队讨论识别出"CCI 战略""企业—居委会—志愿者互动行为""社区能力""企业合法性"四个与研究主题相关的核心变量。

基于文献与数据的初步匹配，本章对变量做了如下界定：CCI 战略指企业与社区内不同群体共同解决社区社会问题的行为模式的指引；企业—居委会—

志愿者互动行为包括企业、居委会和志愿者三大行动者互动的行为角色、行为动机和行为方式；社区能力指社区所获得或形成的能够被用来解决社区社会问题的社区资源、组织和网络；企业合法性指在中国"构建和谐社会"大背景下，CCI 行为被承认、认可和接受的程度；其中，内部合法性指 CCI 被企业内的员工、专家、管理者、董事会成员等内部人员承认、认可和接受的程度；外部合法性指 CCI 被政府、行业机构、相关企业、公众、顾客等外部群体承认、认可和接受的程度。

2. CCI 阶段识别

本研究主要根据案例企业和社区组织的主要领导对 CCI 阶段的经验性判断，结合数据资料中对 CCI 变化的描述进行阶段划分。如果领导们认为该时间是一个转折点，且数据显示该时间前后企业、居委会、志愿者组织中至少有两类组织行为发生了转折性变化或组织内部进行了大的调整，即认定该时间点为CCI 的阶段性拐点。据此，将两企业的 CCI 过程进行划分，并根据其每一阶段凸显出的关键行动者分别将其概括为"企业主导的 CCI 阶段""居委会主导的CCI 阶段"和"志愿者能动的 CCI 阶段"（见表 6.3）。

表 6.3　百步亭与万科 CCI 关键事件

	百步亭 CCI 关键事件	万科 CCI 关键事件
第一阶段：企业主导阶段	1995 年武汉安居工程发展有限公司成立，进驻百步亭地区。 1997 年经过两年考察、学习和专家研究，企业将百步亭花园社区定位于可持续发展的现代文明社区，进而开工建设社区及其配套设施。 1998 年居民入住，百步亭花园物业管理有限公司成立，与安居公司一起引导居民成立业主委员会、社区党委和各种社团组织，号召居民志愿者社区参与，还设立信访中心，听取多方意见。 1999 年开发公司供资金、物业公司供岗，联合社区组织和志愿者安置社区下岗职工再就业。 2000 年开发公司拿出 20 万元成立"慈善援助会""教育援助会"，专门接济没有工作能力的老弱病残和他们的子女；成立第一居委会	2001 年武汉万科房地产有限公司成立，万科正式进驻大武汉（区域化管理），定位于欧洲小镇风格白领住宅的四季花城开始建设。 2002 年交付入住；武汉市万科物业服务有限公司成立，服务并引导居民社区参与，主要号召居民响应总部策划的全国万科同期同主题活动。 2003 在企业支持下，第一个社区合唱团成立，四季花城与周边社区成立共同的居委会。 2004 年物业对住户进行问卷调查，了解居民结构（老年人居多）和需求；设物业管家，与居民进行半年一次的恳谈沟通会并及时更新居民需求；地产出资 30 万元将提供给白领新锐娱乐休闲所改造成老年人文化活动场所；企业有针对性地主导居民参与同期同主题活动

	百步亭 CCI 关键事件	万科 CCI 关键事件
第二阶段：居委会主导阶段	2001 年在居委会与企业努力下，志愿者组织、管委会等社区组织相继成立，并提出以居委会为中心的居民自治，倡导全民社区参与。 2003 年随着居民增加，第二居委会成立；居委会逐渐成为社区参与的主导力量，它们创设楼栋长制，以楼栋为单位宣传引导、大力发展志愿者队伍进行社区参与；百步亭集团成立，退居幕后指导，留物业公司（物业新总经理上任）进行社区参与。 2005 年居民增加，第三居委会成立，并设相应物业服务处；志愿者队伍也随之迅速扩张	2005 年居委会地址变更，与物业毗邻，逐渐主导社区活动；万科物业转址，原址设四季花城物业服务中心；志愿者前身"社区活动积极分子"和各种"居民兴趣小组"逐渐增加，社区特色活动全面展开。 2006 年居委会换届，广泛发动热心居民和老党员成立社团组织，并大力发展社区志愿者，与社区的老弱病残结对关爱，与物业服务互为补充；居委会还整合各方资源开展社区活动。 2007 年万科下属的"物业管理有限公司"统一更名为"物业服务有限公司"
第三阶段：志愿者能动阶段	2007 年百步亭社区特色志愿队伍已超过 100 支，他们在逐渐完善的居民志愿者（居委会）和员工志愿者（物业）管理体系下具有较强的社区参与能动性，并提出"有时间做志愿者，有困难找志愿者"；百步亭集团将下属的物业管理、资产经营等几个公司移交社区管理，按 5% 作为社区发展费用；居委会拓展工作范围，人员经费由企业资助转为政府补贴。 2008 年由志愿者组成的百步亭社区文联成立（湖北省成立的第一个社区文联）。 2009 年各居委会相继成立，并设相应物业服务处；各居委会副书记和物业服务处经理开始交叉任职，方便合作，共同解决问题。 2010 年"社区志愿服务全国联络总站"在百步亭社区成立（百步亭承办），中国社区志愿服务网开通；志愿者成为社区参与的中坚力量	2008 年社区"居民志愿者组织"正式成立，其中以老年群体为特色的志愿者队伍尤为活跃（物业倡导支持，居委会管理，如爱心传递志愿者、图书管理志愿者、兴趣小组、社团志愿者等各种类别），以老年人为中心的社区活动逐渐丰富；物业调整成万科集团一个独立的事业单位（跨地域管理），花城物业再次开展问卷调查，进一步关注老年人问题及其需求。 2009 年居委会换届，以市场资源为基础，以居民需求为导向，结合社区特点开展工作。 2010 年成立长者学堂，开设长者服务中心；推出为老年人提供服务的"橡树卡"。 2011 年社区已有老年志愿者 300 多人，与老年群体相关的社团组织 18 个。 2012 年社区倡导家庭自助式养老，物业志愿者和居民志愿者服务互为补充

（1）企业主导的 CCI 阶段。社区在企业主导下经历了一个从无到有的过程。在该阶段，百步亭开发公司成立，开始建设社区及其配套设施；居民入住后，又成立百步亭物业公司服务社区。由于该地区地理环境差，市政设施空白，公司便以直接介入的方式帮助成立社区党组织、居委会、志愿者组织等，其中，公司董事长、总裁和物业经理此阶段一直兼任社区党委主要成员，总裁办（后来的集团办）则就社区活动及需要的资金、物质、场地、岗位等进行协调。而该阶段万科采取区域化管理模式，开始在武汉成立万科地产进行社区

及其配套设施建设，进而，武汉万科地产又成立武汉万科物业公司来提供物业服务。但新建的四季花城社区还需要寻求设立在周边社区居委会的服务，为了克服这种不便利性，万科不仅通过其物业公司在居委会和居民之间构建起一座沟通桥梁，还通过万科总部提供方案，万科地产提供资金，万科物业实施，来引导居民成立志愿者、开展社区活动、改建活动场所、满足居民需求。两企业在该阶段整个过程中体现出极强的企业主导性。

（2）居委会主导的 CCI 阶段。社区组织日益完善，居委会作为社区准政府性的自治组织主导社区参与事务，企业逐渐退居幕后，志愿者在该阶段社区参与中得到迅速发展。其中，随着社区的迅速扩大，百步亭成立由区委区政府直辖、社区党委领导的社区管委会（公司总裁兼任主任）来协调全社区的工作（包括各类服务、活动、事项以及社会各界的参观），并下设 3 个居委会来提供社区服务（计生、老龄、青少年、就业等）、完善社区组织（发展各类志愿队伍、成立各种社区合作组织、安置政府驻派人员等）、开展社区活动（腰鼓、合唱、书法等文艺活动，万家宴、元宵灯会、中秋汇演等节日活动）；志愿者组织在活动中得到很好的发展，集团、开发和物业员工加入到社区居民组成的志愿服务队伍和居民活动队伍等；百步亭集团成立，开发、物业、资产经营等公司设为其子公司，主要在资金、人员和策划上支持居委会和志愿者组织的活动。而万科由于居委会迁入社区，万科地产和万科物业迁出社区，社区设花城物业服务中心，整个社区参与的重心由企业向居委会转移，居委会在企业支持下（万科总部策划一年的系列活动，万科地产或万科物业提供物资，花城物业协助实施）提供服务、发展居民志愿者并开展社区活动。两社区该阶段参与体现出极强的居委会主导性。

（3）志愿者能动的 CCI 阶段。志愿者能动性逐渐凸显出来，社区在志愿者—居委会—企业共同努力下走向有机和谐。在该阶段，百步亭志愿者组织得到极大发展，社区在册志愿者有 2 万多人，160 多支特色志愿者队伍，它们能在居委会和企业支持下参与解决各种社区问题（贫困、辍学、失业、事故纠纷、邻里关系、家庭矛盾等）、提供形形色色的社区服务（敬老、爱幼、环保、家政、体检、科普等）、开展丰富多彩的社区活动（如百家宴—千家宴—万家宴、太极—残疾人太极—公开表演、元宵灯会—元宵灯赛等），具有较强的主动性和创造性；居委会发展为 7 个，他们主要为各区域的志愿者组织提供指导和帮助；百步亭集团将物业和资产经营公司交给社区管委会共同管理，为社区提供人力和资金支持。该阶段万科居民志愿者组织正式成立，包括提供公共服务（图书室管理、活动室维护、环境监督等）、参与惯例活动服务（办二手交易会、端午节包粽子、母亲节送花、春节前写对联、磨刀、维修等）、开展兴趣活动（剪纸、摄影、合唱、葫芦丝等）、进行关爱活动（对老弱病残定期做清洁、理发、送书，结对关爱等）等各种志愿者队伍；居委会发展壮大志愿者队伍，并制定章程指导他们活动；此时万科改用跨区域管理模式，将万科地产和物业相分离，万科总部仍为社区提供年度系列活动的策划，但社区的资金和物质支持只来源于万科物业，而花城物业的员工志愿者为社区各种活动、服务提供人力和智力支持，也有社区外部的志愿者组织主动或被邀请到社区来开展活动。两社区该阶段参与体现出志愿者能动性。

3. 内容分析与编码

有用的定性数据与案例研究的主题和核心变量有关，它以一定意思表达的一段文字的形式分布在所收集的案例资料中。一段一定意思表达的文字就是一个条目，把条目按所表达的意思进行归类就是编码。基于上面已界定的 CCI 战略、企业—居委会—志愿者互动行为、社区能力和企业合法性变量及其主要考察维度运用内容分析法对数据进行编码（Strauss，1987），由研究小组中的 3 名成员分别通读全部案例资料，进行渐进式编码。编码的规则：一是条目必须有明确的含义，并与研究主题和核心变量相关；二是对于二手资料，同一文档相同或相似的意思表达只计 1 个条目；三是对于访谈资料与观察，同一人（观察项目）相同或相似的意思表达只计 1 个条目；四是 3 人编码一致的条目方可进入条目库，对于意见不一致的条目经研究小组全体成员讨论后确定进入条目库或删除；五是统计条目数时不同来源的条目合并计算；六是在编码过程中，如果发现前期编码有不够确切之处，或者有新发现，经研究小组全体成员讨论后，对前期已完成的编码进行修正。本章的双案例研究先按上述规则分别对每个案例独立编码，再将 2 个案例的编码结果比较叠加（差别复制）得到最终的编码结果，定性数据编码过程示例如表 6.4 所示。

表 6.4　定性数据编码过程示例

编码范畴	概念归纳	典型条目的核心观点
CCI 战略	引导性战略	企业引导、发动、支持居民成立社区组织，进行社区参与
	帮助性战略	企业帮助、支持社区组织发展，指导他们进行社区参与
	合作性战略	企业与社区组织建立合作伙伴关系，进行社区参与，互利共赢

续表

编码范畴		概念归纳	典型条目的核心观点
企业—居委会—志愿者互动行为	企业行为角色	主导者 指导者 合作者	企业策划、管理并引导执行各项社区参与活动 企业指导并帮助执行社区组织的各项社区参与活动 企业对社区组织的各项活动进行监督、指导和提供咨询
	企业行为动机	公益投资 社会责任 理性利润	企业把对社区的各种投入看作企业的一种公益性投资 企业觉得 CCI 是履行对顾客和社区利益相关者社会责任的方式之一 企业坚持人本和可持续，来实现长远效益和多赢效应，追求理性利润
	企业行为方式	决策性参与 指导性参与 合作性参与	企业根据社区情况投入自有资源策划活动，管理并引导居民参与 企业利用自有资源指导社区组织策划活动，并帮助执行 企业依据规章制度来监督社区活动，并给予适当的指导和建议
	居委会行为角色	协作者 主导者 合作者	协助企业策划（了解社区情况）、管理和执行社区参与活动 在企业指导和志愿者协作下策划、管理和执行各项社区参与活动 结合企业需求和志愿者建议策划、管理和执行各项社区参与活动
	居委会行为动机	工作需求 成就需求 奉献精神	退休或待业人员再就业，觉得自己有时间、精力和能力来为社区工作 感到自己的工作被大家需要、有价值，把工作做好很有成就感 把居民事情和困难处理好，把社区的老弱病残幼照顾好，就很开心
	居委会行为方式	学习性参与 决策性参与 合作性参与	协助企业进行社区参与，并模仿与学习企业的社区参与方式和细节 依托企业资源、发挥自有优势、带领志愿者开展社区参与活动 兼顾各方需求整合各方资源，与企业和志愿者合作开展社区参与活动
	志愿者行为角色	参与者 协作者 合作者	响应企业和社区号召参与与自身相关的或感兴趣的活动 协助居委会开展社区参与活动 能动地协助居委会，参与其策划、管理和执行各项社区参与活动
	志愿者行为动机	社交需求 尊重需求 自我实现	为了认识新邻居、了解社区、出来玩、交朋友、搞好关系而参加活动 从居民热情礼貌、写感谢信、送锦旗，社区公开表扬、奖励感受尊重 因为想做而做，因为想做而做到最好，不为名利
	志愿者行为方式	尝试性参与 组织性参与 能动性参与	各人尝试性地与大家交流、学习、互动，进行社区参与 有组织有计划地集体参与、轮流参与、一对一参与、按需不定时参与 运用自有资源充分发挥能动性，开展特色或专题活动

续表

编码范畴		概念归纳	典型条目的核心观点
社区能力	社区资源	经济资源引入 人力资源发展 多资源整合	企业提供资金、办公场所、文化和娱乐设施、活动场地和物资等资源 企业帮助社组织招聘人才，支持社区选举、鼓励培育社区志愿队伍 整合企业、社区的各种经济、人力、人际资源并进行再分配
	社区组织	组织成立 组织发展 组织复制/创新	社区物业公司、业委会、居委会、居民志愿团体等基础组织相继成立 更换、吸收、培养人才，扩大规模、拓展功能，通过活动增强团队能力 学习和复制优秀社区组织，包括改进、创新已有组织和建立新组织
	社区网络	网络初现 网络调整 网络丰富	以企业为中心的开发、管理、服务三位一体多组织社区网络初现 网络重心转移到社区，居委会成为重要的社区网络节点 社区网络随社区组织增加而丰富，其中志愿者组织节点显著增多
企业合法性	外部合法性	社区性承认 区域性认可 广泛接受	社区居民、社区组织和其他社区参与群体对 CCI 的认可和支持 当地的政府、企业、居民及传媒等对 CCI 的认可和支持 各级政府、行业机构、顾客群体及社会各界对 CCI 的认可和支持
	内部合法性	情感认同 行为改善 行为制度化	企业人员在实践的过程中对 CCI 的逐渐了解和认同 企业人员对 CCI 分工明确、技能改进、操作熟练，并经常分享交流 企业将 CCI 行为潜在的准则规范编入公司规章制度

四、案例结果：CCI 中合法性的形成与演化

基于上述的主题分析、CCI 阶段识别、内容分析和数据编码，本章得到如下研究结果：

（一）企业主导阶段的企业合法性形成

在企业主导的 CCI 阶段，企业合法性是如何形成的？参与伊始，企业率先成立开发（地产）公司和物业公司，定位并建设社区，居民入住后引导他们成立社区组织，发动和带领他们进行社区参与。基于被访者的往事重述和企业与社区组织的历史文档、资料，通过内容分析得到该阶段百步亭有效编码共148 条，万科有效编码共 102 条（见表 6.5），并有如下发现：

（1）企业一致采用引导性战略来指引社区参与行为。如访谈中，百步亭集团办公室主任回忆道："我们在国外考察了之后，把它确定为建社区，可建了社区，谁来管理社区呢？政府最初抓经济建设，对社区建设投入有限，所以建设、管理、服务三位一体我们最初都把它承担下来了，再逐步发动居民成立党委、居委会、业委会、各种协会和志愿组织承担起一些工作。"而万科高管也说："我们希望用企业的行为来引导改变一些习惯的思想和理念，让居民积极主动地参与进来。"在引导的过程中，虽然百步亭引导战略具有较强的目的性和活动针对性，而万科则更多遵循万科总部策划的战略活动来引导居民，但两者殊途同归。

（2）企业在引导性战略指引下形成了企业主导—居委会协作—志愿者参与的互动模式。其中，企业作为社区的主导者，主要持公益投资的动机（百步亭：64%，万科：58%）来进行决策性参与（百步亭：75%，万科：87%），但也有历史文献和受访者表明当时企业认为社区参与是企业的责任（百步亭：36%，万科：25%）；该阶段中居委会作为企业的协作者，其成员多因工作需求（百步亭：75%，万科：100%）而加入，他们对企业行为表现出较强的学习性（百步亭：75%，万科：100%），并尝试参与某些事务的决策（百步亭：25%）；此时的志愿者还只是社区活动的参与者，他们因社交需求在企业引导下进行尝试性参与。

（3）企业在互动中其内部人员对 CCI 产生了情感认同（百步亭：85%，万科：75%）。据百步亭该阶段文献记载和受访者回忆，当时社区下岗居民生活艰难，企业号召居委会着手了解居民困难，志愿者奔走相告，物业公司供岗供资金，大家共同努力帮助解决下岗居民再就业问题。其中，企业中层管理者回忆说，"企业当时是想推动解决下岗居民再就业问题，在大家的共同努力下，我们不仅寻求各种途径帮助他们就业，还成立了慈善援助会和教育援助会来接济没有工作能力的老弱病残和他们的子女。与社区组织和居民的互动不仅能让我们感受到 CCI 行为的价值，而且能使我们对问题了解得更深和解决得更好"。而万科资深工程技术专家也认为，"在参与过程中多与社区组织和热心居民交流互动，不仅能更好地为广大住户提供舒适的生活环境，而且能在实践中持续改进员工的客户意识和工作技能，这个问题我们在早期就意识到了"。可见，企业人员对 CCI 行为的情感认同实质上是他们在 CCI 实践初期的情感体验和心理改善的过程。

（4）企业在互动中通过推动社区能力逐渐形成来获取社区成员的承认。在企业主导的互动中，社区能力得以萌芽，主要体现在经济资源的大量引入（百步亭：78%，万科：88%）、社区组织的相继成立（百步亭：75%，万科：80%）和社区网络的初步出现。这些增进社区能力相关的事实证据则使企业在社区范围内获得了大家的承认（百步亭：100%，万科：82%）。如百步亭社区组织的退休人员回忆，"社区刚成立的时候，企业就提供办公场所、补贴资金支持成立业委会和居委会；为了让居民出来活动，企业买腰鼓、服装，挨家挨户动员大家成立腰鼓队；社区居民有困难，企业号召社区组织和志愿者一起解决，企业开始一切都是亲力亲为的，社区组织成立起来后，企业带着大家做就好多了，很多事情现在都还历历在目"。万科受访的老居民说，"刚住进来的时候，这里生活交通都不太方便，人也少，企业就和一些大超市、购物中心商量，用班车每天定时接送大家出去买菜购物；逢年过节怕大家冷清，企业把社区组织集中到一起搞活动，同样的节日活动每年都不一样，总会有新鲜的东西，有时候还送小礼品呢，我们都去参加；平常物业巡查也特别关心我们这些空巢老人，让人感觉很贴心，住着也安逸"。可见，在企业主导的互动模式中，社区能力得到弥补和培育，这赢得了社区组织、居民和其他社区参与群体对企业的承认和支持。

表 6.5　CCI 过程中的企业合法性研究编码结果

编码范畴		相关概念	CCI 第一阶段		CCI 第二阶段		CCI 第三阶段	
			百步亭	万科	百步亭	万科	百步亭	万科
CCI 战略		引导性战略	14（100%）	11（100%）	0（0%）	0（0%）	0（0%）	0（0%）
		帮助性战略	0（0%）	0（100%）	13（100%）	12（100%）	0（0%）	0（0%）
		合作性战略	0（0%）	0（0%）	0（0%）	0（0%）	21（100%）	19（100%）
		小计	14（100%）	11（100%）	13（100%）	12（100%）	21（100%）	19（100%）
企业—居委会—志愿者互动行为	企业行为角色	主导者	11（100%）	8（100%）	2（22%）	4（44%）	0（0%）	0（0%）
		指导者	0（0%）	0（0%）	7（78%）	5（56%）	0（0%）	0（0%）
		合作者	0（0%）	0（0%）	0（0%）	0（0%）	9（100%）	9（100%）
		小计	11（100%）	8（100%）	9（100%）	9（100%）	9（100%）	9（100%）
	企业行为动机	公益投资	7（64%）	7（58%）	1（9%）	4（40%）	0（0%）	0（0%）
		社会责任	4（36%）	3（25%）	7（64%）	4（40%）	2（18%）	1（13%）
		理性利润	0（0%）	2（17%）	3（27%）	2（20%）	9（82%）	7（87%）
		小计	11（100%）	12（100%）	11（100%）	10（100%）	11（100%）	8（100%）

续表

编码范畴	相关概念	CCI 第一阶段		CCI 第二阶段		CCI 第三阶段	
		百步亭	万科	百步亭	万科	百步亭	万科
企业—居委会—志愿者互动行为	企业行为方式						
	决策性参与	9（75%）	7（87%）	2（20%）	4（44%）	1（11%）	2（22%）
	指导性参与	3（25%）	1（13%）	7（70%）	5（56%）	2（22%）	2（22%）
	合作性参与	0（0%）	0（0%）	1（10%）	0（0%）	6（67%）	5（56%）
	小计	12（100%）	8（100%）	10（100%）	9（100%）	9（100%）	9（100%）
	居委会行为角色						
	协作者	3（100%）	3（100%）	1（13%）	1（25%）	0（0%）	0（0%）
	主导者	0（0%）	0（0%）	7（87%）	2（50%）	0（0%）	0（0%）
	合作者	0（0%）	0（0%）	0（0%）	1（25%）	20（100%）	7（100%）
	小计	3（100%）	3（100%）	8（100%）	4（100%）	20（100%）	7（100%）
	居委会行为动机						
	工作需求	3（75%）	2（100%）	0（0%）	1（25%）	0（0%）	0（0%）
	成就需求	0（0%）	0（0%）	8（89%）	3（75%）	8（40%）	2（33%）
	奉献精神	1（25%）	0（0%）	1（11%）	0（0%）	12（60%）	4（67%）
	小计	4（100%）	2（100%）	9（100%）	4（100%）	20（100%）	6（100%）
	居委会行为方式						
	学习性参与	3（75%）	2（100%）	1（11%）	1（25%）	0（0%）	0（0%）
	决策性参与	1（25%）	0（0%）	7（78%）	2（50%）	3（15%）	2（29%）
	合作性参与	0（0%）	0（0%）	1（11%）	1（25%）	17（85%）	5（71%）
	小计	4（100%）	2（100%）	9（100%）	4（100%）	20（100%）	7（100%）
	志愿者行为角色						
	参与者	12（100%）	4（100%）	3（12%）	2（29%）	1（2%）	0（0%）
	协作者	0（0%）	0（0%）	15（60%）	5（71%）	15（31%）	0（0%）
	合作者	0（0%）	0（0%）	7（28%）	0（0%）	32（67%）	9（100%）
	小计	12（100%）	4（100%）	25（100%）	7（100%）	48（100%）	9（100%）
	志愿者行为动机						
	社交需求	12（100%）	4（100%）	2（8%）	2（29%）	3（6%）	1（11%）
	尊重需求	13（57%）	5（71%）	10（22%）	2（22%）		
	自我实现	0（0%）	0（0%）	8（35%）	0（0%）	33（72%）	6（67%）
	小计	12（100%）	4（100%）	23（100%）	7（100%）	46（100%）	9（100%）
	志愿者行为方式						
	尝试性参与	12（100%）	4（100%）	0（0%）	2（29%）	0（0%）	0（0%）
	组织性参与	0（0%）	0（0%）	19（76%）	5（71%）	11（23%）	4（44%）
	能动性参与	0（0%）	0（0%）	6（24%）	0（0%）	37（77%）	5（56%）
	小计	12（100%）	4（100%）	25（100%）	7（100%）	48（100%）	9（100%）

续表

编码范畴		相关概念	CCI 第一阶段		CCI 第二阶段		CCI 第三阶段	
			百步亭	万科	百步亭	万科	百步亭	万科
社区能力	社区资源	经济资源引入	7 (78%)	7 (88%)	2 (18%)	3 (38%)	1 (9%)	1 (13%)
		人力资源发展	1 (11%)	1 (12%)	7 (64%)	4 (50%)	2 (18%)	1 (12%)
		多资源整合	1 (11%)	0 (0%)	2 (18%)	1 (12%)	8 (73%)	6 (75%)
		小计	9 (100%)	8 (100%)	11 (100%)	8 (100%)	11 (100%)	8 (100%)
	社区组织	组织成立	6 (75%)	4 (80%)	5 (36%)	2 (33%)	2 (17%)	2 (29%)
		组织发展	2 (25%)	1 (20%)	7 (50%)	3 (50%)	3 (25%)	2 (29%)
		组织复制和创新	0 (0%)	0 (0%)	2 (14%)	1 (17%)	7 (58%)	3 (42%)
		小计	8 (100%)	5 (100%)	14 (100%)	6 (100%)	12 (100%)	7 (100%)
	社区网络	网络初现	4 (100%)	2 (100%)	0 (0%)	0 (0%)	0 (0%)	0 (0%)
		网络调整	0 (0%)	0 (0%)	11 (79%)	2 (67%)	3 (14%)	1 (17%)
		网络丰富	0 (0%)	0 (0%)	3 (21%)	1 (33%)	18 (86%)	5 (83%)
		小计	4 (100%)	2 (100%)	14 (100%)	3 (100%)	21 (100%)	6 (100%)
企业合法性	外部合法性	社区性承认	19 (100%)	14 (82%)	6 (19%)	3 (8%)	5 (9%)	3 (6%)
		区域性认可	0 (0%)	2 (12%)	23 (74%)	21 (54%)	13 (24%)	12 (23%)
		广泛接受	0 (0%)	1 (6%)	2 (7%)	15 (38%)	37 (67%)	36 (71%)
		小计	19 (100%)	17 (100%)	31 (100%)	39 (100%)	55 (100%)	51 (100%)
	内部合法性	情感认同	11 (85%)	9 (75%)	6 (30%)	7 (35%)	3 (13%)	1 (3%)
		行为改善	2 (15%)	3 (25%)	13 (65%)	11 (55%)	8 (33%)	2 (7%)
		行为制度化	0 (0%)	0 (0%)	1 (5%)	2 (10%)	13 (54%)	26 (90%)
		小计	13 (100%)	12 (100%)	20 (100%)	20 (100%)	24 (100%)	29 (100%)
总条目			1199	148	102	232	149	375	193

注：表中数据表示该阶段该变量下受访者持这种观点的百分比。

对此，本研究得到第一个启示：在企业主导的 CCI 阶段，企业采用引导性战略指引社区参与行为，从而形成企业主导—居委会协作—志愿者参与的互动模式；在互动中 CCI 获得了内部人员的情感认同；同时，企业又在互动中通过促进社区能力萌芽得到了社区性承认（见图 6.2）。

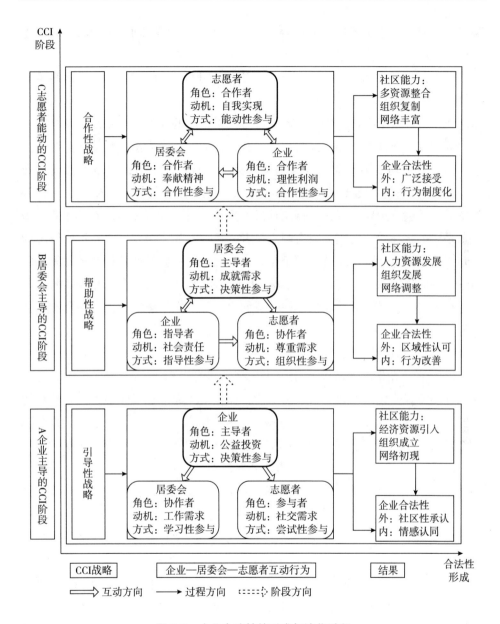

图 6.2　企业合法性的形成与演化过程

（二）居委会主导阶段的企业合法性形成

在居委会主导的 CCI 阶段，企业合法性是如何形成的？随着社区组织的日益丰富和完善，企业不再事事亲为，居委会则成为社区行动的主导者，它大力发展志愿者并带领他们进行社区参与。该阶段两企业的有效编码条目均有增加，其中百步亭增幅较大，共 232 条，万科共 149 条（见表 6.5）。这些条目的增加主要体现在居委会和志愿者行为以及合法性条目上，其中百步亭增幅显著主要是由社区组织快速增加及活动数量激增引起的；而万科则是因其社区参与的逐步深入而自然增加。同时，企业合法性的形成过程也发生了四点变化：

（1）企业均改用帮助性战略来指引社区参与行为。据百步亭集团高管回忆，"这些社区组织逐步建起来，我们就慢慢把事情交给社区来做，只在社区需要的时候进行指导，或在进行全社区大型活动或事件时参与，而具体的事情大多是居委会在做，他们一般会叫志愿者来帮忙；如果居委会碰到不好解决的问题，涉及哪个社区组织就找哪个组织来共同解决；要是遇到社区难以解决的困难，我们集团就帮忙解决"。而万科社区活动专员认为，"随着社区的扩大和组织的完善，社区活动逐渐规律，我们更多的是提供想法、信息和资源来帮助他们进行社区参与，而总部也持续加大在汉的投资力度，完善在汉战略布局"。可见，帮助性战略较引导性战略更适应社区该阶段的情况。

（2）企业在帮助性战略指引下形成了企业指导—居委会主导—志愿者协作的互动模式。企业不再事事亲力亲为，而是由主导者逐渐转换为社区参与的指导者（百步亭：78%，万科：56%），本着履行对社区和居民责任的态度（百步亭：64%，万科：40%）对居委会和志愿者组织进行指导（百步亭：70%，万科：56%）。而居委会成为社区参与的主导者（百步亭：87%，万科：50%），其成员历经了学习性参与的积累，在成就需求（百步亭：89%，万科：75%）下已开始进行决策性参与（百步亭：78%，万科：50%）；一般情况下他们通过志愿者的协作来实施活动，当遇到困难时便寻求企业的帮助。志愿者则主要作为协作者（百步亭：60%，万科：71%）进行组织性参与（百步亭：76%，万科：71%），他们很享受参与带来的尊重（百步亭：57%，万科：71%），其中百步亭的志愿者有自我实现的动机（35%），并已体现出一定的能动性（24%），而万科新加入的志愿者则有相当一部分处于参与者（29%）状态中，仍然体现出社交需求动机并采用尝试性参与方式。

（3）企业在互动中其内部人员的 CCI 行为逐渐改善（百步亭：65%，万科：55%）。如百步亭一位由普通员工晋升上来的中层管理者回忆道，"这时候茅总、王总渐渐来得少了，事情主要是居委会和志愿者做，除了居民志愿者，我们在物业内也发展了不少志愿者，有保洁、保安、维修等，他们中的很多人专业技术好，但做志愿者没经验，就让居委会把大家组织起来进行志愿者技能培训、组织他们进行经验交流，这样来改善他们的行为；年末会对优秀志愿者的感人事迹进行公开表扬并给予奖励，有时候也通过报告会，制作展板、画册和编写故事集锦等方式进行浓墨重彩的宣传，增强他们的荣誉感和成就感，积极在社区居民中营造尊重志愿者、学习志愿者、争做志愿者的良好氛围，这样到后来物业的人大多数都是志愿者了"。万科主要从事社区事务协调的老员工回忆那时的情况说，"随着社区参与的深入，我们人员的社区参与分工也精细化了，善于策划的人指导居委会策划社区的特色活动；居民信息管理者为居委会发动和管理志愿者提供意见；社区事务协调者为居委会解决问题、开展活动提供帮助；所有的人在需要的时候各司其职就好"。可见，企业人员 CCI 行为改善是在与社区组织的互动中相互适应而形成的。

（4）企业在互动中通过促进社区能力发展来获取区域性认可。在企业指导—居委会主导—志愿者协作的互动模式中，社区能力得到发展，主要体现在人力资源发展（百步亭：64%，万科：50%）和社区组织的发展（百步亭和万科均为50%）以及社区网络的调整（百步亭：79%，万科：67%）。这些社区能力发展使企业获得了社区所在省市区域的认可（百步亭：74%，万科：54%）。例如，百步亭社区被评为湖北省文明社区典型、湖北省优秀物业管理小区、武汉市安全文明小区、武汉市十大明星楼盘和最佳工薪楼盘等，当地报纸新闻也多有报道；而万科不仅陆续获得了来自房地产开发协会、武汉市建委、湖北省建设厅等多个部门颁发的奖项，还获得了本地人的青睐和相关企业的认可，据万科某居民描述，"我以前住的小区办个事求这个找那个，跑起来麻烦得很，刚过来这边的时候我老人证丢失了，给居委会打了个电话，他们了解了情况就帮我去办，比我自己办快多了；雨雪天气时，居委会组织物业和一些社区居民给我们孤寡老人统一买菜挨家送，那菜比我们自己买还便宜，又新鲜，听居委会的说人家蔬菜公司一听说是万科为我们孤寡老人义务买菜活动，又打折，又派人帮忙，非常支持；我儿子和女儿看我在万科住得好，分别也买的万科不同的小区，他们的同事和朋友也都觉得万科好，有的还买在一起呢"。可见，社区能力的发展使企业获得了来自当地政府、企业、居民和媒体的认可和支持。

对此，本研究得到第二个启示：在居委会主导的 CCI 阶段，企业采用帮助性战略指引社区参与行为，从而形成企业指导—居委会主导—志愿者协作的互动模式；在互动中企业内部人员的 CCI 行为逐渐改善；同时，企业又在互动中通过促进社区能力发展取得了区域性认可（见图 6.2）。

（三）志愿者能动阶段的企业合法性形成

在志愿者能动的 CCI 阶段，企业合法性是如何形成的？随着 CCI 的发展，社区走向有机和谐，其中志愿者成为社区参与的中坚力量，其能动性得到极大发挥，企业和居委会仍然发挥着重要作用。该阶段百步亭的有效编码条目仍有较大幅度的增加，共 375 条，主要体现在因其社区快速扩张，居委会、物业服务处等组织的迅速复制增加和志愿者的大规模发展而导致的协同行为条目的递增增加上；相对而言，万科增幅则趋于平稳，有效编码共 193 条（见表 6.5）。而企业合法性的形成则主要发生如下四个方面的变化：

（1）企业皆通过合作性战略来指引社区参与行为。例如，百步亭董事会成员谈到，"目前，社区的第一要务就是把老百姓的事情办好，社区管理是居委会和其他居民组织（志愿者组织）自我管理相结合的产物，这种居民自治管理与物业服务互为补充；而社区的市场运作就交给企业（集团移交给社区来进行管理的企业，统属物业公司）来做，经过市场运作之后，就把一部分资金拿出来作为社区管理费用，这就需要企业与其他社区组织进行合作"。据万科高管所言，"我们未来几年的重心是客户满意度，主要通过物业公司（企业代表）、居委会（政府代言人）和志愿者（居民代表）合作来实现，如果有合理的新需求或大量需求空缺，企业再开发市场项目来弥补"。可见，合作性战略适合社区现阶段的情况。

（2）企业在合作性战略指引下形成了企业—居委会—志愿者协同互动模式。企业作为社区参与的合作者之一，通过合作性参与（百步亭：67%，万科：45%）来追逐理性利润（百步亭：82%，万科：87%），该阶段企业主要提供智力和一定的资源支持，而社区的物业员工作为志愿者参与的社区参与模式在两个案例公司基本形成，企业与其他的社区组织共担责任，共享成果；此时，居委会也是社区参与的合作者之一，他们本着奉献精神（百步亭：60%，万科：67%）进行合作性参与（百步亭：85%，万科：71%）；而志愿者作为社区参与的合作者之一（百步亭：67%，万科为 100%）在该阶段因追求自我实现（百步亭：72%，万科为 67%）而表现出极强的能动性（百步亭：77%，万科：56%）。

（3）企业在互动中其内部人员的 CCI 行为内化为企业规章制度（百步亭：54%，万科：90%）。例如，百步亭集团会议发言人指出，"把'社区地产'作为我们的核心竞争力，不仅要将一些企业行为融入社区，还要将一些优秀的社区行为纳入企业，目前志愿者的'首问责任制'（第一个接受居民求助的人对该事件全过程负责任，该过程中可寻求任何社区组织和个人的帮助）就可引入企业，还创设了'24 小时工作制'（每天 8 小时是工作时间，其余是志愿时间），且做员工志愿者的服务时间和次数与年终工作绩效挂钩"。而万科总部也将社区活动的策划、指导和宣传形成惯例，并在旗下的《万科·生活》中用"万科社区活动历"刊出当季各万科社区即将举办的同期同主题不同形式的活动，用"城市文艺活动历"刊出近 2 个月的同城演出、展览和讲座，用"万科记事"刊出近期万科的成就、荣誉、公益大事件、与政府部门的接洽等；还根据员工的志愿行为制定了拓展服务的章程，以便企业人员能为居民和其他社区组织提供最大的便利。可见，CCI 互动逐渐形成了企业的部分规章制度。

（4）企业在互动中通过促进社区能力成熟来获取社会各界的广泛接受。企业和居委会、志愿者的协同互动促使社区能力逐渐成熟，主要体现在社区对各种来源的经济、人力和人际资源整合（百步亭：73%，万科：75%），社区组织复制（百步亭：58%，万科：42%）和社区网络丰富（百步亭：86%，万科：83%）上。这使企业得到了社会各界的广泛接受（百步亭：67%，万科：71%）。其中，百步亭集团通过十余年的努力和有效参与，使社区成为全国文明社区示范点、全国城市物业管理优秀示范小区及荣获首届中国人居环境范例奖的唯一社区。同时，百步亭集团发展成为全国百强房地产企业、湖北省房地产综合实力第一名、湖北省最佳成长型十大民营企业，并成为进入全国民营企业 500 强的湖北十家企业之一。且据相关内部人士吐露，百步亭的"社区地产"已成为企业的核心竞争力，在近年来国家政策强力调控、房地产总体形势不容乐观的情况下，百步亭社区的房子仍然广受大家青睐，每次开盘总是排队抢购，几乎都是当日开盘，当日售完。而万科四季花城已成为万科旗下著名产品品牌之一，更是因企业积极有效的社区参与，为客户营造了美好体验和为社区创造最大价值而有口皆碑。可见，企业在促进社区能力成熟的过程中为自己赢得了各级政府、行业机构、顾客群体及社会各界的广泛接受和支持。

对此，本研究得到第三个启示：在志愿者能动的 CCI 阶段，企业采用合作性战略指引社区参与行为，从而形成企业—居委会—志愿者协同互动模式；在互动中企业内部人员的 CCI 行为内化为制度化，同时，企业又在互动中通过促进社区能力成熟获得了社会各界的广泛接受（见图 6.2）。

从前述的纵向跨案例分析可以清晰地看到，企业合法性是 CCI 的结果（Selsky and Parker, 2005；Morsing, 2006；Idemudia, 2009），它实质上是在 CCI 战略指引下通过企业—居委会—志愿者的互动形成的。从具体的 CCI 战略来看，在 CCI 的不同阶段，我们可以看到引导性战略、帮助性战略和合作性战略等不同的 CCI 战略；它们指引企业—居委会—志愿者先后经历了企业主导—居委会协作—志愿者参与的互动模式、企业指导—居委会主导—志愿者协作的互动模式和企业—居委会—志愿者协同互动模式，这些不同的互动行为推动了企业合法性形成。

进一步来看，不同 CCI 阶段的企业合法性形成具有一定的共性。在每一阶段，CCI 战略指引的企业—居委会—志愿者的行为互动，一方面形成了企业内部合法性，另一方面通过促进社区能力的成长，形成了企业外部合法性。如引导性战略指引了企业主导—居委会协作—志愿者参与的互动模式，一方面形成了企业人员的情感认同，另一方面通过促进社区能力萌芽而形成了社区性认可；帮助性战略指引了企业指导—居委会主导—志愿者协作的互动模式，一方面形成了企业人员行为改善，另一方面通过促进社区能力发展而形成了区域性认可；合作性战略指引了企业—居委会—志愿者协同互动模式，一方面形成了企业人员行为制度化，另一方面通过促进社区能力成熟而形成了广泛接受。

由此，本研究得到第四个启示：不同 CCI 战略指引形成不同的企业—居委会—志愿者互动行为模式，从而形成了企业内部合法性的积累，同时，这些互动通过促进社区能力成长，进而形成了企业外部合法性的增加。

（四）企业合法性的演化过程

研究发现，随着 CCI 阶段的变化，不仅企业合法性的形成过程在进行调整，企业合法性也随之演化。企业主导的 CCI 阶段，企业合法性开始形成，其中内部合法性主要表现为企业员工对 CCI 的情感认同（百步亭：85%，万科：75%），随着情感认同的增加也伴随着部分行为的改善（百步亭：15%，万科：25%）；而外部合法性表现为企业被所在社区承认，如获得社区居民、社区组织和其他社区参与群体的好评、认可与支持等。在居委会主导的 CCI 阶段，企业合法性快速提高，内部合法性主要表现为 CCI 行为的改善（百步亭：65%，万科：55%），虽然该阶段仍有部分企业人员对 CCI 的情感认同还没有体现在行为改善（百步亭：30%，万科：35%）上，但一些优秀的 CCI 行为已被大家相互学习和模仿，并体现出制度化的趋势；而外部合法性主要表现为企业获得了区域性认可（百步亭：74%，万科：54%），如企业获得本地政府、企业、顾客和传媒的认可和支持，且逐渐获得了各级政府、行业机构、广大顾客群体及社会各界的认可和支持（百步亭：7%，万科：38%）。在志愿者能动的 CCI 阶段，企业合法性得到巩固，内部合法性主要表现为 CCI 行为的制度化（百步亭：54%，万科：90%）；而外部合法性主要表现为企业被社会各界广泛接受（百步亭：67%，万科：71%），但前面阶段形成的合法性在该阶段仍然得到累积。

综观企业各阶段的合法性，企业人员随 CCI 阶段的发展对 CCI 的情感认同慢慢增加，并且 CCI 行为也随之逐渐改善，进而这些改善过的行为又渐渐被企业制度化，该过程说明企业内部合法性有程度上积累加深的演化趋势；而企业外部的政府、同行竞争者和合作者、上下游企业、顾客、社会各界等利益相关者则对 CCI 表现出社区性承认、区域性认可到广泛接受的过程，说明企业外部合法性有在范围上逐渐扩大的趋势，这两种过程都体现出了连续变量的特征（区间内的任意取值性），具体见图 6.2。

由此，本研究得到第五个启示：企业合法性是一个连续变量。随着 CCI 阶段的发展，其内部合法性体现出从"情感认同"到"行为改善"再到"行为制度化"等要素演变和积累增加的趋势；外部合法性表现出从"社区性承认"到"区域性认可"再到"广泛接受"等范围上逐渐扩大的趋势。

五、研究讨论：合法性形成机制与演化特征

（一）案例讨论

本章的主要贡献是发现了 CCI 过程中企业合法性形成与演化的微观机制（见图 6.3），回答了企业合法性是如何在企业与环境的互动中形成的及企业合

法性为什么会发生演化的问题；并根据各 CCI 阶段企业所获得的内外部合法性的演化特征明确了其变量属性（连续变量），回答了 CCI 过程中企业形成了哪些内部和外部合法性以及这些合法性在各 CCI 阶段如何变化的问题。

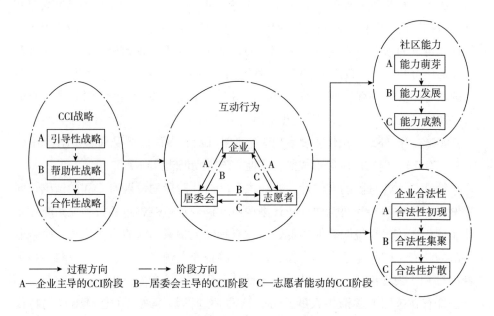

图 6.3　CCI 过程中企业合法性形成与演化机制

第一，CCI 战略对 CCI 活动有动态引导作用。CCI 源于企业有一个兼顾经济目标与社会目标的企业战略。在此基础上，企业制定 CCI 战略来指导 CCI 活动。在中国情境下，本章辨别出 CCI 战略的三种选择：引导性战略、帮助性战略和合作性战略。这三种选择又体现为，随 CCI 阶段发展（即从住宅小区向和谐社区转化），从企业对社区的单向引导逐渐过渡到企业与社区的合作互动的战略演化。因此，作为合法性获取战略，CCI 战略对企业与环境的互动起着动态引导作用，这与 Bowen（2010）根据历年 CCI 研究总结的三种战略有异曲同工之处。但这些 CCI 战略又是不同于以往的跨国企业经营战略、新创企业战略、战略联盟以及企业非市场战略等合法性战略的新形式（Gifford et al.，2010；Tornikoski and Newbert，2007；Dacin et al.，2007；田志龙、高海涛，2005），它们兼具市场性与非市场性，将企业的经济目标和社会目标统一起来指引行动者互动，构成了合法性形成的重要前提。

第二，社区参与中行动者互动模式随行动者行为角色、动机和方式转变而演化。社区参与中各行动者之间的互动行为是企业合法性形成的关键。本章发现，社区建设本质是由社区组织（准政府性质的居委会、居民志愿者组织等）主导的，因此 CCI 是企业与社区组织互动的行为过程。然而，在中国的社区从住宅小区向和谐社区发展的初期，由于居委会能力缺乏以及居民组织功能不全，企业在社区参与中扮演了主导角色。随着社区发展过程中社区能力（资源、组织和网络）的提升，社区组织扮演的角色、参与的动机以及行动的方式发生了变化，企业在社区参与中的角色也相应变化。因此，在 CCI 战略的指引下，不同的 CCI 阶段体现出不同的互动模式，主要包括"企业主导—居委会协作—志愿者参与的互动""企业指导—居委会主导—志愿者协作的互动"和"企业—居委会—志愿者协同互动"三种特色的互动行为模式；这些互动模式将以往单一视角的行动者行为联系起来（Hashagan，2002；Morsing and Schultz，2006；Pajo and Lee，2011），为社区能力成长和合法性形成构建了平台，是合法性形成的关键过程。

第三，社区能力的不同要素在不同互动模式的转换中向更高层面提升。社区能力在各行动者的互动中得到成长，主要体现在社区的资源整合、组织建设和网络发展三个方面。社区能力的这三个不同要素在三种特色的互动行为模式转换过程中不断向更高层面提升。不同于以往研究对知识学习、信息获取、志愿时间和捐赠金钱的考察，本章更注重社区能力体现的硬性指标（Chaskin，2001），因为它作为 CCI 战略和行为的结果易于被人们了解和观察到，从而促进人们承认、认可和接受企业行为形成外部合法性。因此，社区能力成长是外部合法性形成的催化剂。

第四，CCI 过程中，内部与外部合法性分别在两条不同路径上初现、集聚和扩散。其中，企业内部合法性在 CCI 的互动过程中直接产生并在程度上呈积累增加的趋势。随着 CCI 阶段的发展，企业人员对 CCI 依次表现出"情感认同""行为改善"和"行为制度化"等内部合法性。虽然每一阶段主要形成的合法性不同，但是每一阶段新形成的合法性都是已有合法性累加质变而成。如"情感认同"主要发生于企业主导的阶段，但在居委会主导阶段和志愿者能动阶段仍然存在着"情感认同"的过程，只是并不显著，而"行为改善"则是"情感认同"由量变到质变的结果，同样"行为制度化"也是"行为改善"到一定程度后自然产生的。这一发现超越了企业行为"合法"与"不合法"的简单测量，与 Deeds 等（1997）认为合法性作为一个连续变量是从低到高累积增加的论断具有一致性，并进一步辨别出合法性要素变化的过程。

企业外部合法性随社区能力的成长在范围上呈逐渐扩大的趋势。CCI 过程中，企业通过与居委会和志愿者的互动来发展社区能力，从而形成外部合法性（Tornikoski and Newbert，2007；Gifford et al.，2010）。这表现为，随着 CCI 阶段的发展，社会因 CCI 逐渐表现出对企业的"社区性承认""区域性认可"和"广泛接受"等外部合法性。因此，企业的各外部利益相关群体对企业的认可存在范围上的扩散，如政府方面是从"市政府试点""省政府颁发荣誉"到"中央肯定"，逐渐得到更大范围接受的过程；顾客方面是从"当地居民好评""新顾客购买"到"良好的社会形象"，等等。

以上讨论表明，内部合法性和外部合法性的演化过程是企业行为逐渐深入人心，得到更多人接受的过程。这验证了 Zimmerman 和 Zeitz（2002）企业合法性的来源也许需要以特定的顺序来增加的猜测。

总的来说，CCI 过程中合法性形成理论解释了特定领域企业合法性的形成机制和合法性演化的原因。①CCI 战略对 CCI 活动起动态引导作用；②社区参与中行动者互动模式随行动者行为角色、动机和方式转变而演化；③社区能力的不同要素在不同互动模式的转换中向更高层面提升；④这些战略、行动者互动和社区能力共同构成了合法性形成的微观机制，这种机制内部要素的调整和变化决定了合法性的演化。同时，企业所形成的合法性及其演化特征则确认了合法性是一个连续变量。①企业在 CCI 过程中得到了企业人员的"情感认同""行为改善""行为制度化"等内部合法性；②通过促进社区能力发展形成了"社区性承认""区域性认可"和"广泛接受"等外部合法性；③合法性是一个连续变量，内部与外部合法性分别在两条不同路径上初现、集聚和扩散，体现了连续变量的属性特征。

（二）理论贡献

以往的文献在企业合法性、CCI 等理论上做了很多有价值的探讨。在这些研究的基础上，本章的进展和价值主要体现在如下两个方面：

一方面是对企业合法性理论的深化。首先，填补了特定领域合法性形成的微观机制研究这一空白。以往研究只是阐明了合法性的战略和来源（Suchman，1995；Zimmerman and Zeitz，2002；田志龙、高海涛，2005；杜运周、张玉利和任兵，2012；陈扬、许晓明和谭凌，2012），并未对其形成过程进行解析。本章则通过多阶段案例分析得出了 CCI 战略指引企业—居委会—志愿者互动行为，企业在互动过程中直接形成其内部合法性，同时，企业在互动中通过促进社区能力成长而形成外部合法性这一结论。其次，通过合法性的演化特征确认了合法性作为一个连续变量的属性界定。现有大量研究为了测量方便将合法性视为一个属性变量，即在某一特定情境下组织的合法性只存在"合法"与"不合法"，这种界定制约了合法性及其相关理论的发展以及对企业实践的指导作用；虽然也有学者认为合法性是一个连续变量（Tost，2011；陈扬、许晓明和谭凌波，2012），但他们并未对此做出证明。本章通过纵向多案例研究探讨了 CCI 不同阶段合法性在范围上逐渐扩大、在程度上累积增加的特征，从而证明了这一理论判断。

另一方面是对 CCI 理论的拓展。首先，描述了中国情境下不同 CCI 阶段的CCI 战略实施过程。以往对 CCI 战略的研究只是提出了不同种类的 CCI 战略（Idemudia，2009；Bowen，2010），并未分析实施过程。本章引入了社会心理学行为变量维度通过企业—居委会—志愿者的行为互动和演变刻画了这一实施过程。发现了 CCI 过程中行动者的行为动机、角色和互动方式随着社区能力（资源获取、组织建设和网络扩展）逐步提升而发生演变。并在此基础上提出了企业主导—居委会协作—志愿者参与的互动模式、企业指导—居委会主导—志愿者协作的互动模式和企业—居委会—志愿者协同的互动模式。这将单一角度的行动者 CCI 行为描述动态化（Hashagan，2002）。其次，指明了社区能力对合法性形成的促进作用。以往研究只是认为社区能力和企业合法性是 CCI 战略的结果（Heugens et al.，2002；Brammer and Millington，2003；Selsky and Parker，2005；Morsing，2006；Lane et al.，2007），尚未对两者之间关系做进一步探讨，本章通过多阶段的分析发现了这种促进关系。

（三）实践启示

本章对企业获取合法性和 CCI 实施过程具有一定的现实指导价值。第一，从战略上看，对于企业合法性的获取来说，不同企业可以根据所处的社区参与阶段来选择适当的引导性、帮助性或合作性 CCI 战略指引 CCI 行动。第二，从CCI 实施过程而言，中国情境下 CCI 是企业—居委会—志愿者等多方行动者协同互动的过程。企业要认识到行动者的行为动机、角色和方式会随着社区能力的成长而调整改变。由此，企业可以根据社区能力发展的需要来扮演合适的角色，如主导者、指导者或合作者，并促进社区组织扮演恰当的角色，如参与者、协作者、主导者、合作者等，从而发挥其能动性来推进社区能力（资源整合、组织发展和网络拓展）成长，进而促进企业合法性的形成。第三，从结果管理上看，企业可以在 CCI 过程中通过对 CCI 活动进行战略性安排，来管理内部人员在情感认同、行为改善和行为制度化上的积累与转化，从而促进内部合法性的形成；来管理社区在资源整合、组织建立、网络拓展能力上的提升，以及获得的社区性承认、区域性认可和广泛接受等结果，从而促进外部合法性的形成。

（四）研究展望

作为探索式的案例研究，本章构建的理论框架还有待未来展开更为充分的实证研究，以证实研究结论更为普遍的意义，特别是不同 CCI 战略对企业合法性的形成和演化——初现、集聚、扩散——的实证研究将有助于检验和完善本章所提出来的理论观点。另外，本章的研究框架在一些方面还可以做进一步的拓展和深化，如 CCI 战略选择的前因分析、企业—社区合作伙伴关系的互动机制、基于 CCI 的企业合法性对企业绩效的作用机制、基于 CCI 的合法性对企业社会绩效与经济绩效的中介作用分析等。这些相关研究将有助于进一步加深理论界对于企业合法性现有研究的认识，并有助于拓展企业合法性未来研究的视野。

第七章　研究总结与展望

一、研究创新

从本研究所处的理论位置（见图1.1）可以看出，本书试图通过研究中国CSR中的社区参与行为而在中国企业社会责任领域与和谐社区建设领域搭建起一座桥梁，从而为企业社会责任实施提供有益的借鉴，为加快和谐社区建设步伐提供合理的新思路。由此，相对以往研究，本研究的创新之处主要表现在以下四个方面。

（一）研究视角方面的创新

（1）从中国企业履行社会责任所具有的三种导向和中国和谐社区建设的关键要素来对企业社区参与中的社区进行分类（具体见第三章），即将两个不同领域的理论结合起来分析交叉学科的研究问题。

首先，通过CSR研究的回顾总结提出了企业履行社会责任过程中所具有的企业利益导向、社会问题解决导向和社会责任战略导向三种导向。CCI是CSR实施的方式之一，由此可合理地推导（从一般到个别）CCI实施过程也可能含有这三种导向。其次，将国家民政部与国家标准委员会制定提出的《全国和谐社区建设示范社区指导标准》的主要方面与中国各区域社区建设的实际特点相结合，综合提出了中国和谐社区建设考察体系。由此，将CCI的三种导向与和谐社区建设的关键要素结合起来分析CCI中的社区类别。

（2）从 CSR 实施过程的一般研究范式和 CCI 战略—行为—结果的关联逻辑来分析中国情境下的 CCI 模式（具体见第四章），即从一般性研究范式及其子领域研究要点和逻辑切入进行过程（模式）研究。

首先，通过 CSR 实施的研究归纳了 CSR 战略—行为—结果的一般研究范式；其次，分析了已有 CCI 研究的关键要素及其关联逻辑，如交易性参与战略、桥梁性参与战略和转型参与战略等 CCI 战略；企业获益（企业合法性、雇员吸引力等）、社区获益（信息、知识、金钱、员工志愿时间、社区能力、当地发言权等）和关联获益（关联学习、共同问题的解决等）等 CCI 结果，以及多阶段的 CCI 实施过程等；最后，从 CSR 实施过程的一般研究范式出发，以 CCI 战略—行为—结果等关键要素及其关联逻辑为要点对中国 CCI 模式进行分析。

（3）将共生理论引入社区建设平台的社会合作和社区参与中来分析 CCI 过程中的多元主体协同机制（具体见第五章），即将一个分析横向互动的理论与一个分析纵向嵌入的理论共同与一个具有系统研究特性的理论整合起来进行过程（机制）分析。

首先，社会合作伙伴关系常用来解释跨部门的社会互动过程，本研究用其为 CCI 过程中企业与其他行动者的横向互动过程提供研究基础；而社区参与是一个涉及多主体的多层级复杂性社会嵌入过程，本研究通过对以往研究的分析和现实数据的比对来厘清各社区参与者纵向嵌入社区的过程，即根据参与者在整个社区参与网络中所处的位置和发挥的作用，来自三个部门的社区参与者均可简化为上下两个级层，即企业—物业、政府—居委会、社会 NGO—社区组织，并通过分析其关系嵌入的性质和强弱程度来研究各参与者纵向嵌入社区的过程。其次，在共生框架下，共生单元即为处于社区平台内（下层级）的参与者，跨部门合作互动主要通过它们间的互动来进行；而处于社区平台外的（上层级）参与者为社区参与和合作互动提供环境，它们的参与方向和力度决定了共生环境的性质和强弱；共生模式则是由提供共生环境的上层级的参与者的外部作用和作为共生单元的下层级的参与者内部互动共同决定。由此，通过这些共生主体、共生环境、共生模式及其变化来分析 CCI 过程中的多元主体协同机制。

（4）以社会心理学的互动行为分析为微观基础，以合法性获取路径为分析脉络，以 CSR 实施过程研究范式为整体框架，来整合分析 CCI 过程中合法性的形成与演化过程（具体见第六章），即用多个不同分析层次的理论嵌套整合成一个具有微观、中观、宏观基础的多层次分析框架来进行纵向过程分析。

CSR领域研究CSR实施过程的战略—行为—结果的传统研究范式为企业合法性的形成与演化提供了整体性研究框架（Panapanaan et al.，2003；Maignan et al.，2005；Maon et al.，2009），而社会心理学对个体或群体在社会互动中的互动行为分析维度（行为角色、行为动机、行为方式）为其提供了微观基础（Postmes et al.，2005；Van Zomeren et al.，2008；Thomas et al.，2014），已有的合法性获取路径（通过改变自己适应环境和改变其所处的环境）研究则为其提供了分析脉络，它们共同给出了一个具有互动特点的整体性分析思路。本研究以此来分析CCI过程中合法性的形成与演化过程。

上述四种研究视角形成思路来源于已有的经典研究，但其所引入的理论视角在CCI研究领域具有创新性。

（二）研究内容方面的创新

（1）新的研究情境。

在西方情境中，社区成立之初就已经有体系成熟、管理规范的社会组织入驻社区，这些组织及其构建的人文氛围能促进社区快速地发展和成熟。因此，其企业社区参与行为更多的是企业入驻社区与社区共荣发展的过程。而在中国经济与社会转型时期，中国的社会组织与社会需求相比其数量过少、组织能力还不够健全；而且他们往往去往最需要他们的地方，更多地参与解决贫困、教育、疾病、突发性灾难等社会问题。由此，在"住宅小区"建设之初少有社会组织参与其中，而其社区组织也缺乏或弱小，政府因为投入的限制也参与有限，这导致中国企业的社区参与是一条艰难崎岖之路。

然而，带领民众追寻通往美好生活的康庄大道是每个政府的责任，于是政府提出了和谐社区建设。这是一种中国特色情境下的社区工作，是指在党和政府领导下，依靠社会力量，利用社会资源，强化社区功能，完善社区服务，解决社区问题，共建管理有序、服务完善、治安良好、环境优美、生活便利、文明祥和，各个社会群体和谐相处的社会生活共同体的过程。其中，和谐社区的主要构成要素包括：①居民对社区事务广泛参与；②社区内三种法人（政府、企业、非营利组织）参与共建的积极性比较高；③社区的服务功能比较完善；④社区内有良好的社会风尚；⑤社区管理有序，社会稳定安全；⑥社区组织结构合理，各种规章制度完善。由此，在政府投入有限和社会组织能力相对弱小的情况下，企业成为社区参与的重要力量。它们引导居民成立社区组织，开展社区活动，并使有效的活动强化社区组织功能；如此循环发展促进社区组织壮大并推动社区成长成熟。这样开启了中国企业社区参与的历程。

（2）发现了不同导向的企业社区参与推动形成了不同发展水平的社区，即基础型社区、先进型社区和标杆型社区三种逐步迈向有机和谐的社区。

通过对企业社区参与的企业和社区的大样本调查及聚类分析发现，企业社区参与存在企业利益导向、社会责任战略导向和社会问题解决导向三种导向，而其参与的社区分别建设成基础型社区、先进型社区和标杆型社区三种逐步迈向有机和谐的社区。以往研究虽然有将社区建设过程中一些有特色的社区建设模式进行分类和总结，如上海模式、沈阳模式、江汉模式、青岛模式等，但并未从整个中国社区建设的局面来根据社区建设水平进行及各类建设水平社区的显性建设特点对其进行分类。由此，本研究从各社区建设要素水平及企业社区参与的企业特点和导向来甄别各类不同发展水平的社区，发现了基础型社区、先进型社区和标杆型社区三种逐步迈向有机和谐的社区。

（3）基于 CCI 中的社区分类，提出了从"授人以鱼"的 CCI 模式到"鱼渔兼授"的 CCI 模式，再到"授人以渔"的 CCI 模式三种推动社区建设的 CCI 模式，丰富了 CCI 过程研究。

通过从三类不同发展水平的社区中选择九个社区及其 CCI 企业进行多案例研究发现，基础型社区的 CCI 企业倾向采用市场性 CCI 战略，注重社区服务提供和联合参与，更有可能获得较高的行业认可和一定的顾客认可，体现出"授人以鱼"的 CCI 模式；标杆型社区的 CCI 企业侧重采用非市场性 CCI 战略，强调社区居民组织建设和政府性组织发展，更有可能获得较高的政府认可和一定的顾客认可，展现出"授人以渔"的 CCI 模式；先进型社区的 CCI 企业热衷于整合性 CCI 战略，适时进行社区服务提供、居民组织建设、政府性组织发展和联合参与，从而能获得较高的政府认可、行业认可和极高的顾客认可，表现出"鱼渔兼授"的 CCI 模式。并由此发现，CCI 可分为市场性 CCI（战略和行为）、整合性 CCI 和非市场性 CCI，它们均可使企业获得顾客认可；且 CCI 的市场性越强，企业所获行业认可便越多；非市场性越强，所获政府认可越多。本研究超越了以往研究认为 CCI 能促进企业合法性这种简单联系，强调了 CCI 的市场性和非市场性与政府认可、行业认可及顾客认可等合法性之间的具体逻辑关系。

（4）提出了企业—社区物业、政府—居委会、社会 NGO—居民组织及其关系的具有层次结构的社区建设三元分析范式，构建了企业社区参与行为中的多元主体协同机制，阐明了从"住宅小区"到"和谐社区"发展的一般阶段性特征。

以 CCI 中的社区类别为基点来选择典型案例，在合作伙伴关系、社区参与和共生理论等文献基础上进行了嵌入式纵向多案例研究，通过数据与文献的持续比较，发现了社区共生系统中企业—物业、政府—居委会、社会 NGO—社区组织的合作参与所形成的寄生共生型协同机制，到偏利共生型协同机制，再到互惠共生型协同机制进而推动"住宅小区"逐步发展成为"和谐社区"。其中，所提出的企业—社区物业、政府—居委会、社会 NGO—居民组织及其关系的层次性社区建设三元分析范式改进了中国情境下的社区建设理论，尤其是将层次性多元社区参与主体整合纳入过程研究对社区治理理论进行了拓展和延伸。在寄生共生型协同机制向偏利共生型和互惠共生型协同机制逐步转变的过程中归纳形成了 CCI 过程中的多元主体协同机制，由此，将共生理论引入 CCI 过程，拓展了其应用范围；将两个单元间的共生关系研究扩展到多单元共生关系研究；将共生理论的静态研究动态化，明晰了共生机制是随共生单元、共生环境和共生模式的变化而演化的。且寄生共生型协同机制始于企业—物业的参与；而偏利共生型协同机制触发于地方政府对居委会及社区的支持；互惠共生型协同机制则形成于居民组织到准社会 NGO 的蜕变，三者的渐进式参与形成了社区建设的一般阶段性特征。

（5）解析了 CCI 过程中企业合法性形成与演化的微观机制，揭示了企业合法性作为一个连续变量的演化特征。

CCI 战略随阶段发展对 CCI 活动起动态引导作用；CCI 过程中企业—居委会—志愿者的互动模式随行动者行为角色、行为动机和行为方式的转变而演化；社区能力的不同要素在不同互动模式的转换中向更高层面提升；CCI 过程中的互动直接形成企业内部合法性，同时，这些互动通过促进社区能力成长来形成企业外部合法性，由此构成了企业合法性形成与演化的微观机制，从而填补了特定领域合法性形成的微观机制研究这一空白。随着 CCI 阶段的发展，其内部合法性体现出从"情感认同"到"行为改善"再到"行为制度化"等要素演变和积累增加的趋势；外部合法性表现出从"社区性承认"到"区域性认可"再到"广泛接受"等范围上逐渐扩大的趋势，由此，体现出连续变量的演化特征，从而确定了合法性作为一个连续变量的属性界定。

（三）研究对象方面的创新

本研究以"企业社区参与行为"为主要研究对象，涉及多部门（企业、政府、社会三部门）、多层次（参与环境层级、参与单元层级）、多类别（主体、客体）的具体对象。其中，"企业"为主要研究主体，包括企业总公司（集团）、开发（地产）公司、物业（资产经营、管理）公司等；政府和NGO作为CCI过程参与者也属于研究主体的范畴，政府包括中央政府、地方政府、区政府、街道办和居委会；NGO包括社会NGO和社区组织。而"社区"为研究客体，主要涉及社区设施、社区组织、社区服务和社区活动四类以及社区社会问题。这不同于国外的企业社区参与研究虽然有少数文章将社区纳入研究范围来探讨，但是并未将其作为主要的研究对象。本研究以一种系统的整体的观点将企业社区参与行为所涉及的所有核心研究对象（见图7.1）整合起来纳入了研究范围。

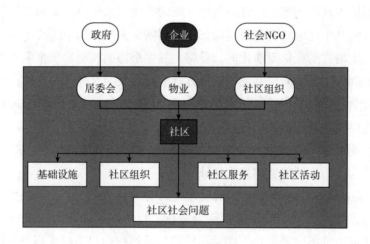

图 7.1　本书核心研究对象

（四）研究方法方面的创新

本书主要运用了文献研究法、问卷调查法和案例研究法三大研究方法。值得一提的是案例研究方法，本研究的核心部分从各章节的研究目的和所要解决的研究问题出发，均使用了案例研究法，在案例研究的过程中从文献分析到案例选择、数据收集、数据分析上综合使用了多种方法。如第四章使用多案例研究设计，其文献采用从大领域到小领域、从一般范式到具体要素与关系的文献梳理逻辑；案例选择九个不同区域不同城市不同类别的有代表性和典型性的社区参与企业及其社区作为案例对象；数据收集采用多轮多来源的一二手数据并行收集的方式；数据分析采用主题分析、案例内分析和跨案例比较多轮分析的方式；进而整个案例分析到理论形成采用收集数据—形成理论—再收集—精炼理论的逻辑来进行。第五章采用嵌入式纵向多案例研究设计，其将分析横向互动的理论与分析纵向嵌入的理论融入系统分析理论的框架作为理论基础；从各类CCI的企业及其社区中各选一个经典案例作为分析对象；以一手资料为主、二手资料为辅，收集其不同时点的多源纵向数据；在文献与数据的持续比较及涌现的模式中形成初步理论，并在层层嵌入的比较中简化理论。第六章运用纵向双案例研究设计，将不同分析层面的理论嵌套整合成一个多层次的整合研究框架作为理论分析基础；选取具有典型性和代表性的案例为研究对象；以访谈与观察为主，辅以文献调阅、公开网络资料、数据库历史文献等来源数据以实现三角验证；通过主题分析、变量界定、阶段识别、内容分析与编码，以及文献与数据的持续比较进行纵向过程分析，直至达到理论饱和。这些不同的研究设计均是由特定的研究目的引导、由以往经典研究所采用的各种方法综合会聚而成（合理性），具有一定的方法创新性，可为后续同类研究提供借鉴。

二、研究结论

本书的研究结论主要表现在以下四个方面：

（一）企业社区参与中的社区类别与企业导向

通过对中国企业社区参与中的社区进行分类研究，得到如下基本结论：

（1）企业社区参与推动形成了基础型社区、先进型社区和标杆型社区三种逐步迈向有机和谐的社区。其中，标杆型社区是指由实力雄厚的区域性房地产企业及其下属公司参与建设而成的，处于样本、楷模、典范或标杆等较高建设水平，在社区基础设施、社区组织、社区环境、社区治安、社区服务和活动六个方面都基本达到中国和谐社区建设的理想状态的社区。先进型社区是指由全国性品牌房地产企业及其下属公司参与建设而成的整体处于中等建设水平，但在六个方面中至少有三个以上方面达到中国和谐社区建设的理想状态，且这些达标方面都极具创新性和先进性的社区。基础型社区是指由中小开发商开发，其他物业公司进行后续参与的，处于较低建设水平，在六个方面中不足三个方面达到中国和谐社区建设的理想状态的社区。

（2）在企业社区参与推动形成这三类社区的过程中，企业存在企业利益导向、社会责任战略导向和社会问题解决导向三种企业社区参与导向。其中，具有企业利益导向的企业社区参与推动形成了基础型社区；具有社会责任战略导向的企业社区参与推动形成了先进型社区；而具有社会问题解决导向的企业社区参与推动形成了标杆型社区。不同的企业社区参与导向促进形成了不同发展水平的社区，由此构成了企业社区参与的前因和后果。

（二）企业社区参与模式

通过九个案例三类 CCI 企业的多案例研究来探讨中国情境下的企业社区参与模式，得出如下基本结论：

（1）CCI 过程中存在"授人以鱼"的市场性 CCI 模式、"鱼渔兼授"的整合性 CCI 模式以及"授人以渔"的非市场性 CCI 模式三种 CCI 模式。其中，"授人以鱼"的市场性 CCI 模式是指企业采用市场性 CCI 战略，通过社区服务提供和联合参与来获得较高的行业认可和一定的顾客认可；"鱼渔兼授"的市场与非市场整合性 CCI 模式是指企业整合市场性与非市场性 CCI 战略，适时进行社区服务提供、居民组织建设、政府性组织发展和联合参与，从而能获得较高的政府认可、行业认可和极高的顾客认可；"授人以渔"的非市场性 CCI 模式是指企业采用非市场性 CCI 战略，通过社区居民组织建设和政府性组织发展来获得较高的政府认可和一定的顾客认可。

（2）三种 CCI 模式分别推动形成了不同水平的社区。"授人以鱼"的市场性 CCI 模式（企业也俗称其为"养猪式参与"，即注重眼前利益）推动形成了基础型社区；"鱼渔兼授"的市场与非市场整合性 CCI 模式（俗称"养个儿子养点猪"，即生存并发展，"养猪"为眼前生存，"养儿子"来追求长期发展）

推动形成了先进型社区；"授人以渔"的非市场性 CCI 模式（俗称"养儿式参与"，因中国有"养儿防老"的说法，即关注长期利益）推动形成了标杆型社区。

（3）CCI 所获得的企业合法性具有叠加累积效果，同时，CCI 模式的战略—行为—结果要素间存在一种理性的有机关联。CCI 可分为"授人以鱼"的市场性 CCI（战略和行为）、"鱼渔兼授"的整合性 CCI 和"授人以渔"的非市场性 CCI，它们均可使企业获得顾客认可；CCI 战略的市场性越强，"授人以鱼"行为越多，企业所获行业认可便越多；非市场性越强，"授人以渔"行为越多，所获政府认可越多。

（三）企业社区参与中的多元主体协同机制

通过三个经典案例的嵌入式纵向研究设计来探讨企业社区参与行为中的多元主体协同机制，得出如下基本结论：

（1）在社区共生系统中，共生单元的特征和性质为共生模式的形成奠定了内部基础；共生环境的性质和作用程度为共生模式的形成提供了外部条件；内外因素的双重作用促进形成了社区共生模式；进而，形成特定的多元主体协同机制。其中，共生单元指物业—居委会—居民组织；共生环境指由企业提供的经济环境、政府提供的政治环境和由社会 NGO 提供的社会环境所复合构成的环境；共生模式则是指企业—物业、政府—居委会、社会 NGO—居民组织之间的相互关系。

（2）CCI 过程中社区参与的多元主体之间逐渐形成了"寄生共生型协同机制""偏利共生型协同机制""互惠共生型协同机制"三种多元主体协同机制。其中，强异质性单向关联的共生单元内部互动和市场化共生环境的外部影响，逐渐形成了物业主导—居委会跟随—居民组织跟随的寄生共生模式；由此，社区共生系统中共生能量从物业（企业）流向居委会和居民组织并促进其成长，构成寄生共生型协同机制。弱异质性双向关联的共生单元内部互动和市场与非市场混合共生环境外部影响，逐渐形成了居委会主导—物业支持—居民组织参与的偏利共生模式；由此，社区共生系统中居委会与物业的合作互动产生新能量，且部分流向居民组织促进其能力发展，构成偏利共生型协同机制。弱异质性多向关联的共生单元内部互动和非市场化共生环境外部影响，形成了居民组织能动—居委会主导—物业支持的互惠共生模式；由此，新能量在居民组织、居委会和物业的合作互动中产生，并多向流动促进三方的共荣发展，构成互惠共生型协同机制。

（3）中国情境下"住宅小区"发展成"和谐社区"的过程实质上是由"寄生共生型协同机制"向"偏利共生型协同机制"和"互惠共生型协同机制"逐步转变的过程；也就是社区共生系统中共生单元、共生环境、共生模式及其所构成的共生机制共同演化的过程。这一演化过程以企业—物业的参与为起点，由此形成寄生共生型协同机制；以地方政府对居委会及社区的支持为转折，进而形成偏利共生型协同机制；以居民组织到准社会 NGO 的蜕变为成熟的标志，最终形成互惠共生型协同机制；三者的渐进式参与形成了社区建设的一般阶段性特征。

（四）企业社区参与行为中的合法性形成机制与演化特征

CCI 过程中合法性形成机制相关的结论有四点：第一，CCI 战略对 CCI 活动起动态引导作用，该战略依次体现为"引导性战略""帮助性战略"和"合作性战略"。第二，社区参与中行动者互动模式随行动者行为角色、动机和方式转变而演化，主要经历了"企业主导—居委会协作—志愿者参与的互动""企业指导—居委会主导—志愿者协作的互动"和"企业—居委会—志愿者协同互动"三种特色的互动行为模式。第三，社区能力的不同要素在不同互动模式的转换中向更高层面提升，主要包括"社区资源""社区组织"和"社区网络"三个方面的要素；其中，社区资源经历了"经济资源引入""人力资源发展"和"多资源整合"的提升过程；社区组织经历了"组织成立""组织发展"和"组织复制"的转变过程；社区网络则经历了"网络初现""网络调整"及"网络丰富"的发展过程。第四，这些战略、行动者互动和社区能力共同构成了合法性形成的微观机制；其中，不同 CCI 战略指引形成不同企业—居委会—志愿者行为互动行为模式，从而形成企业内部合法性的积累，同时，这些互动通过促进社区能力成长，进而形成了企业外部合法性的增加，由此构成了企业合法性形成的微观机制。

CCI 过程中企业合法性形成机制内部要素的调整和变化决定了合法性的演化，进而合法性的演化特征决定了其变量属性。相关结论有两点：第一，在企业主导的 CCI 阶段，企业采用引导性战略指引社区参与行为，从而形成企业主导—居委会协作—志愿者参与的互动模式；在互动中 CCI 获得了内部人员的情感认同；同时，企业又在互动中通过促进社区能力萌芽得到了社区性承认。在居委会主导的 CCI 阶段，企业采用帮助性战略指引社区参与行为，从而形成企业指导—居委会主导—志愿者协作的互动模式；在互动中企业内部人员的 CCI 行为逐渐改善；同时，企业又在互动中通过促进社区能力发展取得了区域性认可。在志愿者能动的 CCI 阶段，企业采用合作性战略指引社区参与行为，从而形成企业—居委会—志愿者协同互动模式；在互动中企业内部人员的 CCI 行为内化为制度化，同时，企业又在互动中通过促进社区能力成熟获得了社会各界的广泛接受。由此，合法性形成机制内部的战略、互动行为及社区能力等要素的提升与转变决定了企业合法性的演化。第二，随着 CCI 阶段的发展，其内部合法性体现出从"情感认同"到"行为改善"再到"行为制度化"等要素演变和积累增加的趋势；外部合法性表现出从"社区性承认"到"区域性认可"再到"广泛接受"等范围上逐渐扩大的趋势。内部与外部合法性分别在两条不同路径上初现、集聚和扩散，体现了连续变量的属性特征，由此确认了合法性是一个连续变量。

三、研究启示

上述研究对 CCI 所推动形成的社区进行分类，进而对 CCI 模式和 CCI 中的多元主体协同机制进行研究，并对其中合法性的形成与演化过程进行分析，这对我国企业社区参与和政府、社会 NGO 参与和谐社区建设都具有重要的实践意义。因此，本书的研究启示主要表现在以下三个方面：

（一）对企业的启示

（1）企业应在社区参与时合理定位，根据其目标和需求采用合适的 CCI 模式。如企业寻求居民满意和政府认可，就能以社会问题解决为直接目标来采用非市场性战略，并用帮助社区居民组织建设和政府性组织发展等相应的战略行为，由此通过"授人以渔"的 CCI 模式来实现其目标和需求；若企业追求顾客满意和行业认可，则以其经济利益为直接目标来采用市场性战略，并用社区服务提供和联合参与等相应的战略行为，由此通过"授人以鱼"的 CCI 模式来实现其目标和需求；若企业追求社会问题解决和经济利益双重目标，则采用市场与非市场整合性的战略和行为，由此通过"鱼渔兼授"的 CCI 模式来实现其双重目标和需求。

（2）企业应根据自身实力和社区的初始条件及社区居民的基本情况，在 CCI 过程中帮助成立和发展社区组织，并形成合适的多元主体协同机制与其互动，以此来推动社区建设。从无机的住宅小区建成开始，企业—物业社区参与是社区建设的开端，社区共生系统中企业与其他社区参与主体的互动逐渐形成寄生共生型协同机制；这在一定程度上有利于居委会和社区组织的发展，有的企业由于自身实力的限制或者社区居民基础薄弱而长期停留于这一过程，但有的社区则因居委会和居民组织的迅速发展而与当地政府取得联系，获得了一定的政府支持。而地方政府支持居委会主导社区建设正是社区发展的转折点，这些社区由于地方政府的支持而转变，其社区共生系统中企业与其他社区参与主体的互动由寄生共生型协同转变成偏利共生型协同，这极大地促进了社区组织的发展。进而，当社区组织发展到一定程度，并通过跨区域的社区参与成长为准社会 NGO 时，其社区共生系统中的多元主体关系则转变为互惠共生型协同，社区也逐渐有机和谐。

（3）企业在获取合法性和社区参与过程中可将本研究的战略、行为和结果作为指导或借鉴。首先，从战略上看，对于企业合法性的获取来说，不同企业可以根据所处的社区参与阶段来选择适当的引导性、帮助性或合作性 CCI 战略指引 CCI 行动。其次，从 CCI 实施过程而言，中国情境下 CCI 是企业—居委会—志愿者等多方行动者协同互动的过程。企业要认识到行动者的行为动机、角色和方式会随着社区能力的成长而调整改变。由此，企业可以根据社区能力发展的需要来扮演合适的角色如主导者、指导者或合作者，并促进社区组织扮演恰当的角色，如参与者、协作者、主导者、合作者等，从而发挥其能动性来推进社区能力（资源整合、组织发展和网络拓展）成长，进而促进企业合法性的形成。最后，从结果管理上看，企业可以在 CCI 过程中通过对 CCI 活动进行战略性安排，来管理内部人员在情感认同、行为改善和行为制度化上的积累与转化，从而促进内部合法性的形成；来管理社区在资源整合、组织建立、网络拓展能力上的提升，以及获得的社区性承认、区域性认可和广泛接受等结果，从而促进外部合法性的形成。

（二） 对作为政府延伸组织的居委会的启示

（1）居委会应认识到自身在企业社区参与行为中的重要作用。居委会是中国特色情境下带有浓重的行政色彩的居民自治组织（本研究将其归类为社区的政治性组织），其独特的组织特性决定了它在社区参与过程中有着不可估量的作用。它是政府与社区关系纽带的核心节点，起到上传下达、下诉上听的作用，是各社区参与方开展社区活动的主要合法性渠道组织。某些社区工作的开展需要其向上级组织进行请示，某些政治资源的获取需要其向地方政府进行争取，某些社会资源的整合需要发挥其独特的组织协调作用；同时，政府、企业、社会各方的社区参与往往事先与其取得联系、沟通才采取进一步的行动。因此，新建社区应迅速成立居委会并促进其发展完善进而发挥其在社区建设中独特而重要的积极作用。

（2）居委会应努力加强自身能力建设和实现业务功能拓展。在多方进行社区参与的过程中，一方面，社区应借助企业及其物业的支持迅速成立居委会，并建立健全其组织功能；另一方面，居委会应在帮助发展居民组织时，借助居民组织的力量拓展自身功能和业务，以最大程度地促进自身发展和社区发展；同时，居委会还应借助自己和地方政府的特殊联系，最大限度地发挥地方政府功能开拓和发展有益于社区的业务；并借助这种联系来丰富其组织层面的社会关系为企业社区参与提供最大便利。

（3）居委会应发挥其核心功能为企业社区参与和居民组织社区建设提供支持。居委会成立后，应在企业及其物业和居民组织的支持下建立健全其组织功能，提升其组织能力；同时，也应积极支持企业及其物业的社区参与，为其社区工作的开展尽可能提供便利，并多与其沟通交流，开展联合服务、活动或其他项目；对于新发展起来的居民组织，居委会也应发挥其主导作用对其进行规范和调配，并利用其特有的政治关联和社会联系来支持居民组织开展服务或活动。总之，居委会的支持对企业及其物业的社区参与和居民组织的发展有巨大的正向作用，所以居委会应在企业及其物业的支持下努力进行能力建设，并发挥其在社区建设中的积极作用。

（三） 对社区居民组织的启示

（1）居民组织应在企业—物业、地方政府—居委会的支持下努力发展并成长为社会 NGO。企业社区参与行为中居民组织是在企业及其物业公司参与引导下成立，在地方政府支持居委会主导社区建设下成长，在其开展活动和提供服务的过程中发挥其能动性、自我完善并蜕变为准社会 NGO 的。居民应遵循社区建设的阶段性特征及各阶段所能提供的各种资源和能力的支持来自我发展和建设，并应在适当的时候寻求其他组织的支持来发展壮大甚至成长为社会 NGO，进而反哺社区、支持企业和其他社区组织参与社区建设。

（2）居民组织应在企业社区参与中发挥其重要作用。社区组织的成立成长离不开企业—物业和地方政府—居委会的支持；同样，社区组织要发挥其在社区建设中的重要作用也需要与企业—物业和地方政府—居委会进行交流和互动。在初始的社区参与阶段，居民组织在社区参与中只是起辅助协作的作用；随着社区参与的发展，成长起来的社区组织与物业及居委会逐渐形成互惠共生的社区参与关系，能最大限度地发挥其能动性，共同推动社区有机和谐。由此，明确了居民组织的发展路径及其对社区参与的重要作用，可供广大社区居民效仿。

四、研究局限性及未来研究方向

虽然本研究得出了许多对战略管理理论与实践都非常重要的结论和启示，但是不可否认，本书的研究也存在局限性：

首先，作为中国新兴研究领域中探索式的研究，本书虽然名为"CSR 中的社区参与行为研究"，但一个新兴的过程研究有诸多的问题需要深化，笔者的知识框架、能力水平决定了不能用 20 万字的文字量对中国企业社区参与行为进行全方位的深化（中国 10 多万个社区中 CCI 又岂是本研究所能全部概述和深掘的，所以这里只是对一些主流的突出的典型现象进行了一定程度的探究）。这一问题将在笔者后续的研究中得到弥补。

其次，案例研究作为一种兼容定性与定量分析、理论与实证结合的研究方法，虽然对嵌入社会情境的过程研究具有独特的挖掘和剖析作用，但是其所涉及的样本量毕竟有限。本研究主要采用了各种研究设计的案例研究方法，因此所构建和拓展的理论还有待未来展开更为充分的实证研究，以证实研究结论更为普遍的意义。特别是 CCI 模式、CCI 中的多元主体协同机制、企业合法性的形成和演化等相关结论。

有缺点就有进步的机会。以上所提到的研究局限性也正暗示着进一步有价值的研究方向。正如 Baron（1997）所说，"整合战略是战略管理领域的新发展趋势，这个领域的研究仍然处于婴儿期"。沿着本书的研究思路，我们认为进一步的研究可以在以下四个方面继续展开：

（1）致力于整合战略的 CCI 过程的研究。本研究发现了市场性与非市场性 CCI 模式，也发现了整合性的 CCI 模式，但是并未对整合性的模式做进一步的深究，究竟整合模式采纳了多大比例的市场与非市场性 CCI，其整合的方式是什么，是简单混合还是深度融合，或者整合中有一定的规律可循，这是缺乏研究却值得研究的问题，对 CCI 和战略管理意义重大。

（2）致力于非主流 CCI 过程的研究。本研究关注基础型社区、先进型社区、标杆型社区三类主流且特征显著的社区中的 CCI 及其形成过程，但现实中，往往有一些社区因为其特定的地域或政治原因如处于自治区、直辖市或特别行政区，其企业社区参与现状及其发展路径都不同于本书所研究的社区（笔者在取样初期曾关注过，如上海的几代"国际社区"和"去国际化社区"：古北（第一代）；碧云、联洋（第二代）；大宁、新江湾、森兰、南翔、唐镇等新兴国际社区），对其进行研究可丰富中国 CCI 或有意想不到的收获。

（3）致力于 CCI 过程中某一问题的研究。如关注中国 CCI 的前因或后果；CCI 与企业经济或社会绩效、企业雇员吸引力、企业风险管理能力等之间的关系；CCI 与社区能力、各类社区组织能力、各类社区社会问题解决之间的关系，或针对更为具体的一些问题进行深度研究。这些问题的深度研究同时也能拓展 CCI 未来研究的视野。

（4）致力于用大样本研究来细化和深化 CCI 过程中的某些关系。如针对（3）中关注的具体问题采用大样本定量研究，以此来得到更为普遍的意义。

"路漫漫其修远兮，吾将上下而求索。"

——屈原·《离骚》

附录一　研究背景

社区是我国社会的基本细胞，社区发展离不开企业、政府、居民等社会各方的参与和支持；而随着社区在我国经济社会发展中地位的提升，企业与社区之间的关联性和依存性不断增加，社区的发展反而能为企业提供发展机会，因此，推进"住宅小区"向"和谐社区"转变不仅是政府的任务，也成为影响我国企业发展的重要因素，因而越来越多的企业开始主动关注并积极承担社区建设的责任。总体来看，中国企业社区参与是根植于中国社区建设情境之中的，而房地产企业作为参与社区建设的力量中最为强劲持久者更是本书所选之案例对象。下面根据 CCI 研究团队（笔者、田志龙、柳娟等）的调查与观点中分别从中国社区建设和房地产企业两个方面整理了一些与本研究相关的研究背景，用以帮助读者理解本书的研究问题和研究过程。

一、中国社区建设背景

社区建设是构建和谐社会的基础，它是一个涉及政治、经济、社会、文化和管理等多领域的系统工程。

（一）社区建设的政治背景

自新中国成立后，我国确立了"中国共产党领导的多党合作和政治协商制度"，这一中国特色的政党制度要求国家和社会在我党的领导下运作。进而，为了保持我党的先进性，有关加强党的执政能力建设的文件和政策不断出台，"把抓好党建作为重要工作"的思路也已提出。我国政府作为党领导下的行政机关，长期作为社会管理的核心主导者，通过高度集权的行政管理体制来直接行政干预统辖和管理社会。我国社区建设和社会发展正是在此政治框架下进行的。而该政治体制和党的领导对我国社区建设的影响主要表现在以下两方面：首先，从国家视角出发，我党鉴于夯实党的执政基础与巩固党的执政地位的需要，力图使党组织的活动覆盖到人们经济、社会生活的各个领域，以保证党组织在社区建设中发挥核心作用。其次，从社区发展视角出发，党组织具有强大的团结和动员社会的能力，发挥这种政治优势，有助于提升社区的资源整合能力。

总的来说，党组织是社区建设的重要参与主体之一，社区建设中作为我国基层管理单位和基层党建单位，具有政治属性的。

（二）社区建设的社会、经济与管理背景

新中国成立后，"单位制"作为我国城市基层社会治理体制持续了30多年，它是政府基于行政权力体系对社会的全方位管理控制，也一直影响着我国的社会治理体制变革。到1979年，我国确立了市场经济的主体地位，逐步建立和完善"中国特色的社会主义市场经济体制"，并由此促进了企业转变为独立法人实体，但企业也不具有作为合法化的治理主体参与社区发展的权利。企业更多的是以经济实体的身份通过社会交换为社区建设效力。

从20世纪80年代中期开始，社会结构的调整促进了街道办和居委会等社会治理主体的发展，但它们因缺乏足够的政府授权，仍处于对政府全面依附状态，无法有效满足社会发展的需要。直到20世纪90年代末开始，"社区建设"逐渐受到党和政府的重视，2004年《中共中央关于加强党的执政能力建设的决定》中首次提出建立健全"党委领导、政府负责、社会协同、公众参与"的社会治理格局，2007年党的十七大报告将其写入党章。该决定在强调党和政府发挥领导和主导作用的同时，也强调发挥各类社区组织在社会管理和社会服务中的作用。2012年党的十八大报告指出"加快形成党委领导、政府负责、社会协同、公众参与、法治保障的社会管理体制"。2013年党的十八届三中全会的《中共中央关于全面深化改革若干重大问题的决定》指出"加强党委领导，发挥政府主导作用，鼓励和支持社会各方面参与，实现政府治理和社会自我调节、居民自治良性互动"。这一系列文件均强调政府职能转移和提升党建

能力，强调培育社会组织、鼓励更多社会组织和企业参与社会和政治事务并帮助解决社会问题。由此，企业作为社会上的基本经济单元，社区组织作为更为具体的社会单元才逐步登上了社区建设与管理的政治舞台。

我国一直采取社会管理的模式，是政府和各类社会组织为促进社会系统协调运转，对社会成员的行为进行规范，对社会公共事务进行组织、协调、服务、监督和控制的过程。社会管理涉及政治组织（政府）、经济组织（企业）、社会组织三类现代社会主体，并默认政府在行政领域发挥主体作用（宏观的社会管理和公共服务作用），企业在市场和经济活动中发挥基础作用，社会组织在社会领域发挥基础性社会管理和服务的作用。当前我国仍处于社会转型时期，在社会管理中政府依然是作为主导者，采取自上而下的方式推动各方参与。因此，虽然从单位制到社区制经历了基层社会与经济的结构性变迁，而我国具体的社会治理变革实践却长期滞后，与建立新的社会治理格局还有很大差距。

（三）社区建设的目标与任务

伴随着我国社会治理变革实践的缓慢发展，我国的社区建设也必然是一项长期而艰巨的系统性工程。社区是社会的缩影，作为社会的基本单元，承担着经济功能、政治功能、文化功能、社会管理功能以及社会整合功能。但在我国，社区一直是国家权力机构实现管理和控制社会的一个重要场所。因此，中国城市社区建设更多的是一种自上而下的过程。整体来说，社区建设包括两大目标：社区发育和成长、城市基层政权建设。

当然，自我国民政部 1991 年正式提出"社区建设"概念至今的 30 多年间，我国在社区建设方面取得了较大成效，在 2009 年和 2014 年民政部分别评选出 500 个和 1000 个社区作为"全国和谐社区建设示范单位"①。但是社区建设实践和我国建设和谐社会的目标还有较大差距。伴随着城市化进程我国城市住宅小区规模和数量急剧增加，我国既定的政治体制框架和滞后的社会治理体制变革实践，导致大量住宅小区难以转变为民政部倡导的"和谐社区"。由于社区建设本身就源于人们生存和发展的需要，因此社区建设过程也是从满足基本层的生存需求向满足高级层的发展需要逐步推进。具体来说，社区建设的任

---

① 中华人民共和国民政部—基层政权和社区治理司网站。

务可以分为五个方面：社区治安、社区服务、社区文化、社区组织、社区参与。

第一，社区治安，这是社区居民最为关注的事情，目前主要由社区物业公司提供服务，随着社区发展和人们对治安要求的提高，也会通过成立相应的社区组织来协助。第二，社区服务，社区服务按照人们的需求层次一般分为三个层次："救助性"服务、"保障性"服务、"精神生活型"服务。在普遍的住宅小区中，第一层的服务基本可以保障，而后两层的服务则是非常缺乏的，主要表现在：齐全和永久性的公共设施建设少；社区公共事务管理缺乏统一规划导致服务供给不足；没有多层次服务体系，商业性服务和社区公共服务缺乏明确分工等。社区服务按照服务方式包括由企业提供的设施服务、由社区组织提供的外展服务。第三，社区文化，社区文化本应是社区建设中普遍开展的内容，是居民参与的主要方面，主要是居民利用社区内的各种文化设施组织开展教育活动、文艺活动、科普讲座、体育运动等。第四，社区组织，我国社区组织主要包括政府派出机构（街道办）、自治组织（如居委会、社区管理委员会、业委会）、服务性/公益性/互助性社会组织（如志愿者组织、残疾人组织、老年人组织、群团组织—共青团、工会、妇联、残联、老龄协会、慈善协会）。社区组织是居民自组织参与社区公共事务和公共生活的有效载体。第五，社区参与，社区参与的本质是对权力关系的分配，是一种政治过程，而不仅仅是一种经济或技术过程，与上述四方面都有关。以居民参与为例，可分为强制性、引导性、自发性和计划性四种，这四种参与类型的自主性是不断增加的，而且同时受到居民自身资源能力和国家政策的共同影响。

上述五方面的社区建设任务表明我国住宅小区发展面临的社会问题是具有层次性和关联性的，可概括为三类：社区服务问题、居民参与问题、社区组织问题，这三个方面属于不同层面但却相互关联。具体表现为：一是由陌生人组成的"住宅小区"中居民交往少而邻里矛盾多，居民参与意识淡薄，社区参与主体缺乏；参与形式过于单一，参与渠道狭窄。二是受资源限制"住宅小区"服务体系缺失，大量的"社会弱势群体"以及人口老龄化问题普遍存在。三是"住宅小区"的公共服务和社区管理不完善，降低居民生活质量。四是缺乏多样化和合法化的社区组织，不仅不利于吸引居民进行社区参与，还无法提供丰富的社区公共服务。五是居委会等居民自治组织行政色彩过重，工作流于形式化和表面化，无法承担起政府转移的社会职能。

（四）社区建设的挑战

针对上述社区建设过程中的多层次、相互关联性的社会问题，我国和谐社区建设过程必然需要系统化、循序渐进的推进。近十多年来我国政府一直倡导创新社会治理体制正是希望从整体上系统地推进社区建设，然而在实践操作中过于强调政府组织和社区居民参与的作用，但仅靠这两类主体依然无法解决"和谐社区"建设实践的如下关键挑战：

一是解决管理人才、资金等资源投入不足的问题，仅依靠政府的投入始终满足不了整个社会发展的需求，而居民的参与意识也难以依靠政府自上而下的政策有效增强。二是重新建立明确的社区治理机制，当前政府部门行政干预过度，与街道办和居委会等社区参与主体之间职能划分不清，导致社区工作效率低下，但破解该现状需要增加社区投资，从而降低社区参与主体对政府的依赖并增强其独立性。三是培育更多元化的社区参与主体，包括赋予更多组织作为社区参与主体的合法身份，提升合法参与主体的参与能力。当前获得政府认可的合法社区参与主体主要是居委会、居民组织，但它们因为缺乏资金而无法独立运作并扩大。可以通过赋予企业作为社区参与主体的合法性，从而引进更多资源和能力投入。四是建立多元互动的治理结构（杨蓓蕾、孙荣，2008），鼓励政府、社区组织和企业等社区参与主体之间合作互动，使得它们共同决策以充分发挥各自的能力优势和资源优势进行合作。

总体来看，这些挑战属于不同性质和不同层面的问题，有经济性、政治性、社会性，由于社会问题的多层次性，解决这些挑战也需要从不同层次入手，例如，社区服务中一大部分社会问题是经济性，通过简单社区投资可解决。而社区组织和社区参与更多属于社会关系和参与权利层面的问题，需要从治理结构层面去解决。

二、中国房地产企业背景

（一）房地产行业概况

房地产行业是我国社会的重要组成部分，也是我国的支柱产业之一，房地产行业的发展历程与我国城市化进程和社区建设历程紧密相关。

1. 我国房地产行业的发展历程

自 1979 年中国开始市场化改革起,中国开始城市化进程,国家围绕发展住宅建设,改善人民居住条件,培育房地产市场而采取了一系列改革措施。邓小平在 1980 年 4 月发表关于建筑业和住宅问题谈话后全国开始了对城镇住房制度改革,政府也提出了一系列保障性政策。在 1992 年初邓小平南方谈话的推动下,中国房地产行业得以全面发展。1995 年房地产市场发展速度回归平稳,增幅保持在 20%~30%,全国完成房地产投资中住宅建设投资占房地产投资的 80%左右,"安居工程"也全面展开。从 1995 年开始,随着《城市房地产管理办法》和《土地增值税条例》等法规的颁布,房地产运行走上法制化轨道。大量的房地产开发企业和住宅开始出现(1995 年我国住房建设投资占房地产投资的 80%左右)。1996 年下半年中央把住宅建设确定为国民经济的新增长点并对房地产进行调整。很多企业开始进入这个行业,开始根据市场需求开发产品。1997 年亚洲金融危机爆发后,我国实行积极财政政策,并以推动住宅消费拉动中国经济,更提出把中国房地产业列为国民经济支柱产业(2003 年国务院 18 号文件)。1998 年,国务院《关于进一步深化城镇住房制度改革加快住房建设的通知》的发布,在我国启动了一场影响国内经济的改革——全国取消城镇职工福利分房,逐步实行住房分配货币化。此后十年,房地产成为了拉动经济增长的"火车头"。

2. 房地产市场发展背景下的我国住宅管理情况

在从 20 世纪 70 年代末开始的我国城镇住房制度改革和城市化进程中,我国城市人口大量增加,住宅小区成为城市的基本单元。社会转型开始后,单位制的解体促使人们逐渐从单位人转变为社会人(何海兵,2003)。1986 年,民政部为解决城市居民的社会福利和生活服务问题,把社区概念引入实际生活,提出了建立、完善社区服务体系的任务。1987 年社区与社区服务开始在全国普及。1991 年民政部提出了社区建设的理念和任务,我国城市社区建设蓬勃发展。其中上海市发挥了带动作用,1991 年底上海市委提出将精神文明建设与社区管理和社区服务相结合,并于 1995 年开始进行"两级政府、三级管理"的试点工作,1997 年又提出"两级政府、三级管理、四级网络"的管理体制。继上海之后,我国其他地区的基层社区建设和社区管理不断开展起来。随着我国城市基层管理体制改革深化,参与住宅社区管理的机构逐渐增多,有街道办、居委会、物业服务公司、业主委员会等。但是，随着社会发展，更多新情况新问题的出现使社区建设成为了社会热点。

由此可见，房地产行业的发展与我国社区建设历程是相伴相生的，都是中国城市化进程的一部分。因此，房地产行业能很好地反映中国社会的特征，也更能反映我国社区建设的特征。另外，由于房地产行业是实现人民安居乐业这一目标的根本方式，因此房地产企业参与我国社区建设的历史也更长，更能体现我国和谐社区建设背景对企业社区参与的影响。

（二）房地产企业社区参与

自中国推进和谐社区建设以来，民政部虽然一直强调"社区建设"，但实际投入到社区建设中的资金和人力始终有限，使企业逐步成为参与社区建设的重要力量，社区也成为企业社会责任的重要部分。但受社区发展状况、社区类型和企业类型的影响，不同企业在社区参与方面的成果参差不齐。相关数据表明，自改革开放至今的 40 多年里，我国城镇住宅小区已达到 10 万多个，其中只有不到10%的小区在企业的参与建设下转化成比较成熟的"和谐社区"，而这些和谐社区主要是在不少企业的长期深度社区参与下推动建立的。这些企业社区参与在帮助解决社区社会问题从而推进和谐社区建设中发挥着关键作用，同时这些企业也因在社区建设方面的成就而获得了竞争优势和自身发展。在这些有效地推进和谐社区建设的企业中，房地产企业是开展社区参与活动比较多的企业类型。因此作为本书的案例对象。从房地产企业类型来看，长期深入开展社区参与的以民营企业为多，这不仅是由企业规模决定的，也因为数量较大的民营企业是我国社区建设的重要力量。因此，本书关注的参与社区建设的房地产企业仅指民营房地产企业。

1. 国家政策推动下的房地产企业社区参与

自社区建设政策提出以来，与西方较成熟的社区相比，我国政府职能转变和社区组织建设进展缓慢，我国社区建设现状与提高社区居民生活水平的目标仍有差距。与西方社会相似，我国社区建设也表现为强化社区要素，增进社区机能的过程和活动，致力于把社区建设成管理有序、服务完善、文明祥和的社会生活共同体。因此，政府和学者极力呼吁发动各方力量和资源（尤其是企业）进行硬件建设和完善社区服务，社会也开始接受甚至鼓励企业参与社会的、政治的事务。尤其是，社区建设需要资源整合，因此就是需要房企、社区和政府之间的合作。然而，在房地产行业发展之初，房地产企业并不涉及也不关注社区建设。从企业角度来看，我国房地产行业的发展历史不长，住宅建设和住宅管理分离，而相应的配套服务和物业服务等供应不足，导致企业面临住宅需求高而销售率低的矛盾状况，并进一步制约了社会发展。虽然后来住宅建设发展到物业管理，从满足居住需要到满足安全舒适需要，但大多数企业一直都把注意力集中到"安居"需求上。从政府角度来看，最初企业和政府之间是没有连接的，房地产开发商负责楼盘建造，政府依靠"两级政府、三级管理、四级落实"的城市管理体系负责社区建设。随着政府开始试图调动和发挥企业参与社区建设的积极性，很多房地产开发企业面对我国社区建设水平不高的状况，开始通过下属物业公司参与社区建设，将企业的发展与社区社会问题解决（如社区居民失业和贫困问题、邻里矛盾、居民缺乏交往和文化生活、空巢老人等）直接关联起来。

2. 企业自身发展需要拉动下的房地产企业社区参与

房地产开发企业是指从事房地产开发和经营、以盈利为目的的企业。一般而言，房地产开发企业的价值链环节包括：市场调查与战略制定、土地使用权获取、规划设计、施工建设、市场营销、售后服务（以物业服务为主）。因此，房地产开发企业是将资金、土地、设计、工程、物业管理、环境等多种彼此关联、相互影响的要素组合起来的"系统集成商"。更重要的是，每一个价值链环节都与社区建设要素有关。因此，参与社区建设对于房地产开发企业而言不仅是责任，更是发展机遇。对于竞争激烈的房地产行业，顾客作为房地产开发企业的宝贵资源，他们对于居住的需求和所注重的价值也发生着重大变化，已经从买得起房，到要求居住方便、环境舒适、期望社区氛围和谐和实现个人价值。房地产开发企业主动承担社会责任，利用企业资源通过丰富商业模式内涵帮助解决力所能及范围内的社会问题不仅是社会发展的要求，更是房地产企业能长久生存下去的一个必然选择。目前，从表面上看，物业服务公司是参与社区建设的主力。因为物业是一个比较特殊的行业，与政府和社区联系得非常密切，尤其是2007年施行的《物业管理条例》修改版促使越来越多的物业服务企业参与到社区建设中。但从数据来看，我国物业服务行业中，70%的物业服务企业是由房地产开发商自建的，实际是我国房地产企业通过物业服务公司参与社区建设，由于物业公司贴近顾客以及具有资源、沟通、信息、行动等优势，能够对企业开拓市场以及有效承担社会责任发挥其重要性。由此可见，房地产开发企业参与社区建设也是为了赢得顾客忠诚度和开拓市场打下基础。另外，随着房地产企业的转型，社区的重要性更凸显出来，企业通过社区责任承担能增强居民间的社会联系和经济联系，社区就越来越成为企业争夺的潜在市场。因此，房地产企业参与社区建设在我国将会成为一个趋势。

总体而言，房地产企业参与社区建设，直接作用是为了整合资源，涉及企业与政府、社区之间的互动和共同投入，随着"住宅小区"向"和谐社区"不断发展，对于企业、政府、社区而言，是一个共同获益的过程，各方都获得了相应的利益。

附录二　作者相关研究

上海国际化社区中的企业社区参与行为研究

摘　要：为探求"企业是如何参与社区建设，进而与社区其他参与者互动从而推动住宅小区建设成和谐社区并获得自身发展的"，本文聚焦于中国社区发展水平最高的地区——上海，研究上海高水平社区中的企业社区参与行为、过程及模式。团队成员通过多元化的案例研究方式，对上海高水平国际社区中的企业社区参与进行了纵向案例研究、国际化与本土化双案例比较研究，以及三代国际化社区中企业社区参与的多案例比较研究。结果表明：①在高水平国际化社区的不同发展阶段，企业社区参与呈现出合作程度逐渐加深、由被动合作到协作体的变化；②国际化社区与本土化社区的企业社区参与相同之处在企业主动性、合作契合度和领导的主体等方面，而不同之处体现在参与社区事务的企业类型比例、活动前期的参与度、内容的多样性等方面；③不同时代国际化社区中的企业社区参与程度随着时代背景的发展逐渐深入，协调各方力量进行社区参与的能力逐渐增强，并构建了建设高水平社区的企业社区参与模式，以期对我国的社区建设与企业社区参与实践提供参考与借鉴。

关键词：国际化社区；企业社区参与；社区建设

一、问题的提出

企业社区参与（Corporate Community Involvement，CCI）是中国转型经济中的新兴研究议题，它源于企业履行社会责任与和谐社区建设的双重需求。党的十九大报告提出，打造共建共治共享的社会治理格局。这为社会基层工作指明了方向。要把社区建设好，调动百姓的积极性至关重要，这也是考验基层党员干部的基本功。我们要以党组织为核心，采取多元化治理方式，各种群体如社会组织、企业，社会单位、居民等广泛参与。

在西方发达国家，企业社区参与已经成为许多企业的具体操作规范和战略规划发展的组成部分。近年来，联合国大会发表了《社会进步与发展宣言》，并出版了《广泛参与作为一种战略推动社区层面的行动和国家的发展》，这些报告相继对企业社区参与做了概述和补充完善，并推动了学界企业社区参与研究的蓬勃发展和实业界企业社区参与行为的日益规范。

目前，我国学术界对社区参与主题相关的内容多散见于以社区治理或社区发展为主题的著作或学术论文中。迄今为止，已有很多学者对社区参与的背景、现状、存在的问题及对策等都做了不断深入的研究和探讨。但到目前为止，学术界对企业社区参与行为的认识和研究还十分有限，远远无法满足中国快速城镇化过程中企业参与和谐社区建设实施过程中的现实需求。

由此，本研究主要有如下目的：①企业社区参与推动形成了什么样的社区（what）？②企业是如何通过社区参与来推动社区建设的（how）？③为什么会产生这些企业社区参与行为及其结果（why）？这是中国情境下企业社区参与行为研究的三大基本问题。这些问题的解决与回答不仅能丰富企业社区参与理论与中国和谐社区建设理论，而且能规范企业社区参与行为、提升企业竞争力、促进和谐社区建设和发展，从而指导和深化企业社区参与的本土实践。

二、研究设计

（一）研究方法与数据来源

本研究采用了多元化的案例分析法和多途径的案例数据收集法。主要包括：

1. 纵向案例研究法

纵向案例研究法是通过第一代和第二代国际社区不同 CCI 阶段中企业社区

参与事件对比分析进行研究。CCI 活动经历梳理是结合企业、居委会、党委会和社区组织的主要领导的采访并且结合新闻、社区官微、宣传手册等数据资料整理出的。

2. 国际化与本土化案例对比研究法

本方法选取了上海市较富有代表性的国际化社区与本土化社区——联洋国际社区与桃浦镇社区进行对比研究，从两种社区本身的差异入手，分析它们在现阶段既有的企业社区参与模式和内容的异同。

3. 多案例代际比较研究法

本方法主要包括代际单案例挖掘和多案例对比研究，在上海多代国际社区中选取典型性和代表性社区作为研究样本进行研究，各部分拟采用的案例研究将根据其研究问题需要而设计。

4. 案例调研对象与数据收集

案例调研对象有企业工作人员、基层自治组织工作人员、社会组织工作人员和社区居民。数据收集从文献研究开始，再到实地考察，实地考察分为文件调阅和访谈，访谈分为两种：开放式访谈和半结构化访谈，在实地考察完成后根据所得的资料设计问卷并发放，来进行调查。研究中设计的调查对象。研究设计的过程需要不断对资料和数据、方法进行筛选、合并、修改和增补，以保证更大的准确率（见附图 1）。

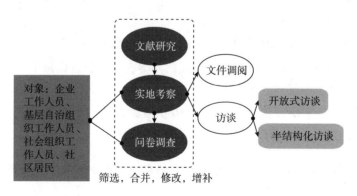

附图 1　调研过程

（二）研究设计与思路

本文的研究设计与思路如附图 2 所示。

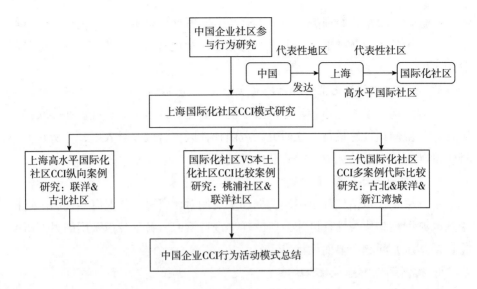

附图 2　上海国际化社区 CCI 行为研究

三、案例分析

本次案例的城市选取了中国具有代表性的直辖市——上海作为中国企业社区行为参与的调研地点，因为上海国际性与本土性并存，也是中国最发达的城市之一。本次案例研究从 2017 年 1 月开始至 2018 年 3 月结束，历时 14 个月。总计调研了 4 个案例，包括 4 次访谈、6 次观察，共得到 5 万多字的数据和资料。基于此，本报告做了如下三个方面的案例分析：

（一）高水平国际化社区中企业社区参与纵向案例研究——联洋和古北

1. 案例介绍

联洋： 1993 年，联洋新社区正式启动开发，是由上海联洋集团有限公司牵头开发的大型高档生态、文化居住区，凭借其整体开发优势和全新规模理念，荣获建设部颁发的"规划环境金奖"，成为上海最知名的社区之一。2011 年被上海市评选为十大社区商业示范区。

联洋社区地处浦东新区行政文化中心，面对 140 万平方米的世纪公园，是上海全新概念的中央生活区。区域面积 4.4 平方千米，其中，居住区面积 3.16 平方千米，新区行政文化中心面积 1.24 平方千米。规划户数 1.63 万户，现入住户数 1.24 万户，居民 3.4 万人，其中外籍人士约 0.53 万人，分别来自 78 个国家和地区，成为闻名上海的国际化社区。联洋国际社区作为上海第二代国际社区，相对于第一代的古北国际社区，其更为年轻化、智能化，是上海市"1+1+X"居民自治试点社区。联洋社区在响应上海市委"一号课题"下，动员社区政、企、社三方合作平台，并且成立了三方合作的指导工作小组——"两微工作小组"。

联洋国际社区是由联洋集团在 1999 年开发的上海市中高档居住区。联洋集团前身是由当时代表洋泾乡的集团所有制企业广洋公司与陆家嘴集团、浦东土地控股集团合资成立的，属于国有控股有限公司。联洋集团坚持土地开发、房产建设、关联经营一体化发展战略，已成为以房地产行业为核心的大型综合性企业集团。

在联洋新社区开发中，联洋集团除了土地开发外，还要完成集中配套，解决了动力问题。同时成立了企业联合会，要求凡是参与开发的企业都要加入其中。以这样一个协调性的组织来平衡各方利益、统一项目建设步调。联洋新社区还开创了"两级规划、两级设计"的规划新模式。由地产开发商即联洋集团做一级规划，再由各个地块的房产开发商做二级规划。

古北：20 世纪 80 年代，上海第一个涉外商务区——虹桥经济开发区启动开发。作为其配套生活设施，1986 年，上海第一个大型高标准国际居住区古北新区开始兴建。经过十多年的开发建设，一期古北发展得已经相当成熟。整个社区以其独特的围合空间形态和居住氛围吸引了来自欧美等三十几个国家和地区的外籍人士，形成了独特的人文居住环境及鲜明的品牌特征。作为国际化社区，许多境外人士最初都是通过古北一期认识上海的，这里也曾是众多境外人士的首选居住地。而随着众多高品质国际新社区如联洋碧云、新江湾城等的兴起，其原有的优势已不再，并出现了欧美居民外迁的趋势。

古北则是上海最早规模化开发的高标准国际社区，占地 1.41 平方千米，目前已建成 34 个自然小区。入住居民 8454 户，18800 人，入住率超过 70%，其中境外人士约占居住人数的 50.5%。无论规模影响以及社区管理经验，在上海均有典范效应。20 多年来吸引了全球 50 多个国家和地区的海外人士来此居住。

古北国际社区除了黄金城道步行街两旁分布的各具特色的小店之外，还有区域内的商业综合体——高岛屋百货（日本百货巨头），耀中国际学校，上海天坛普华医院等配套设施。

2. 各阶段企业社区参与情况

联洋社区和古北社区各阶段 CCI 关键事件如附表 1 所示。

附表 1　联洋和古北各阶段 CCI

	联洋社区 CCI 关键事件	古北社区 CCI 关键事件
第一阶段：企业参与社区生态圈的资源调动	1993 年，上海联洋集团有限公司牵头开发，进驻浦东地区； 1993~1999 年，联洋社区地块开发定位为办公居住综合开发区； 1999 年，联洋集团为了解决土地整体开发问题，决定拉高区域档次，将此块区域重新定位为：现代化生态居住社区。引入 10 家企业承担二级开发，突破开发投资困境，并且成立开发企业联合会；2001 年该规划以整体社区名义获得国家建设部"新世纪人居经典住宅小区方案竞赛"规划环境金奖； 2000 年联洋集团成立联洋置业公司，成为独立进行二级开发的主体，为社区居民提供物业服务； 2003 年联洋集团由浦东土地控股有限公司控股，联洋置业转制为民营企业，更名为中邦置业；此后房地产服务由该公司进行，以往联洋集团的土地批租、区域运营进行调整，转变为社区商业公益项目； 2004 年花木街道商会联洋社区分会成立，作为全市首家街、镇下属社区层面的基层商会，积极支持并且赞助联洋社区活动举办，主要的合作形式是和社区居委会联合协办活动，如新春送温暖、照顾孤寡老人、残疾人节日慰问； 2004 年公司成立慈善救助会，专门接济老弱病残及无行为能力的居民； 2005 年证大集团投资建成证大大拇指广场，为社区提供了餐饮、休闲购物服务；入驻品牌包括家乐福、优衣库、星巴克等知名品牌	1986 年上海古北（集团）有限公司前身为上海古北新区联合发展公司成立； 1991 年古北物业管理有限公司成立，作为古北（集团）有限公司投资的国有全资子公司，是上海市首家专业物业管理公司； 1996 年全国第一家涉外居委会——上海市长宁区虹桥街道荣华居委会成立； 2000 年"古北家园"由古北物业管理有限公司成立，致力于社区公共公益事业发展，开发了多种增值服务 古北社区目前设计生活配套：家乐福超市、高岛屋、虹桥友谊百货、商业步行街以及酒吧街、外文书院等；家乐福超市与国际学校布置在外部交通干道，便于居民日常购物；区域内特色商业街呈合围型的公寓群楼底层街铺结构，形成消费专区，如酒吧街；友谊商城超市的商品与国际金融系统联网的收费系统等方便周围外籍居民生活； 2002 年第一届古北慈善嘉年华，在香港桂乐美企业的帮助下成立了社区慈善组织"乐贤荟"； 2007 年协和双语高级中学古北校区成立，解决了古北社区外籍青少年入学问题

续表

联洋社区 CCI 关键事件	古北社区 CCI 关键事件
第二阶段：企业参与社区生态圈的制度规则与互动氛围构建	2004 年上海第一部国际社区工作法颁布——《荣华国际社区工作法》； 2006 年，在虹桥街道的帮助下，沪上首个社区建设促进委员会在古北新区成立，解决了住在古北的外国人对社区的环境、绿化和垃圾管理等情况要求改善的反映渠道；

2007 年，社区引进社会公益组织上海浦东联洋新社区服务社，他们搭建社区综合服务的平台，与多家单位合作，开展健康服务、家庭服务、家教和便民服务，合作的社会组织包括彩虹中心；

2008 年联洋广场正式运营，标志着联洋集团的主营业务转变为商业地产开发，联洋广场的建立可以很好地满足当地居民高品质的消费需求，并在此后，联洋广场和联洋集团长期和居委会合作，为社区活动提供场地与资金支持；

2010 年联洋社区服务社通过政府采购和一些社会组织合作，为社区居民提供更为丰富的服务，包括心理辅导、趣味春游会、法律法规学习小组，探索维权服务；

2011 年联洋健康服务中心的医疗咨询、测量血压、"不倒翁"计划的推广宣传、免费教授八段锦，还有联洋服务社联系组织的家电家居用品维修、磨刀剪等服务；

2012 年联洋社区涉外服务站 Foreign Affairs Service Station 成立，该服务站集入驻咨询、咨询指导、沟通交流等功能于一体；

2014 年飞票网打造的"联洋 Happy Day——文明旅游进社区"活动，浦东新区近 20 家 A 级景点、旅行社和高星级宾馆参与其中为居民带来各种活动；此次广场咨询会现场旅游企业接待旅游咨询约 8000 人次，发放旅游宣传品约 3 万份；

2015 年为了满足中外居民的买菜需求，社区引入公司化运作的"限时菜场"

2007 年 1 月古北虹苑居委会成立，管理本居住区居民公共事务和公益事业，居委会日常组织的对孤寡老人、残疾人等送温暖；

2009 年古北虹苑居民区党支部成立，组织群众完成本居民区所承担各项任务；

2010 年"古北国际社区建设促进委员会"成立，下属有业委会主任沙龙、物业经理联席会议、社区单位联席会议三大组织；设立联席会议制度，共同解决社区安全问题；

2012 年古北虹桥街道办举办了"乐公益·吾志愿"的公益集市，鼓励居民通过各式各样的免费公益活动服务彼此；小区周围 10 家商家也参与其中，摆摊提供各种礼券；

2013 年起，古北社区居委会为 80 周岁老人集体庆生，并且讲解了相关福利政策与高龄补贴；

2013 年古北国际社区市民中心投入使用，该中心集生活服务、事务受理、文化交流与志愿服务于一体。入驻单位有古北民星艺术团、老年协会等；

2016 年再版的《"融"——荣华国际社区工作法》修订

	联洋社区 CCI 关键事件	古北社区 CCI 关键事件
第三阶段：企业—社区生态圈共创形成	2015 年，联洋社区开始签约共建单位，围绕社区与联洋集团、联洋服务社、联洋商会和社区学校共同发起"两微"大赛活动（包含企业如光大银行、联洋广场，也有众多社区周边小微企业）； 2016 年花木社区中外创业企业服务工作研讨会举行，联洋社区管理中心借此契机让中外创业者交流取经； 2015 年"两微"工作起始年，共有 8 家企业加入。2016 年，有 41 个项目加入，截至 2017 年上半年有 51 个项目参与其中，提前完成全年预定目标，居民对于社区参与的积极性越来越高涨；居民参与项目涵盖对老年人需求的关注、母婴保健服务、家政服务、亲子教育等；居民以家庭为单位开展"两微"活动； 合作的企业包括花木街道联洋分会、皇冠酒店、广发证券、招商银行、瑞儿齿科、叮咚买菜、阿玛尼护肤造型中心、广宣红娘、网上义卖屋等，媒体支持方面，包括浦东电视台、浦东新区物业企业协会、喜马拉雅中心、蕙风美术馆等。通过共建联建的形式将社区已签约的 33 家共建单位纳入"两微"活动平台，吸引并形成双向表述，即企业推出本单位已有和计划开展的公益项目，"两微"平台设计出符合居民需求的菜单，供企业选择适合自己口味的菜单，促进形成联洋社区自治与共治相结合的格局； 在外籍人士融入社区建设中，创设社外人员在沪就业示范点和进才中学外籍学生学习中华文化等	2016 年古北市民中心举行"大家说"专场活动。邀请社区中外人士就国际家园发展出谋划策； 2016 年 8 月长宁区虹桥街道社会组织服务中心在古北市民中心举行了首届荣华国际社区摄影比赛颁奖典礼。移居上海 CEO 张军为获奖的居民颁奖，方耀民作为获奖代表发言，颁奖仪式结束后大家饶有兴趣地在一楼市民展厅欣赏优秀作品； 古北新区境外人员管理领导小组，构建"综治牵头、公安为主、社会联动"的管理体系，建立联席会议制度，每月召开工作例会，避免政出多门； 上海先行民商调解中心，通过向外籍居民提供义务法律咨询、法制宣传、法制讲座、纠纷调解及个性化服务等方式，发动古北社区外籍居民参与社区共建、共治； 2016 年开发公司与上海溪瑞诗投资管理有限公司制定服务方案，为业主提供资产管理、家政服务、车辆租赁、客房清洁、送餐、工程维修、专业租赁一揽子服务。香港科伦文化产业发展集团在家政、定期保洁、心理咨询、出国留学咨询等方面有一定的资源和优势，针对居民个性化需求，由政府搭台，制订了相关公益服务计划。随机采访的 20 名小区居民均对此表示满意

3. 案例发现

在价值共创的社区参与背景下，资源主要是指促进社区发展且与社区各类需求相匹配的知识、专业能力、关系网络。这些资源来自于不同的社区参与主体及其互动，包括党政部门、企业、居民个体（客户）、社区组织如居委会、业委会、志愿组织和活动社团等。在 CCI 发展的第一阶段，无论是古北社区还是联洋社区，所涉及的资源调动包括地产资源的开发、周围配套设施的引入以及配套的物业设施。国际社区形象依靠高档生活配套的良性经营与生活区域生活费营造，表现在开放的街区与多元文化融合的社区文化。在配套硬件上建立与国际金融、医保、教育的联网系统。在居住方面设立涉外居委会与物业管理公司。

互动氛围构建是指在企业和各社区参与主体之间建立基于依赖和互惠的广泛连接和社会性关系，互动氛围构建方式包括在各行为主体间开展多样化沟通对话。在这一阶段中，两个国际社区各社区主体之间的合作较前一个阶段更为密切。联洋社区引进社会公益组织参与 CCI 阶段，充分利用了社会组织的专业性与服务站这样的基层行政组织的组织与协调能力，更好地为居民提供服务。企业的 CCI 活动不再像前一个阶段的被动参与（提供公益赞助），而是作为合作伙伴加入到社区建设中。例如，2015 年为了满足居民的买菜需求，联洋社区引入公司化运作的"限时菜场"，外部企业作为"限时菜场"的运营及服务商，体现出更多的角色重要性，但是参与的企业数量还是偏少的，涉及的企业领域是大型的国有公司。古北社区相较于第一个阶段，企业的参与程度更深。第一阶段，CCI 活动的企业主体为物业公司、开发商以及周围配套的开发企业。而第二阶段中社区周围的中小企业通过"社区慈善周"更多地参与到 CCI 活动中。

企业社区参与作为一个整体，共创行为要素是指各类社区参与方通过建立平台和整合各自资源所开展的解决社区问题的活动。这一阶段联洋社区与联洋集团、联洋服务社、联洋商会和社区学校共建联建，形成"两微"活动指导小组，涵盖了所有的社区主体。并且所参与的企业数量达到新高，仅 2015 年签约的合作企业就高达 33 家，不仅涵盖大型企业，如联洋集团、光大证券、中国银行支行等，也包含许多社区周边的小微企业。这些企业覆盖了老年关爱、母婴保健服务、家政服务、亲子教育、饮食出行等领域。古北社区则是重点和两个企业展开了深入的合作，上海溪瑞诗投资管理有限公司为业主提供资产管理、家政服务、车辆租赁、客房清洁、送餐、工程维修、专业租赁一揽子服务。香港科伦文化产业发展集团提供家政、定期保洁、心理咨询、出国留学咨询服务。

（二）国际化与本土化社区中企业社区参与对比研究——联洋 VS 桃浦

1. 案例介绍

国际化社区案例联洋的介绍见上文。

桃浦：桃浦镇位于上海市普陀区西北部，整个社区有 7 个村民委员会和 40 个居民委员会，全镇总人口约 19.5 万，其中户籍人口 8.8 万。桃浦镇过去是上海的工业区，现在谋求转型发展。它处在上海市政府的转型规划之下。它今后的战略方向被设定为"上海转型发展的示范区、中心城区的新地标、产城融合发展的新亮点"。桃浦镇社区的居民也渴望外来的投资和新的规划，带动这里的综合发展。

桃浦镇社区占地面积大，历史较长，是一个处于转型期中的本土化社区，这意味着它相对于其他本土化社区，企业社区参与行为在此更能得到较大的发挥与实施，是较为典型的研究标本。

桃浦和联洋的社区情况对比如附表 2 所示。

附表 2　桃浦和联洋的社区情况对比

指标	桃浦	联洋
占地面积	18.83 平方千米	4.4 平方千米（包括 20 万平方米的商业圈）
人口	195000 人	34000 人（5300 人是外籍居民）
地理环境	拥有较为方便的交通，可通往各大机场、市中心、火车站等地	拥有非常优越的地理环境，靠近陆家嘴商圈以及一些新开发的区域
参与社区的企业特征	大部分为大型企业	大部分为中小型企业
组织	涵盖多方面的社区组织服务，但都并非居民自发，而是带有官方性质	涵盖多方面的社区组织，一些带有官方性质，存在居民自发的民间组织
行政机构与自治机构	行政机构：桃浦镇人民政府；基层群众自治机构：40 个居委会，7 个村委会；党组织：1 个党委及其党支部	行政机构：浦东新区人民政府花木街道办事处基层群众自治机构：6 个居委会党组织：4 个党总支，3 个党支部

2. 国际化与本土化社区的企业社区参与情况

国际化：对于联洋国际社区来说，在该社区进行的周边企业以微小型为主，联洋国际社区的各种居民活动、居民社会保障和生活福利基本上都是由两个社区委员会（包括居委会）、党支部和几个典型的民间组织来举办和联络的。企业的社区服务形式更偏向于参与者而非组织者，而且都是以该企业的产品和服务为导向参与的。作为少数的大型企业，一般都会通过注资或赞助活动来进行社区参与的行为，而款额的具体数额则由居委会、组织以及企业三方共同决定。而作为主体的小微型企业，一小部分企业已经与联洋社区建立了长期合作的关系，具体则体现在加入新成立的联洋商会；大多数企业与联洋社区的合作都是按次数计算，暂时还未有长期合作的计划；这背后的原因是联洋社区的基层机构在长期合作方面较为慎重，更加愿意对企业进行更多的观察，同时也希望继续把握社区治理的主导权。

本土化：在企业方面，桃浦社区进行 CCI 的企业多为规模较大的企业，如大型国企、大型私企、合资企业等。桃浦镇附近和入驻的企业一共有 200 个左右。大型国企、民企、集团等类型的企业资本雄厚，进行社区参与主要是因为企业内部管理较为成熟，完成社会责任已经作为政府对企业考核的硬性指标，成为企业日常运行的一部分。这一类企业往往与基层政府以及其他行政机构、社区委员会关系更加密切，合作时间更长，社区参与方式也更加成熟，甚至会参与社区活动的策划与决策等行政事务中。此类企业占桃浦镇社区的 CCI 行为的主体。占较少比例的中小型民企仍旧是以参与性为主，也会找准时机与社区基层行政机构、社区委员会进行合作，合作方式主要是参与到其他几方举办的活动中去。此类企业占据桃浦镇社区的 CCI 行为的一小部分，因为受到企业规模和财力的影响，企业参与的类型也较少，次数也没有前一类企业那么频繁。

3. 案例发现

（1）相同点：

1）企业与社区双方的互动良好且频繁。无论是桃浦镇社区还是联洋国际社区，和与其发生关系的企业都有比较密切的联系和互动，而且大多体现在一些活动的举办上。活动的规模或大或小，但是在一年之内，大型活动的次数都维持在至少 2~3 次，而其他的小型活动更为频繁，只是参与人数相对较少，如联洋有很多兴趣聚会和俱乐部。

2）企业的社区参与主动性比较高。以所选取案例为代表来看，无论是参与桃浦镇社区事务的大型国企和民企，还是参与联洋国际社区事务的联洋集团和众小微企业，它们都越发认识到企业社区参与的重要性。两种社区所对应的企业进行社会责任服务的目的不尽相同——大型企业更倾向于将企业社区参与当作一种义务，并拥有足够的实力和资本去完成更多任务的履行；与此同时，微小企业更倾向于将企业的盈利目标与社区参与挂钩，愿意借活动的参与或赞助向社区居民推广本企业的产品或服务，达到销售额增长的目的。

3）大型企业的 CCI 中志愿者活动都占了很大的比例。大型企业由于资金和人员较为充足，每年可以多次在社区内举行志愿者服务活动，为社区居民带来极大的便利。举行此类活动的预算一般由企业自行解决，企业内部的党委以及支部的中共党员一般都有明确规定的服务时间，并且需要带头参加社区志愿活动。志愿者服务这一活动形式给了诸多社区和企业之外的人以了解社区和企业风貌的机会，也是和企业员工近距离接触的好机会。

4）社区党委或党支部起领导作用。无论是本土化社区还是国际社区，党委或者党支部都在社区治理中起着十分重要的作用，它们甚至在大部分情况下主导了大部分的社区工作。与群众自治机构、社区组织以及行政机构不同的是，党委和党支部更加注重党员的思想建设和组织建设，以及党建工作。对于企业来说（主要是大型的国企和民企），其内部的党委都会和社区的党委进行频繁的沟通与交流，以此保证一些社区活动的顺利进行。党委和党支部的作用对于企业社区参与明显起到了一个积极的促进作用。

（2）不同点：

1）参与两种社区事务的企业类型比例不同。经过实地调查与采访，发现参与桃浦镇社区事务的企业大部分为大型的国有企业以及民营企业，这类企业更多是出于社会责任义务的目的来参与社区建设。而参与联洋国际社区事务的企业大部分为小微型企业，这些企业的经营规模比较小，或者是刚刚创立的企业，这些企业的行为特色是将自己的盈利与社区参与结合起来，因为一定的社区参与有助于更好地了解居民的需求，也可以向居民更好地推广自己的产品与服务。

2）两种社区的 CCI 前期的企业参与度不同。上述分析得出对于企业社区参与影响最大的是社区党委或党支部，党委和党支部基本在社区治理中起着领导作用。但在桃浦社区，由于大型企业占很大的比例，企业内部也对应和专门组织社区工作的部门（如社会责任部），这些企业有这些能力来参与到社区事务前期工作中去，前期工作即活动的策划、决策部分。在联洋国际社区里，前期工作主要由社区组织和社区委员会来完成。国际社区中实际参与进去的企业多为小微型企业，尽管这些企业最近都陆续加入联洋社区的小型商会，但是结构松散，所以基本由社区党委和机构下派任务，社会组织策划和联络，而企业在执行环节参与。

3）企业社区行为参与内容的多样性程度不同。桃浦镇社区的企业参与形式清晰明了、策划具体且富有明确的指示，总的来说就是比较中规中矩。联洋国际社区的企业参与形式则复杂多元且富有创意。这和国际社区的人口构成以及民间组织的存在密切相关。

人口结构方面，联洋国际社区的居民中有 15.6%为外籍居民（见附图3），社区活动需要照顾到外籍居民，由此在内容和形式上衍生出更多，如西方节日庆祝活动的举办、在衣食住行方面帮助外籍人士的志愿者服务等。此外，多次强调的联洋国际社区的民间组织也对企业社区参与的形式和内容差异起到了重要的作用，企业和社区组织可以在这里充分发挥创造力和想象力为居民提供更多花样的活动，丰富他们的精神文化生活。

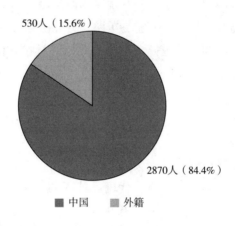

附图3　联洋社区中外居民比例

4）桃浦社区和联洋社区都成立了商会。桃浦镇商会于 2012 年成立，历时更长，运作更成熟，企业之间的联络很紧密。桃浦镇商会对于当地企业的社区参与起到了很大的作用，商会就是一个供企业相互交流的平台，有了这个平台，桃浦社区的企业参与行为就会更加有组织、有纪律、有规划。而联洋商会则于 2017 年刚刚成立，结构较为松散，甚至都没有官方网站与新媒体账号，商会的规模与传播度较小，目前还未对当地的 CCI 起到实质性的作用。

5）桃浦镇社区的企业社区参与中，企业和社区党委、社区机构建立的长期合作更多，每年都有许多项目是固定举办的。而联洋国际社区的企业社区参与中，长期合作的形式比较少，更多的是短期活动的参与。导致这种差异的原因主要仍然是企业本身的规模大小和实力的差距。大型企业的组织结构、管理模式与财务状况更加稳定，而小型企业的组织结构、管理模式与财务状况则很不牢固。例如，联洋国际社区有很多小微型企业入驻商业街，但是店铺的承租人更换也相对频繁，经营不善而离开社区的企业自然是没有理由再参与联洋社区的事务。

（三）三代国际化社区中企业社区参与代际比较研究

1. 案例介绍

第一代：古北国际社区是上海第一个大规模集约开发建设的国际化社区。古北集团于 1986 年获得上海市政府批准，经过了精心的规划和开发。古北国际社区地处上海市区西部，位于虹桥开发区的西南侧，西临虹徐路，东至姚虹东路，北至延安西路和虹桥路，南至古羊路。古北国际社区的南北向有水城南路、古北南路、伊犁路等主要道路。整个古北国际社区占地面积约 136 公顷，规划面积约 2.4 平方千米。

古北国际社区环绕空间的独特的形态和氛围吸引了来自 30 多个国家和地区的人士居住，如欧洲、美国、日本和韩国等，形成了独特的人文居住环境和古北鲜明的品牌特征。

第二代：联洋社区介绍详见上文。

第三代：新江湾国际社区是第三代国际社区的开拓者，于 2010 年左右基本建成。新江湾城是上海市区唯一拥有 9.45 平方千米的原生态湿地的宜居绿色宝库，绿野面积超过了卢湾区，空气指数超过了自然保护区，拥有复旦大学江湾校区、中福会幼儿园为代表的优质教育资源，吸引了大批全球的买家，是上海市政府重点打造的第三代国际社区。

新江湾国际社区作为第三代国际社区，与第一代和第二代国际社区之间存在显著的差异，最大的区别在于其需求特征的不同。第一代的古北国际社区，更多的是依附外国人高度参与的产业园区，或是一个相对集中的区域。第二代的碧云国际社区和联洋国际社区也是如此，而新江湾国际社区更多的是一个外需性的社区。

2. 各阶段企业社区参与情况

第一代：古北国际社区是由居委会主导，古北集团辅助帮忙，党建服务中心提供资源整合平台的企业社区参与模式。居委会向居民提供社区日常服务以及专项活动。古北集团对社区的管理主要是物业层面的管理，和居委会承担的工作不同。党建服务中心作为有效连接整合社区生活服务资源的枢纽和平台，整合党建资源和工作力量，围绕需求提供各类服务，推动各类资源在基层党组织之间的互动和共享，为各类社会力量如参与社区治理提供支持服务，如驻区单位、社会组织等。

第二代：联洋国际社区是在党委的领导下以联洋社区管理中心为主，两微活动工作组、新和心理咨询事务所等社团和个人工作室为辅，外部企业以合作形式参与的企业社区参与模式。

第三代：新江湾国际社区中，新江湾城街道办事处搭建平台，整合社区、企业和党建资源，开发"观潮新江湾"APP，探索"智慧社区"。居委会兼顾社区管理以及向居民提供服务，新江湾城志愿服务中心将新江湾街道志愿者资源整合，新江湾城街道除社区卫生服务中心之外，还有社区学校以及老年福利院。

3. 案例发现

这里对三代国际社区中社区参与模式的要素进行归纳总结，将模式要素分为社区组织、商业企业、社会组织和活动四类。三代国际社区居民提供的活动虽有不同，但本质上并无区别，只在活动数量、活动模式、丰富程度以及居民参与度上有差异，都包括娱乐、社区服务、文化、体育四个方面。

古北国际社区以古北市民中心为主导，各居委会兼顾社区治理和为居民提供服务，古北物业主要负责物业层面的管理，党建服务中心提供资源整合平台的企业社区参与模式，为共建企业单位参与社区治理提供支持。

联洋国际社区是在党委的领导下以联洋社区管理中心为主，两微活动工作组、新和心理咨询事务所等社团和个人工作室为辅，外部商业企业以合作形式参与的企业社区参与模式。

新江湾国际社区中，由新江湾城街道办事处搭建平台，将社区、企业和党建资源整合在一起，开发出"观潮新江湾"APP，探索"智慧社区"。居委会兼顾社区管理以及向居民提供服务，新江湾城志愿服务中心将新江湾街道志愿者资源整合，新江湾城街道除社区卫生服务中心之外，还有社区学校以及老年福利院。

上海最初几代国际社区的形成都有历史必然性。20世纪90年代初，改革开放的大背景促成了虹桥、古北地区的国际化，古北与虹桥的发展相辅相成，当年虹桥经济开发区引进大量外资企业时，为了配合国际人才的生活需求，政府高标准规划建设了古北国际社区；而后浦东区域的快速开发及相应金融、保税技术区的聚集，使联洋、碧云成为上海第二代国际社区，联洋、碧云是应金桥、张江的国际企业人才需求建设的。国内财富的快速增长让大量国人成为古北、碧云、联洋的主要业主。这意味着，已经富裕起来的国人，对国际级的生活标准有着巨大的需求，所以新一批的国际社区也随之诞生。到新江湾城开发时，国内经济和生活水平都已比较高，新江湾城同样是按国际生活的高标准规划建设，但是主要目标人群是国内先富起来的一批人。大宁、新江湾等国际社区就是这样建设起来的。与前两代国际社区在外籍人群聚集和产业带动基础上形成不同，第三代国际社区新江湾板块更多的是依靠自身优越的生态环境、规划标准等因素发展而成的。

传统国际社区已经对上海发展造成深远影响。事实上，上海的国际社区从最初的古北到联洋、碧云再到大宁、新江湾、唐镇等地，其实国际社区的居住理念正逐步形成，对象人群已不再局限于外籍人士，而是逐步演变为与国际接轨、追求生活品质的高端人士。

由上述的三代国际社区发展背景，结合三代国际化社区的企业社区参与模式，可以看出，三代国际社区的发展理念与各自的时代背景息息相关，从古北国际社区到联洋国际社区，再到新江湾城国际社区，显而易见的是逐渐提升的协调各方力量进行社区参与的能力，新江湾国际社区中企业社区参与模式较之古北和联洋，更为完善，且已搭建较为成熟的互联网平台，整合了各方资源，使居民生活更为便捷，并向"智慧社区"发展。

四、研究结论

在"企业社区参与推动形成了什么样的社区"这一方面，从 CCI 纵向多阶段对比来看，企业社区参与发展呈现出三个阶段：资源调动阶段、互动氛围构建阶段、企业—社区生态圈价值共创阶段。CCI 在资源调动阶段企业社区参与主要以基础设施与配套设施构建为主，满足居民日常生活、出行、娱乐的需求。CCI 在互动氛围构建阶段，企业扮演着更重要的角色，开始从慈善性活动转变为互动互利性活动，社区居民主体与企业之间开始形成相互依赖关系，主体间信息共享、互动、信任进一步深化。企业—社区生态圈共创形成阶段，企业与社区形成价值统一体。通过 CCI 活动的深入互动，各主体共同获益。从国际化和本土化 CCI 对比来看，国际化社区的 CCI 推动形成了更为包容、开放的社区；本土化社区的 CCI 推动形成了更为有序、规范的社区。从代际比较来看，第一代国际化社区的 CCI 推动形成了便利、融合的社区，第二代国际化社区的 CCI 推动形成了和谐、精彩的社区，第三代国际化社区的 CCI 推动形成了智慧社区。

在"企业如何通过社区参与来推动社区建设"这一方面，从 CCI 纵向多阶段对比来看，在 CCI 的初始阶段是主要通过配套设施的引入进行的；互动氛围构建阶段企业开始通过和居委会以及社会组织合作，通过一些互利互动的社区活动调动居民参与；企业—社区生态圈价值共创形成阶段，企业化被动为主动。通过和社区服务站、社区学校等构建的协作体，协同指导价值共创活动。从国际化和本土化 CCI 对比来看，国际化社区的 CCI 中参与的企业更多为中小微企业，领导者则为党委和基层群众自治组织，另外，民间组织也是环节中的一员，这带来了社区治理方法与内容的多样性；本土化社区的 CCI 中参与的企业以大型居多，党委、行政部门和基层群众自治组织与企业可共同参与决策。从代际比较来看，第一代国际化社区的 CCI 是居委会主导，古北集团辅助帮忙，党建服务中心提供资源整合平台的企业社区参与模式；第二代国际化社区的 CCI 是在党委的领导下以联洋社区管理中心为主，两微活动工作组、新和心理咨询事务所等社团和个人工作室为辅，外部企业以合作形式参与的 CCI 模式；第三代国际化社区的 CCI 中由新江湾城街道办事处搭建平台，整合社区、企业和党建资源，开发"观潮新江湾"APP，探索"智慧社区"，居委会兼顾社区管理以及向居民提供服务，新江湾城志愿服务中心将新江湾街道志愿者资源整合，此外，还有社区卫生服务中心、社区学校以及老年福利院。

在"产生这些企业社区参与行为及其结果"的原因中，从 CCI 纵向多阶段对比来看，CCI 在不同的阶段转变的原因或过程的关键在于企业价值共创观念的深入，企业将社区参与从慈善性行为向互利性行为战略的转变，从而实现社会问题解决、企业社会声誉提升、居民期望实现、品牌宣传。从国际化和本土化 CCI 对比来看，国际化社区的 CCI 推动形成更为包容、开放的社区的原因在于民间组织的积极参与；本土化社区 CCI 推动形成了更为有序、规范的社区原因主要在于企业党委与社区党委的密切合作，这种合作给社区治理带来的是思想层面的稳定性，是难以分割的。从代际比较来看，第一代国际化社区的 CCI 推动形成了便利、融合的社区的核心原因在于党建的资源整合，第二代国际化社区的 CCI 推动形成了和谐、精彩的社区的核心原因在于公益平台的搭建和良性发展，第三代国际化社区的 CCI 推动形成了智慧社区的核心原因在于整合了社区、企业和党建资源。

综上所述，由于企业社区参与是在共创价值的前提下进行的，企业社区参与是对社区和企业双方都有利的，对社区而言，其获益具体表现为居民参与度提升，各类横向社区组织的建立和能力提升、社会问题解决、居民获得感增强。对企业而言，在有效帮助解决社区问题以及居民需求得到满足后，可以获得诸如品牌声誉提升、服务效率提升等商业绩效。中国的企业社区参与的水平也是随着社区的发展而发展的，社区的管理模式若是更为成熟，企业进行社区参与的合作就更为顺利。对中国来说，无论是本土化社区还是国际化社区，CCI 在中国的发展需要针对如下两点：一是加强资源整合能力，使各类社会力量可以更好更深入地参与社区治理；二是要跟上时代与政策的发展，一方面吸收先进的社区管理理念，另一方面跟上互联网的发展，走向"智慧社区"。

参考文献

［1］ Agranoff R. and Michael M. , 2003, "Collaborative Public Management: New Strategies for Local Governments", Washington, D. C. : Georgetown University Press.

［2］ Aguinis H. and Glavas A. , 2012, "What We Know and Don't Know about Corporate Social Responsibility: A Review and Research Agenda", Journal of Management, 38 (4), pp. 932-968.

［3］ Altman E. , 1998, "Financial Ratio, Discriminant Analysis and the Prediction of Corporate Bankruptcy", Journal of Finance, 23 (4), pp. 589-609.

［4］ Arenas D. , Lozano J. M. and Albareda L. , 2009, "The Role of NGOs in CSR: Mutual Perceptions among Stakeholders", Journal of Business Ethics, 88, pp. 175-197.

［5］ Aupperle K. , Carroll A. and Hatfield J. , 1985, "An Empirical Examination of the Relationship between Corporate Social Responsibility and Profitability", Academy of Management Journal, 28 (2), pp. 446-463.

［6］ Austin J. E. , 2000, "Strategic Collaboration between Nonprofits between Businesses", Nonprofit and Voluntary Sector Quarterly, 29 (1), pp. 69-97.

［7］ Baron D. R. , 1997, "Integrated Strategy, Trade Policy, and Global Competition", California Management Review, 39 (2), pp. 145-169.

［8］ Baron R. A. , 2006, "Opportunity Recognition as the Detection of Meaningful Patterns: Evidence from Comparisons of Novice and Experienced Entrepreneurs", Management Science, 9, pp. 1331-1344.

［9］ Bary A. D. , 1879, "Die Erscheinung der Symbiose", Strasbourg.

［10］Kotha B. W. , et al. , 1999, "Does Stakeholder Orientation Matter? The Relationship between Stakeholder Management Models and Firm Performance", Academy of Management Journal, 42, pp. 488-506.

［11］Bingham C. B. and Davis J. P. , 2012, "Learning Sequences: Their Emergence, Evolution and Effect", Academy of Management Journal, 55 (3), pp. 611-641.

［12］Blumer H. , 1980, "Mead and Blumer: The Convergent Methodological Perspectives of Social Behaviorism and Symbolic Interactionism", American Sociological Review, 45, pp. 409-419.

［13］Bondy K. , 2008, "The Paradox of Power in CSR: A Case Study on Implementation", Journal of Business Ethics, 82 (2), pp. 307-323.

［14］Bowen F. , Aloysius N. K. and Herremans I. , 2010, "When Suits Meet Roots: The Antecedents and Consequences of Community Engagement Strategy", Journal of Business Ethics, 95, pp. 297-318.

［15］Brammer S. and Millington A. , 2003, "The Effect of Stakeholder Preferences, Organizational Structure and Industry Type on Corporate Community Involvement", Journal of Business Ethics, 45 (3), pp. 213-226.

［16］Bridoux F. and Stoelhorst J. W. , 2014, "Microfoundations for Stakeholder Theory: Managing Stakeholders with Heterogeneous Motives", Strategic Management Journal, 35, pp. 107-125.

［17］Bryson J. M. , Crosby B. C. and Stone M. M. , 2006, "The Design and Implementation of Cross-Sector Collaborations: Propositions from the Literature", Public Administration Review, 66 (s1) .

［18］Carey J. M. , Beilin R. , Boxshall A. , Burgman M. A. and Flander L. , 2007, "Risk-Based Approaches to Deal with Uncertainty in a Data-Poor System: Stakeholder Involvement in Hazard Identification for Marine National Parks and Marine Sanctuaries in Victoria, Australia", Risk Analysis: An International Journal, 27 (1), pp. 271-281.

［19］Carroll A. B. , 1979, "A Three-Dimensional Conceptual Model of Corporate Performance", Academy of Management Review, 4 (4), pp. 497-505.

［20］Carroll A. B. , 1991, "The Pyramid of Corporate Social Responsibility:

Toward the Moral Management of Organizational Stakeholders", Business Horizons, 34 (4), pp. 39-48.

[21] Carroll A. B. and Buchholtz A. K., 企业与社会：伦理与利益相关者管理，黄坦平、朱中彬、徐小娟、何辉、李春玲译，机械工业出版社，2004年版。

[22] Cetindamar D. and Husoy, 2007, "Corporate Social Responsibility Practices and Environmentally Responsible Behavior: The Case of the United Nations Global Compact", Journal of Business Ethics, 76 (2), pp. 163-176.

[23] Chan C. M. and Makino S., 2007, "Legitimacy and Multi-level Institutional Environments: Implications for Foreign Subsidiary Ownership Structure", Journal of International Business Studies, 38, pp. 621-638.

[24] Chaskin R. J., 2001, "Building Community Capacity: A Definitional Framework and Case Studies from a Comprehensive Community Initiative", Urban Affairs Review, 36, pp. 291-323.

[25] Clarkson M. E., 1995, "A Stakeholder Framework for Analyzing and Evaluating Corporate Social Performance", Academy of Management Review, 20 (1), pp. 92-117.

[26] Cochran P. and Wood R., 1984, "Corporate Social Responsibility and Financial Performance", The Academy of Management Journal, 1, pp. 42-56.

[27] Covey J. and Brown L. D., 2001, "Critical Co-Operation: An Alterative Form of Civil Society-Business Engagement", IDR Reports, 17 (1).

[28] Cramer J. M., 2005, "Experience with Structuring Corporate Social Responsibility in Dutch Industry", Journal of Cleaner Production, 13 (6), pp. 583-592.

[29] CSR Magazine, European Business Network for Social Cohesion (EBNSC), Brussels, June, 1999.

[30] Dacin M. T., Oliver C. and Roy J., 2007, "The Legitimacy of Strategic Alliances: An Institutional Perspective", Strategic Management Journal, 28, pp. 169-187.

[31] De Cremer D. and Van Lange, 2001, "Why Prosocials Exhibit Greater Cooperation Than Proselfs: The Roles of Social Responsibility and Reciprocity",

European Journal of Personality, 15 (S1), pp. S5-S18.

[32] Deeds D. L., Mang P. Y. and Frandsen M., 1997, "The Quest for Legitimacy: A Study of Biotechnology IPO's", Paper Presented at the Annual Meeting of the Academy of Management, Boston.

[33] Deephouse D. L. and Suchman M., 2008, "Legitimacy in Organizational Institutionalism", Los Angeles, London: Sage Publications.

[34] Deephouse D. L., 1996, "Does Isomorphism Legitimate?", Academy of Management Journal, 39 (4), pp. 1024-1039.

[35] DiMaggio P. J. and Powell W. W., 1983, "The Iron Cage Revisited: Institutional Isomorphism and Collective Rationality in Organizational Fields", American Sociological Review, 48 (2), pp. 147-160.

[36] Ehrenfeld J., 2003, "Putting the Spotlight on Metaphors and Analogies in Industrial Ecology", Journal of Industrial Ecology, 7, pp. 1-4.

[37] Eisenhardt K. M., 1989, "Building Theories from Case Study Research", Academy of Management Review, 14, pp. 532-550.

[38] Eisenhardt K. M., 2007, "Theory Building from Case Studies: Opportunities and Challenges", Academy of Management Journal, 50 (1), pp. 25-32.

[39] Eisenhardt K. M., Furr N. R. and Bingham C. B., 2010, "Microfoundations of Performance: Balancing Efficiency and Flexibility in Dynamic Environments", Organization Science, 21 (6), pp. 1263-1273.

[40] Evans G., 2004, "How Can We Know if a Place-Based Sustainability Project Makes a Difference?", Presented at Effective Sustainability Education: Linking Research and Practice, Sydney, Australia.

[41] Fleming R. K., 2011, "CSR-What Does it Really Mean", The Business Times, (3), pp. 31.

[42] Fombrun C. and Shanley M., 1990, "What's in a Name? Reputation Building and Corporate Strategy", Academy of Management Journal, 33 (2), pp. 233-258.

[43] Foss N. J., 2011, "Why Micro-Foundations for Resource-Based Theory are Needed and What They May Look Like", Journal of Management, 37, pp. 1413-1428.

[44] Freeman R. E. , 1984, "Strategic Management: A Stakeholder Approach", MA: Pitman.

[45] Frosch R. A. and Gallopoulos N. E. , 1989, "Strategies for Manufacturing", Scientific American, 9, pp. 94-105.

[46] Galaskiewicz, 1997, Cited by: Marquis, C. , Glynn, M. A. and Davis, G. F. , 2005, "Community Isonorphism and Corporate Social Action".

[47] George A. L. and Bennett A. , 2005, "Case Studies and Theory Development in the Social Sciences", Pressed by the Belfer Center for Science and International Affairs in Harvard University, pp. 205-232.

[48] Gifford B. , Kestler A. and Anand S. , 2010, "Building Local Legitimacy into Corporate Social Responsibility: Gold Mining Firms in Developing Nations", Journal of World Business, 45, pp. 304-311.

[49] Ginges J. and Atran S. , 2009a, "What Motivates Participation in Violent Political Action: Selective Incentives or Parochial Altruism?", Annals of the New York Academy of Sciences, 1167, pp. 115-123.

[50] Glaser B. and Strauss A. , 1967, "The Discovery of Grounded Theory", Weidenfield & Nicolson, London.

[51] Granovetter M. S. , 1985, "Economic Action and Social Structure: The Problem of Embeddedness", American Journal of Sociology, 91 (3), pp. 481-510.

[52] Guthrie, 2003, Cited by: Marquis, C. , Glynn, M. A. and Davis, G. F. , 2005, "Community Isonorphism and Corporate Social Action".

[53] Halinen A. and Tornroos J. A. , 1998, "The Role of Embeddedness in the Evolution of Business Networks", Journal of Management, 14 (3), pp. 187-205.

[54] Hashagan S. , 2002, "Models of Community Engagement", Scottish Community Development Centre, Scotland.

[55] Hess D. , Rogovsky N. and Dunfee T. W. , 2002, "The Next Wave of Corporate Community Involvement: Corporate Social Initiatives", California Management Review, 44 (2), pp. 110-125.

[56] Heugens P. , Van Den Bosch F. A. J. and Van Riel C. B. M. , 2002, "Stakeholder Integration", Business and Society, 41 (1), pp. 36-60.

[57] Hillman A. J. , Keim G. D. , 2001, "Stakeholder Value, Stakeholder

Management, and Social Issue: What's the Bottom Line", Strategic Management Journal, 2, pp. 125-139.

[58] Idemudia U. , 2009, "Assessing Corporate - Community Involvement Strategies in the Nigerian Oil Industry: An Empirical Analysis", Resources Policy, 34, pp. 133-141.

[59] Jamali D. , 2007, "The Case for Strategic Corporate Social Responsibility in Developing Countries", Business and Society Review, 112 (1), pp. 1-27.

[60] Jick T. D. , 1979, "Mixing Qualitative and Quantitative Methods: Triangulation in Action", Administrative Science Quarterly, 42, pp. 530-557.

[61] Johansen T. S. and Nielsen A. E. , 2012, "CSR in Corporate Self-storying Legitimacy as a Question of Differentiation and Conformity", Corporate Communications, 17 (4), pp. 434-448.

[62] Jones M. , 1995, "Instrumental Stakeholder Theory: A Synthesis of Ethics and Economics", Academy of Management Review, 20 (2), pp. 404-437.

[63] Judith M. , Voort V. D. , Glac K. and Lucas C. P. , 2009, "'Managing' Corporate Community Involvement", Journal of Business Ethics, 90, pp. 311-329.

[64] Kathleen W. , 2009, "A Model for Partnering with Not-for-Profits to Develop Socially Responsible Businesses in a Global Environment", Journal of Business Ethics, 85, pp. 111-120.

[65] Khoo H. H. and Tan K. C. , 2002, "Using the Australian Business Excellence Framework to Achieve Sustainable Business Excellence", Corporate Social Responsibility and Environmental Management, 9 (4), pp. 196-205.

[66] Kickert W. , Klijn E. , 1997, "Managing Complex Network: Strategies for the Public Sector", London: Sage Publications.

[67] Lane R. , Vanclay F. , Wills J. and Damian L. , 2007, "Museum Outreach Programs to Promote Community Engagement in Local Environmental Issues", Australian Journal of Public Administration, 66 (2), pp. 159-174.

[68] Lantos G. P. , 2001, "The Boundaries of Strategic Corporate Social Responsibility", Journal of Consumer Marketing, 19 (3), pp. 205-230.

[69] Levitt T. , 1973, "The Third Sector: New Tactics for a Responsive So-

ciety", New York: MA. pp. 36.

[70] Lindgreen A., Swaen V. and Maon F., 2009, "Introduction: Corporate Social Responsibility Implementation", Journal of Business Ethics, 85, pp. 251-256.

[71] Liu G., Eng T. Y. and Ko W. W., 2013, "Strategic Direction of Corporate Community Involvement", Journal of Business Ethics, 115 (3), pp. 469-487.

[72] Lowndes V. L., Pratchett and Stoker G., 2001, "Trends in Public Participation: Part1-Local Government Perspectives", Public Administration, 79 (1), pp. 205-222.

[73] Loza J., 2004, "Business - Community Partnerships: The Case for Community Organization Capacity Building", Journal of Business Ethics, 53, pp. 297-311.

[74] Mahtani S., 2003, "Corporate Community Investment Getting Started", A Handbook for Companies in Hong Kong.

[75] Maignan I., Ferrell O. C. and Ferrell L., 2005, "A Stakeholder Model for Implementing Social Responsibility in Marketing", European Journal of Marketing, 39 (9-10), pp. 956-977.

[76] Maignan I., Ferrell O. C. and Hult T., 1999, "Corporate Citizenship: Cultural Antecedents and Business Benefits", Journal of the Academy of Marketing Science, 27 (4), pp. 455-469.

[77] Maon F., Lindgreen A. and Swaen V., 2009, "Designing and Implementing Corporate Social Responsibility: An Integrative Framework Grounded in Theory and Practice", Journal of Business Ethics, 87 (1), pp. 71-89.

[78] McCann J. E., 1983, "Design Guidelines for Social Problem-Solving Interventions", The Journal of Applied Behavioural Science, 19 (2), pp. 177-189.

[79] McElroy and Siegried, 1986. Cited by: Marquis, C., Glynn, M. A. and Davis, G. F., 2005, "Community Isonorphism and Corporate Social Action", August.

[80] Meyer J. W. and Rowan B., 1977, "Institutionalized Organizations: Formal Structure as Myth and Ceremony", American Journal of Sociology, 83, pp. 340-363.

[81] Meyer J. W. and Scott W. R., 1983, "Centralization and the Legitimacy

Problems of Local Government", Organizational Environments: Ritual and Rationality, pp. 199-215.

[82] Miles H. B. and Huberman A. M. , 1984, "Qualitative Data Analysis: A Sourcebook of New Methods", Sage Publications.

[83] Moon J. , 2002, "The Social Responsibility of Business and New Governance", Government and Opposition, 37 (3), pp. 385-408.

[84] Morsing M. and Schultz M. , 2006, "Corporate Social Responsibility Communication: Stakeholder Information, Response and Involvement Strategies", Business Ethics: A European Review, 15 (4), pp. 323-338.

[85] Morsing M. , 2006, "Corporate Social Responsibility as Strategic Auto-Communication: On the Role of External Stakeholders for Member Identification", Business Ethics: A European Review, 15 (2), pp. 171-182.

[86] Muthuri J. N. , Chapple W. and Moon J. , 2009, "An Integrated Approach to Implementing 'Community Participation' in Corporate Community Involvement: Lessons from Magadi Soda Company in Kenya", Journal of Business Ethics, 85, pp. 431-444.

[87] Natcher D. C. and Hickey C. G. , 2002, "Putting the Community Back into Community-Based Resource Management: A Criteria and Indicators Approach to Sustainability", Human Organization, 61 (4), pp. 350-363.

[88] Pajo K. and Lee L. , 2011, "Corporate-Sponsored Volunteering: A Work Design Perspective", Journal of Business Ethics, 99, pp. 467-482.

[89] Panapanaan V. M. , Linnanen L. , Karvonen M. M. and Phan V. T. , 2003, "Roadmapping Corporate Social Responsibility in Finnish Companies", Journal of Business Ethics, 44 (2-3), pp. 133-148.

[90] Pava M. and Krauzz J. , 1996, "The Association between CSR and Financial Performance", Journal of Business Ethics, 15 (3), pp. 321-357.

[91] Payne S. L. and Gallon J. M. , 2004, "Exploring Research Potentials and Applications for Multi-Stakeholder Learning Dialogues", Journal of Business Ethics, 55 (1), pp. 71-78.

[92] Pirsch J. , Gupta S. and Grau S. L. , 2007, "Corporate Social Responsibility Programs as a Continuum: An Exploratory Study", Journal of Business Ethi-

cs, 70, pp. 125-140.

[93] Porter M. E. and Kramer M. R. , 2006, "Strategy and Society: The Link between Competitive Advantage and Corporate Social Responsibility", Harvard Business Review, 84 (12), pp. 78-92.

[94] Postmes T. , Haslam S. A. and Swaab R. , 2005, "Social Influence in Small Groups: An Interactive Model of Social Identity Formation", European Review of Social Psychology, 16, pp. 1-42.

[95] Rodrigo P. and Arenas D. , 2008, "Do Employees Care about CSR Programs? A Typology of Employees According to their Attitudes", Journal of Business Ethics, 83 (2), pp. 265-283.

[96] Rondinelli D. A. and London T. , 2003, "How Corporations and Environmental Groups Cooperate: Assessing Cross-Sector Alliances and Collaborations", Academy of Management Executive, 17, pp. 61-76.

[97] Ruggie J. G. , 2004, "Reconstructing the Global Public Domain-Issues, Actors, and Practices", European Journal of International Relations, 10 (4), pp. 499-533.

[98] Russo A. and Tencati A. , 2009, "Formal vs. Informal CSR Strategies: Evidence from Italian Micro, Small, Mediumsized, and Large Firms", Journal of Business Ethics, 85 (2), pp. 339-353.

[99] Schouten E. M. J. and Remm J. , 2006, "Making Sense of Corporate Social Responsibility in International Business: Experiences from Shell", Business Ethics: A European Review, 15 (4), pp. 365-379.

[100] Schwartz M. S. and Carroll A. B. , 2003, "Corporate Social Responsibility: A Three-Domain Approach", Business Ethics Quarterly, 13 (4), pp. 503-530.

[101] Scott W. R. , 1995, "Institutions and Organizations", Thousand Oaks, Calif: Sage Publications.

[102] Seitanidi M. M. and Crane A. , 2009, "Corporate Social Responsibility in Action. Partnership Management: Selection-design-Institutionalisation", Journal of Business Ethics, Special Issue on: CSR Impelmentation, 85 (2), pp. 251-477.

[103] Selsky J. W. and Parker B. , 2005, "Cross-Sector Partnerships to Address Social Issues: Challenges to Theory and Practice", Journal of Management,

31 (6), pp. 849-873.

[104] Siggelkow N. , 2007, "Persuasion with Case Studies", Academy of Management Journal, 50, pp. 20-24.

[105] Singh J. V. , Tucker D. J. and House R. J. , 1986, "Organizational Legitimacy and the Liability of Newness", Administrative Science Quarterly, 31, pp. 171-193.

[106] Stefan S. , Mark S. and Allen M. , 2005, "Prosocial Emotions and Helping: The Moderating Role of Group Membership", Journal of Personality and Social Psychology, 88 (3), pp. 532-546.

[107] Stephen G. and Eggers W. D. , 2004, "Governing by Network: The New Shape of the Public Sector", Washington, D. C. : Brookings Institution Press.

[108] Stern P. C. , 2001, "Fostering Sustainable Behavior: An Introduction to Community - Based Social Marketing", Environment and Behavior, 43 (1), pp. 41.

[109] Suchman M. C. , 1995, "Managing Legitimacy: Strategic and Institutional Approaches", Academy of Management Review, 20, pp. 571-610.

[110] Swanson D. , 1999, "Toward an Integrative Theory of Business and Society: A Research Strategy Firm Corporate Social Performance", The Academy of Management Review, 3, pp. 506-519.

[111] Swanson D. L. , 1995, "Addressing a Theoretical Problem by Reorienting the Corporate Social Performance Model", Academy of Management Review, 20 (1), pp. 43-64.

[112] Thomas E. F. and Mcgarty C. , 2009, "The Role of Efficacy and Moral Outragenorms in Creating the Potential for International Development Activism through Group - Based Interaction", British Journal of Social Psychology, 48, pp. 115-134.

[113] Thomas E. F. , Mcgarty C. and Louis W. , 2014, "Social Interaction and Psychological Pathways to Political Engagement Andextremism", European Journal of Social Psychology, 44, pp. 15-22.

[114] Tornikoski E. T. and Newbert S. L. , 2007, "Exploring the Determinants of Organizational Emergence: A Legitimacy Perspective", Journal of Business

Venturing, 22, pp. 311-335.

［115］Tost L. P. , 2011, "An Integrative Model of Legitimacy Judgments", Academy of Management Review, 36 (4), pp. 686-710.

［116］Tsoi J. , 2010, "Stakeholders' Perceptions and Future Scenarios to Improve Corporate Social Responsibility in Hong Kong and Mainland China", Journal of Business Ethics, pp. 391-404.

［117］Van Maanen J. , 1988, "Tales of the Field", Chicago: University of Chicago Press.

［118］Van Zomeren M. , Postmes T. and Spears R. , 2008, "Toward an Integrative Social Identity Model of Collective Action: A Quantitative Research Synthesis of Three Socio-Psychological Perspectives", Psychological Bulletin, 134, pp. 504-535.

［119］Vass L. , 1999, "Responsibility Laid Out", Aviation Week & Space Technology, 150 (17), pp. 8-23.

［120］Veleva V. , 2010, "Toward Developing a Framework for Measuring the Business Value of Corporate Community Involvement", Applied Research Quality Life, 5, pp. 309-324.

［121］Vogel D. , 2005, "The Market for Virtue: The Potential and Limits of Corporate Social Responsibility", Washington, D. C. : Brookings Institution Press.

［122］Waddock and Boyle, 1995, "The Dynamics of Change in Corporate Community Relations", California Management Review, 37 (4), pp. 125-140.

［123］Waddock S. and Graves S. , 1997, "The Corporate Social Performance - financial Performance Link", Strategic Management Journal, 18, pp. 303-319.

［124］Waddock S. A. , 1989, "Understanding Social Partnerships-An Evolutionary Model of Partnership Organisations", Administration & Society, 21 (1), pp. 78-100.

［125］Waddock S. A. , 1995, "Building Successful Partnerships", Sloan Management Review, 29 (4), pp. 17-23.

［126］Wartick S. L. and Cochran P. L. , 1985, "The Evolution of the Corporate Social Performance Model", Academy of Management Review, 10 (4), pp. 758-769.

［127］Were M. , 2003, "Implementing Corporate Responsibility: The Chiquita Case", Journal of Business Ethics, 44 (2-3), pp. 247-260.

［128］Westley F. and Vredenburg H. , 1997, "Inter-Organizational Collaboration and the Preservation of Global Biodiversity", Organization Science, 8 (4), pp. 381-403.

［129］Williamson O. E. , 1999, "Strategy Research: Governance and Competence Perspectives", Strategic Management Journal, 20 (12), pp. 87-108.

［130］Wood D. J. and Jones R. , 1995, "Stakeholder Mismatching: A Theoretical Problem in Empirical Research on Corporate Social Performance", International Journal of Organizational Analysis, 3 (3): pp. 229-267.

［131］Wood D. J. , 1991, "Social Issues in Management, Theory and Research in Corporate Social Performance", Journal of Management, 17 (2), pp. 384-406.

［132］Yang X. H. and Rivers C. , 2009, "Antecedents of CSR Practices in MNCs' subsidiaries: A Stakeholder and Institutional Perspective", Journal of Business Ethics, 86, pp. 155-169.

［133］Yin R. K. , 1981, "The Case Study Crisis: Some Answers", Administrative Science Quarterly, 26, pp. 58-65.

［134］Yin R. K. , 1994, "Case Study Research: Design and Methods", Thousand Oaks, CA: Sage.

［135］Yin R. K. , 2003, "Case Study Research: Design and Methods (3rd ed.)", Newbury Park, CA: Sage.

［136］Zhao M. , 2012, "CSR-Based Political Legitimacy Strategy: Managing the State by Doing Good in China and Russia", Journal of Business Ethics, 111, pp. 439-460.

［137］Zimmerman M. A. and Zeitz G. J. , 2002, "Beyond Survival: Achieving New Venture Growth by Building Legitimacy", Academy of Management Review, 27, pp. 414-431.

［138］埃莉诺·奥斯特罗姆:《公共事物的治理之道》, 上海译文出版社 2000 年版。

［139］边燕杰:《企业脱生:创业过程的社会学分析》,《社会学研究》

2006 年第 6 期。

［140］布莱克·维尔：《政治学百科全书》，中国政法大学出版社 1992 年版。

［141］蔡小慎、卢鹏展：《试论城市治理主体的多元化》，《前沿》2007 年第 10 期。

［142］晁罡、袁品、段文、程宇宏：《企业领导者的社会责任取向、企业社会表现和组织绩效的关系研究》，《管理学报》2008 年第 3 期。

［143］陈宏辉、贾生华：《企业社会责任观的演进与发展：基于综合社会契约观的理解》，《中国工业经济》2003 年第 12 期。

［144］陈可、李善同：《企业社会责任对财务绩效的影响：关键要素视角》，《统计研究》2010 年第 7 期。

［145］陈蕾、高芳：《探索政府主导与社区自治的我国城市社区建设模式》，《中国商界（下半月）》2010 年第 11 期。

［146］陈伟东、李雪萍：《社区行政化：不经济的社会重组机制》，《中州学刊》2005 年第 2 期。

［147］陈伟东：《社区自治：自组织网络与制度设置》，中国社会科学出版社 2004 年版。

［148］陈晓红、顾海峰：《"共生性"商品市场扩散机制研究》，《中国软科学》2003 年第 6 期。

［149］陈迅、韩亚琴：《企业社会责任分级模型及其应用》，《中国工业经济》2005 年第 9 期。

［150］陈扬、许晓明、谭凌波：《组织制度理论中的"合法性"研究述评》，《华东经济管理》2012 年第 10 期。

［151］陈云松：《从"行政社区"到"公民社区"——由中西比较分析看中国城市社区建设的走向》，《城市发展研究》2004 年第 4 期。

［152］程鹏璠、张勇：《关于企业社会责任的研究综述》，《西南科技大学学报》（哲学社会科学版）2009 年第 1 期。

［153］戴维·奥斯本、特德·盖布勒：《改革政府：企业精神如何改革着公共部门》，上海译文出版社 1996 年版。

［154］德勒斯·J.、柯丹·D.：《社区实验：市民社会的前兆?》，金淑霞编译，《当代世界社会主义问题》2003 年第 4 期。

［155］刁宇凡：《企业社会责任标准的形成机理研究——基于综合社会契约视阈》，《管理世界》2013 年第 7 期。

［156］董伊人：《企业社会责任对消费者忠诚的影响：自我建构与信息属性的交互作用》，《南京社会科学》2010 年第 5 期。

［157］杜运周、张玉利、任兵：《展现还是隐藏竞争优势：新企业竞争者导向与绩效 U 型关系及组织合法性的中介作用》，《管理世界》2012 年第 7 期。

［158］杜中臣：《企业社会责任及其实现方式》，《中国人民大学学报》2005 年第 4 期。

［159］费孝通：《居民自治：中国城市社区建设的新目标》，《江海学刊》2002 年第 3 期。

［160］费孝通：《社会自理开篇》，《社会》2000 年第 10 期。

［161］甘琳琳、佐斌：《亲社会行为的动机理论》，《哈尔滨学院学报》2006 年第 12 期。

［162］高尚全：《企业社会责任和法人治理结构》，《中国集体经济》2005 年第 1 期。

［163］高伟：《产业生态网络两种典型共生模式的稳定性探究》，大连理工大学出版社 2006 年版。

［164］郭莉、苏敬勤、徐大伟：《基于哈肯模型的产业生态系统演化机制研究》，《中国软科学》2005 年第 11 期。

［165］郭沛源、于永达：《公司合作实践企业社会责任——以中国光彩事业扶贫项目为案例》，《管理世界》2006 年第 4 期。

［166］何海兵：《我国城市基层社会管理体制的变迁：从单位制、街居制到社区制》，《管理世界》2003 年第 6 期。

［167］黑川纪章：《共生的时代》，《城乡建设》2004 年第 7 期。

［168］黑川纪章：《新共生思想》，中国建筑工业出版社 2009 年版。

［169］胡慧：《转型时期城市社区自治：理念、问题及建议》，《武汉大学学报》（哲学社会科学版）2006 年第 4 期。

［170］胡锦涛：《论构建社会主义和谐社会》，中央文献出版社 2013 年版。

［171］胡守钧：《社会共生论》，复旦大学出版社 2006 年版。

［172］胡守钧：《走向共生》，上海文化出版社 2002 年版。

［173］胡祥：《城市社区治理的热点问题研究》，中国地质出版社 2009 年版。

［174］华尔德：《共产党社会的新传统主义——中国工业中的工作环境和权力结构》，龙小夏译，牛津大学出版社 1996 年版。

［175］华伟：《单位制向社区制的回归：中国城市基层管理体制 50 年变迁》，《战略与管理》2000 年第 1 期。

［176］黄杰：《公民社会与城市建设》，《探索》2002 年第 6 期。

［177］金立印：《企业社会责任运动测评指标体系实证研究——消费者视角》，《中国工业经济》2006 年第 6 期。

［178］赖一飞：《构建和谐的社区物业管理》，《管理世界》2010 年第 2 期。

［179］乐琦、蓝海林：《中国企业并购中的区域因素与并购绩效：基于合法性的中介效应》，《华中师范大学学报》2012 年第 1 期。

［180］雷晓明：《市民社会、社区发展与社会发展——兼评中国的社区理论研究》，《社区科学研究》2005 年第 2 期。

［181］冷志明、张合平：《基于共生理论的区域经济合作机理》，《经济纵横》2007 年第 7 期。

［182］李汉林、王奋宇、李路路：《中国城市社区的整合机制与单位现象》，《管理世界》1994 年第 2 期。

［183］李路路：《论"单位"研究》，《社会学研究》2002 年第 5 期。

［184］李秀琴、王金华：《当代中国基层政权建设》，中国社会出版社 1995 年版。

［185］李正：《企业社会责任与企业价值的相关性研究——来自沪市上市公司的经验证据》，《中国工业经济》2006 年第 2 期。

［186］刘荣增：《共生理论及其在构建和谐社会中的作用》，《百家论坛》2006 年第 1 期。

［187］刘智勇：《柔性组织网络建构：基于政府、企业、NPO、市民合作的公共服务供给机制创新研究》，《公共管理研究》2008 年第 6 期。

［188］龙立荣、赵慧娟：《个人—组织价值观匹配研究：绩效和社会责任的优势效应》，《管理学报》2009 年第 6 期。

［189］卢汉龙：《社区组织重建与基层政权建设》，《社会科学》1996 年第 5 期。

［190］马力、齐善鸿：《公司社会责任理论述评》，《经济社会体制比较》2005 年第 2 期。

［191］迈克尔·波特、马克·克雷默：《战略与社会：竞争优势与企业社会责任的联系》，《哈佛商业评论（中文版）》2007 年第 11 期。

［192］迈克尔·波特：《国家竞争优势》，华夏出版社 2002 年版。

［193］聂荣、钱克明、潘德惠：《基于 Logistic 方程的创新技术传播模式及其稳定性分析》，《管理工程学报》2006 年第 1 期。

［194］宁向东、吴晓亮：《企业社会责任及其承担》，清华大学中国经济研究中心，2006 年。

［195］欧阳润平、宁亚春：《西方企业社会责任战略管理相关研究述评》，《湖南大学学报》（社会科学版）2009 年第 2 期。

［196］潘绵臻、毛基业：《再探案例研究的规范性问题——中国企业管理案例论坛（2008）综述》，《管理世界》2009 年第 2 期。

［197］曲飞宇：《家族企业如何突破成长瓶颈》，《人力资源管理》2008 年第 8 期。

［198］邵兴东：《企业社会责任形成竞争优势的机理研究》，《湖北社会科学》2009 年第 5 期。

［199］沈关宝：《发展现代社区的理性选择》，《探索与争鸣》2000 年第 3 期。

［200］生延超：《技术联盟的共生稳定分析》，《软科学》2008 年第 2 期。

［201］石军伟、胡立君、付海艳：《企业社会责任、社会资本与组织竞争优势：一个战略互动视角》，《中国工业经济》2009 年第 11 期。

［202］宋梅：《论物业管理在社区治理中的作用》，《盐城师范学院学报》（人文社会科学版）2009 年第 4 期。

［203］宋铁波、曾萍：《多重制度压力与企业合法性倾向选择：一个理论模型》，《软科学》2011 年第 4 期。

［204］孙怀通：《加强石油企业社区管理》，《石油企业管理》1998 年第 3 期。

［205］孙肖远：《社区复合治理与社区党建领导体制创新——以南京市鼓楼区社区治理实践为例》，《理论导刊》2012 年第 6 期。

［206］谭娟、陈晓春：《促进慈善事业发展的税收政策研究》，《湖南大学

学报》2008 年第 4 期。

［207］汤敏：《社会投资的两个故事》，《商界》2006 年第 5 期。

［208］唐忠新：《城市社区建设：中国城市社会转型的必然选择》，《北京社会科学》1999 年第 1 期。

［209］唐忠新：《社区与基层法定社区——关于社区建设之对象实体的思考》，《江海学刊》2001 年第 5 期。

［210］滕尼斯：《共同体与社会》，林永远译，商务印书馆 1999 年版。

［211］田阡：《城市社区管理中政府主导的领域与限度》，《西南民族大学学报》（人文社会科学版）2012 年第 10 期。

［212］田志龙、高海涛：《中国企业的非市场战略：追求合法性》，《软科学》2005 年第 6 期。

［213］童星：《现代社会学理论新编》，南京大学出版社 2003 年版。

［214］王凤彬、李奇会：《组织背景下的嵌入性研究》，《经济理论与经济管理》2007 年第 3 期。

［215］王刚、汪丽萍：《社区参与简论》，《城市研究》1998 年第 10 期。

［216］王靓：《利益相关者角度的企业社会责任与企业绩效关系研究》，浙江大学，2005 年。

［217］王强：《社会问题和社会失范的类型、成因、对策雏议》，《中共南宁市委党校学报》2004 年第 2 期。

［218］王思斌：《体制改革中的城市社区建设的理论分析》，《北京大学学报》（哲学社会科学版）2000 年第 5 期。

［219］王筱桢：《我国城市社区多元共治问题研究》，山东大学，2011 年。

［220］王洋：《构建和谐社会的新思路——社会投资的方式》，《时代经贸》2008 年第 2 期。

［221］王英伟：《我国城市社区的多元型管理模式》，《中国矿业大学学报》（社会科学版）2003 年第 2 期。

［222］王永红：《城市社区治理中政府的角色定位及其职能》，《城市问题》2011 年第 12 期。

［223］王宇露、李元旭：《国际合资企业的共生模型及其稳定性分析》，《上海管理科学》2008 年第 4 期。

［224］王兆华：《生态工业园工业共生网络研究》，大连理工大学，

2002 年。

[225] 王珍珍、鲍星华：《产业共生理论发展现状及应用研究》，《华东经济管理》2012 年第 10 期。

[226] 王子龙、谭清美、许萧迪：《企业集群共生演化模型及实证研究》，《中国管理科学》2006 年第 14 卷第 2 期。

[227] 魏娜：《中国城市社区建设中的问题及其理性思考》，《新视野》2002 年第 2 期。

[228] 吴飞驰：《企业的共生理论：我看见了看不见的手》，人民出版社 2002 年版。

[229] 吴建勋、丁华：《营造企业社区形象的策略和方法》，《技术经济与管理研究》1999 年第 1 期。

[230] 吴知峰：《企业社会责任思想的起源、发展与动因》，《企业经济》2008 年第 11 期。

[231] 吴志军、张波：《城市社区管理：主题与模式选择》，《学术研究》2003 年第 3 期。

[232] 夏建中：《城市社区基层社会管理组织的变革及其主要原因：建造新的城市社会管理和控制的模式》，《江苏社会科学》2002 年第 1 期。

[233] 夏建中：《中国公民社会的先声——以业主委员会为例》，《文史哲》2003 年第 3 期。

[234] 夏学銮：《从社区社会化到社会社区化》，《社区》2001 年第 2 期。

[235] 夏学銮：《何谓"社区"、怎样"建设"》，《团结》1999 年第 3 期。

[236] 夏学銮：《中国城市社区建设的理论架构探讨》，《北京大学学报》（哲学社会科学版）2002 年第 1 期。

[237] 夏学銮：《中国的社会变迁和社工教育》，《中国社会工作》1996 年第 4 期。

[238] 向德平：《社区组织行政化：表现、原因及对策分析》，《学海》2006 年第 3 期。

[239] 肖林：《"社区"研究与"社区研究"——近年来我国城市社区研究述评》，《社会学研究》2011 年第 4 期。

[240] 辛晴、綦建红：《企业承担社会责任的动因及实现条件》，《华东经济管理》2008 年第 11 期。

［241］徐光华、周小虎：《企业共生战略绩效评价模式研究》，《南开管理评论》2008 年第 5 期。

［242］徐柳：《我国志愿者组织发展的现状、问题与对策》，《学术研究》2008 年第 5 期。

［243］徐尚昆、杨汝岱：《中国企业社会责任及其对企业社会资本影响的实证研究》，《中国软科学》2009 年第 11 期。

［244］徐晞：《社区治理中非营利组织发展的若干问题探讨》，《广西大学学报》（哲学社会科学版）2012 年第 3 期。

［245］徐学军、谢卓君：《供应链伙伴信任合作模型的构建》，《工业工程》2007 年第 2 期。

［246］徐学军：《助推新世纪的经济腾飞：中国生产性服务业巡礼》，科学出版社 2008 年版。

［247］徐永祥：《论社区服务的本质属性与运行机制》，《华东理工大学学报》（社会科学版）2002 年第 4 期。

［248］徐勇：《论城市社区建设中的社区居民自治》，《华中师范大学学报》（人文社会科学版）2001 年第 3 期。

［249］徐中振、徐坷：《走向社区治理》，《上海行政学院学报》2004 年第 1 期。

［250］薛伟贤、张娟：《高技术企业技术联盟互惠共生的合作伙伴选择研究》，《研究与发展管理》2010 年第 2 期。

［251］杨寅：《城市社区建设与公民社会培育之互动》，《法治论丛》2006 年第 2 期。

［252］叶飞、徐学军：《供应链伙伴特性、伙伴关系与信息共享的关系研究》，《管理科学学报》2009 年第 4 期。

［253］于惊涛、李作志、苏敬勤：《东北装备制造业技术外包共生强度影响因素研究》，《财经问题研究》2008 年第 4 期。

［254］于燕燕：《社区建设行政化弊大于利：上海市居委会干部体制改革的调查与思考》，《团结》1999 年第 3 期。

［255］袁纯清：《共生理论——兼论小型经济》，经济科学出版社 1998 年版。

［256］袁纯清：《和谐共生》，社会科学文献出版社 2008 年版。

［257］韵江、高良谋：《公司治理、组织能力和社会责任——基于整合与协同演化的视角》，《中国工业经济》2005 年第 11 期。

［258］张海夫、段学品：《市民社会与和谐城市的共生关系》，《宁夏社会科学》2008 年第 5 期。

［259］张萌、姜振寰、胡军：《工业共生网络运作模式及稳定性分析》，《中国工业经济》2008 年第 6 期。

［260］张旭、宋超、孙亚玲：《企业社会责任与竞争力关系的实证分析》，《科研管理》2010 年第 3 期。

［261］张永缤、张晓霞：《共生价值观与构建和谐社会》，《理论导刊》2007 年第 9 期。

［262］张永缤：《共生社会进化观论纲——一种关于和谐社会的理论阐释》，《中南大学学报》（社会科学版）2007 年第 6 期。

［263］章辉美、张桂蓉：《制度环境下中国企业的社会责任行为》，《求实》2010 年第 1 期。

［264］赵德志、赵书科：《利益相关者理论及其对战略管理的启示》，《辽宁大学学报》（哲学社会科学版）2005 年第 1 期。

［265］赵辉、田志龙：《伙伴关系、结构嵌入与绩效：对公益性 CSR 项目实施的多案例研究》，《管理世界》2014 年第 6 期。

［266］赵孟营：《组织合法性：在组织理性与事实的社会组织之间》，《北京师范大学学报》（社会科学版）2005 年第 2 期。

［267］赵曙明：《企业社会责任要素、模式与战略最新研究述评》，《外国经济与管理》2009 年第 1 期。

［268］赵晓芳、支文军：《探索政府主导与社区参与的中国当代城市社区建设模式》，《时代建筑》2009 年第 2 期。

［269］周长辉：《中国企业战略变革过程研究：五矿经验及一般启示》，《管理世界》2005 年第 12 期。

［270］周祖城、张漪杰：《企业社会责任相对水平与消费者购买意向关系的实证研究》，《中国工业经济》2007 年第 9 期。

［271］朱力：《社会问题的理论界定》，《南京社会科学》1997 年第 12 期。